喜楽研の支援教育シリーズ

ゆっくり ていねいに 学びたい子のための

ひらがなワーク

清音・濁音・半濁音の読み
ことばの音韻認識
ひらがなの書字と書き順
形や音の似ているひらがな
複合語　同じ音のことば
音の数　ことばあそび

企画・編著 ／ 原田　善造

はじめに

昨年、算数教材『スモールステップで学びたい子のための 教科書にそって学べるさんすう教科書支援ワーク』発刊後、支援教育を担当されている先生や学級担任をされている先生方、また書店の方々から、「こくご教材も作ってほしい。」との声を多数いただきました。

そこで、「どの子にもわかりやすく、どの子にも理解できる」という観点に留意し、さらに「ゆっくりていねいに、段階を追った学習ができる『こくごワーク』シリーズ」の作成を目指しました。一つの文字や一つの言葉の読み書き、意味、音節構造をゆっくりていねいに学習できるよう工夫しています。それぞれの子どもに適した支援のワークシートを選択して、お使いください。

また、子ども個人用のワークブックがわりに使えるものを、との声にも応えて、本シリーズは子どもがそのまま記入して使える大きさのA４サイズのワークシート集として作成しました。

本書では、読み書きが苦手な子どもも楽しく学習できるよう、単語にイラストをつけ、その単語が何を表しているかがよくわかるように工夫しています。また、文字や単語を正確に素早く読む力をつけられるよう、音の特徴を視覚的に表した補助記号で音韻認識を育み、音節構造の理解を補えるよう工夫しています。さらに、読み書きが苦手な子どもでも楽しく気軽に取り組めるよう楽しいイラストやあそびのページを取り入れました。あそびの中で文字や言葉に親しみ、より理解を深めることで、学習の定着が図れます。

本書を通して、読み書きが苦手な子どもが「理解できない」「達成感がない」苦しさから少しでも解放され、「わかる喜び」「できた！という達成感」がもてるようになることを願ってやみません。

本書作成のために、特別支援学級や支援教育にたずさわっておられる先生方からたくさんの貴重なご意見をいただきました。あらためて御礼申し上げます。

二〇一六年十二月

編著者　原田　善造

本書の特色

ゆっくりていねいに、段階を追った学習ができます。

読み書きが苦手な子どもにも理解できるよう、ゆっくりていねいに段階を追って学習できるよう工夫しています。

豊かな内容が子どもたちの確かな学力づくりに役立ちます。

教科書の内容や構成を研究し、小学校の特別支援学級や支援教育担当の現場の先生方のアドバイスをもとに問題を作成しています。

読みのルールを明確化し、読み書きが苦手な子どもたちに対応できるようにしました。

読みのルールを明確化し、読み書きが苦手な子どもたちに対応できるようにしました。

教科書の説明や内容以外にも、多様な方法を取り入れてワークシートを作成しました。文字や単語を正確に素早く読む力をつけられるよう、音の特徴を視覚的に表した補助記号で音韻認識を育み、音節構造の理解を深めます。また、その記号にあわせた動作化のヒントも一部取り入れ、文字と音の結びつきを楽しく理解できるよう工夫しています。

あたたかみのある説明イラストで、日常的な単語の定着と語彙の拡大を図ります。

日常的に用いる単語を多く取り上げ、語彙の拡大と、普段の生活での反復使用による単語の定着を促します。どの単語にもわかりやすい説明イラストを掲載し、言葉の理解を深めます。イラストの色塗りなども楽しめます。

ちょっとひと休み、あそびのページで楽しく学習できます。

反復して書く練習をしたあと、ちょっと雰囲気をかえて学習したいときのワークシートも掲載しています。あそびの中で文字や言葉に親しみ、より理解の深まる学習ができます。

学校現場では、本書ワークシートを印刷・コピーして児童に配布できます。

ゆっくりていねいに学びたい子のための　ひらがなワーク

もくじ

ことばあそび 2

おんの　にた　ことば

あわせことば

にて　いる　ひらがな

ことばあそび 3

本書の解説とねらい

ひらがなを　よもう

P11
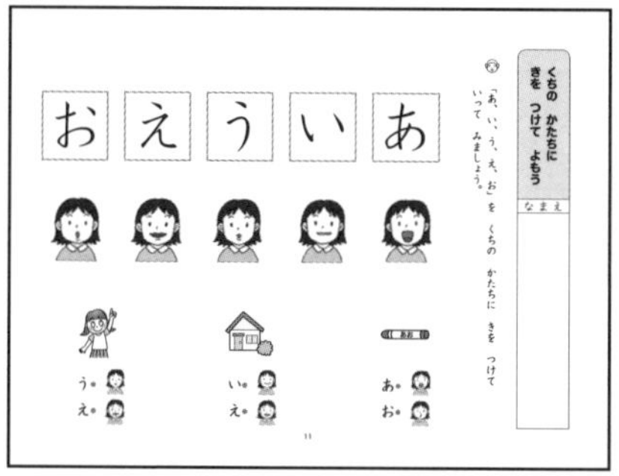

P12
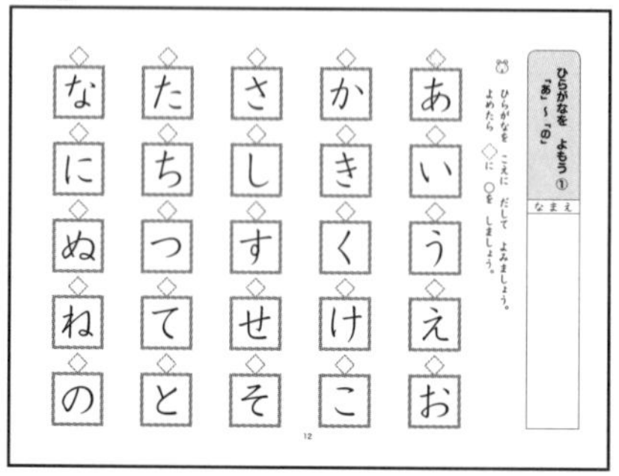

P18
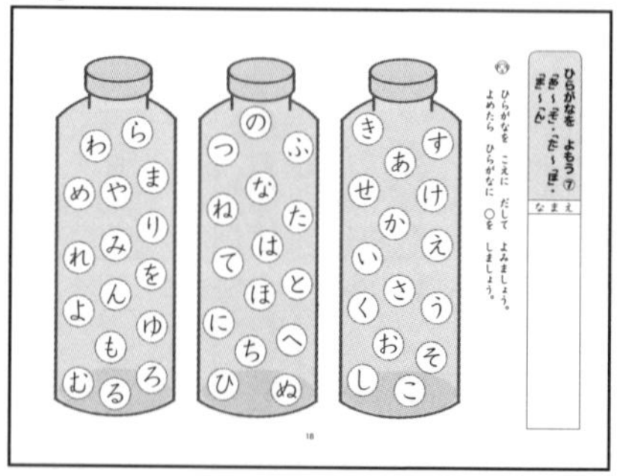

P20
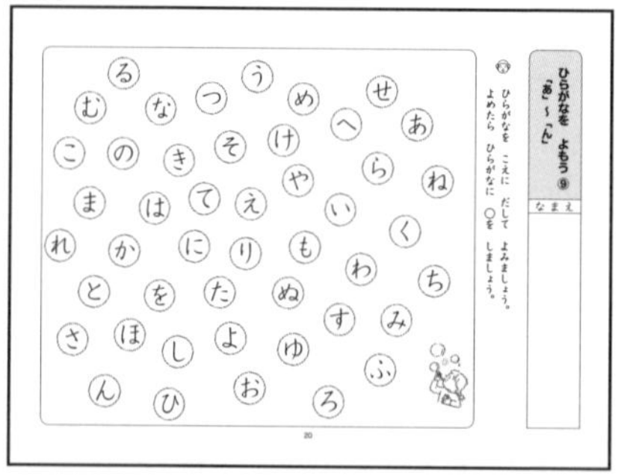

【十一ページから十七ページまで】

ひらがな清音四十六文字を声に出して読む練習です。「あ」なら「あ」の口の形になるよう、口を大きく開けましょう。「い」「う」「え」「お」と口の形に気をつけながら読みます。そのとき、手拍子を打ちながら、「あ」「い」「う」「え」「お」と一文字が一音であることを確認させるとよいでしょう。必ず、早口にならないように気をつけます。早口になると、口の形がしっかりとれないからです。「あ」行が読めたら、「か」行の五文字を読みます。「か」「き」「く」「け」「こ」と手拍子を打つなどして、口をしっかり開けて読みます。「か」行も「あ」行と同じ口の形です。きちんと読めた文字には、◇に○をしましょう。「さ」行から「ん」までも同様に指導します。

【十八ページから二十一ページまで】

三つのビンの中に、ランダムに十五文字ずつ清音が書かれています。

一つ目のビンは、「あ」行「か」行「さ」行、二つ目のビンは、「た」行「な」行「は」行、三つ目のビンは、「ま」行「や」行「ら」行「わ」行「ん」になっています。正しく読めた文字には、○をします。色鉛筆で色ぬりをすると、きれいなビンができあがります。色ぬりは、運筆練習にもなりますので、時間があればぜひしましょう。ここでも、一文字一音ずつ手拍子を打ちながら読む練習を取り入れます。

二枚目は、「が」行「ざ」行のビンと「だ」行「ば」行のビン、「ぱ」行のビンに分かれています。清音と同様に、ゆっくり大きな声で口の形に気をつけて取り組みます。

二十ページはひらがな清音四十六文字、二十一ページには濁音、半濁音二十五文字が一枚のシートにランダムに並んでいます。ここでもゆっくり大きな声で口の形に気をつけながら読みます。

こえに　だして　よもう

P22

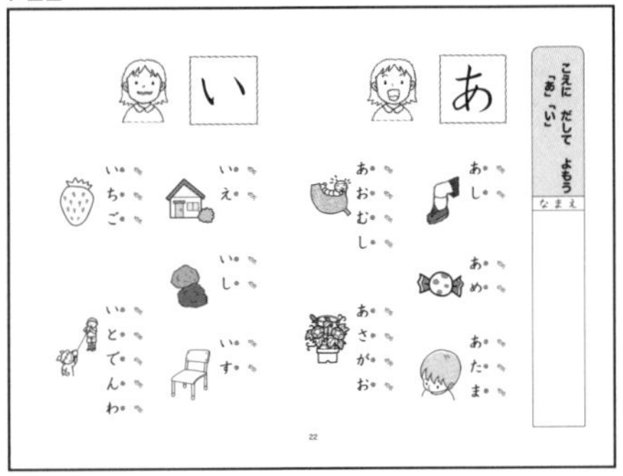

P23

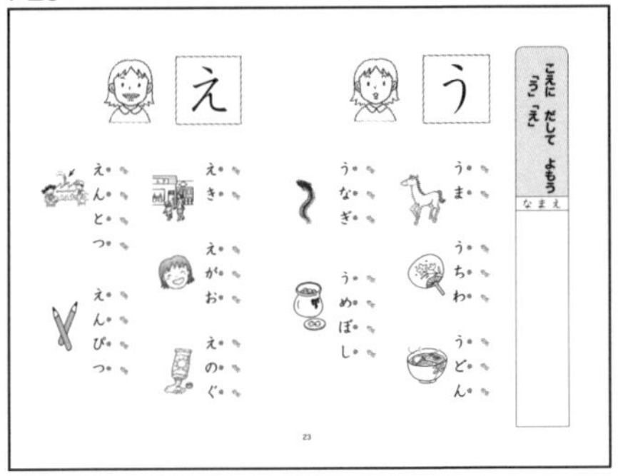

P24

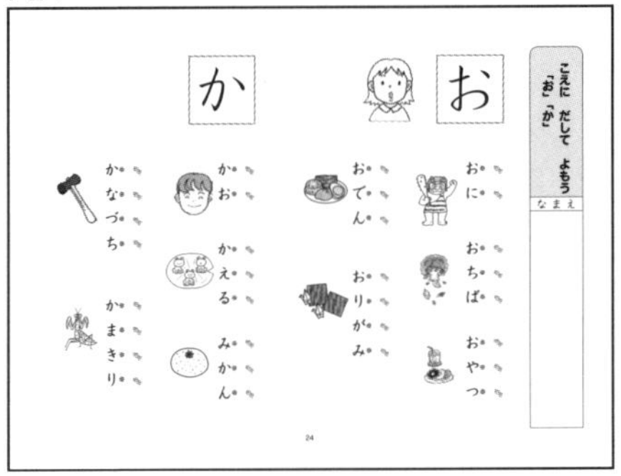

P25

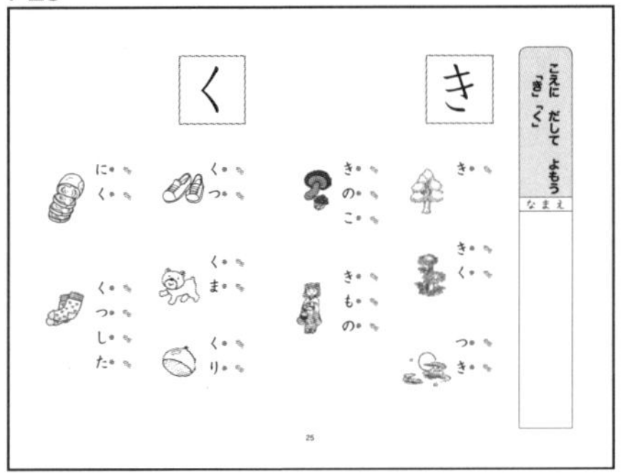

【二十二ページから四十四ページまで】

この単元のワークシートは、どの児童にも音韻認識を確かなものにするために開発されています。

音韻認識とは、言葉がいくつのモーラ（拍）からできているかを認識することです（モーラは日本語では「拍」と呼ぶことが多いです）。モーラ（拍）とは、日本語の音を数える際の単位です。日本語は、基本仮名文字一文字が一拍です。「あさがお」は四拍です。但し、「ちゃ」「ちゅ」「ちょ」などの音は、小書きの仮名も含めて一拍とします。促音「っ」と長音は一拍です。例えば、促音を含む言葉である「きって」は三拍、促音と長音を含む「がっこう」は四拍です。

音韻認識が育ってくると、以下のようなことができるようになります。

① 言葉がいくつの拍（モーラ）からできているかがわかる。（音韻分解）

② それぞれの拍（モーラ）がどういう音かがわかる。（音韻抽出）

③ 文字と音を対比させることができる。

例えば、二十二ページのワークシートを例として説明しましょう。

① の絵を見ながら「あし」と読みます。その時も●の数だけ手をたたきます。「あし」は二拍（2モーラ）であることが手の動作化でよくわかります。（音韻分解）

② 声に出すと同時に手をたたくことで、「あし」が「あ」と「し」という音からできていることがわかります。（音韻抽出）

③ イラストがどの言葉にもあるので、言葉がどんな具体物を示しているのかが理解できます。

小学校の国語教科書の中には、本書のワークシートのように、手をたたいて拍を取ることを指導している教科書もあります。

本書では、一枚のワークシートで二文字ずつ練習します。一文字に五つの言葉があります。どの言葉も具体物がはっきりわかる名詞がほとんどです。児童にわかりやすい名詞で音韻認識を学習し、動詞や形容詞はそのあとで学習するようにしましょう。

おとの　かず

P45

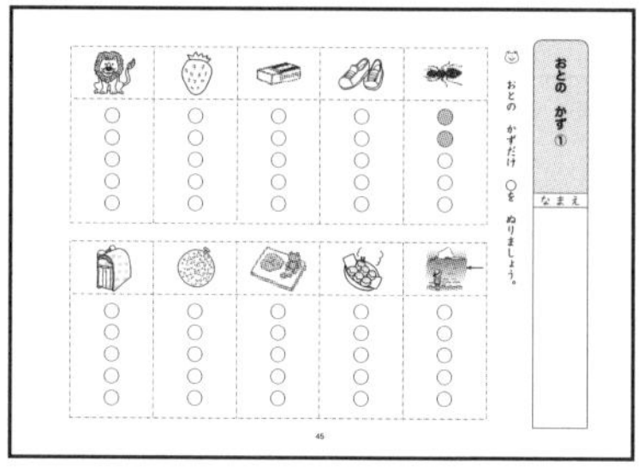

【四十五ページから五十四ページまで】

言葉がいくつの音からできているかを学習します。

ありのイラストを見て、手をたたきながらありと口をしっかり開けて、ゆっくり読みます。音の数（手をたたいた数）だけ○に色をぬります。絵の名前を書くのが目的ではありません。児童が絵を見て物の名前がわからないときは教えてあげましょう。場面の絵を見て解答例と違う答えを言う場合がありますが、音の数があっていればよしとします。色をぬったあと、再度、手をたたきながら声に出して読みます。○の数と音の数が同じになっていることを確かめます。日をかえて、くりかえし練習します。

ことばあそび　しりとり

P55

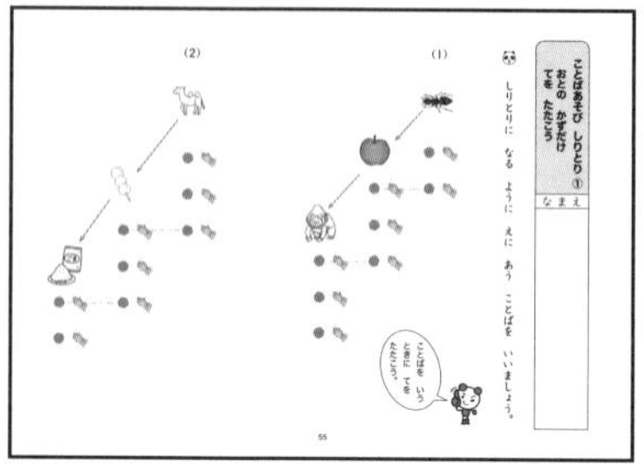

【五十五ページから五十七ページまで】

楽しく、しりとりをしながら、音の数を学習します。

あり → りんご → ごりら と音の数だけ手をたたきながら、しりとりをします。早口にならないように気をつけます。ゆっくり、はっきり発音できているか、きちんと確認します。

ありは二拍、りんごは三拍、ごりらも三拍であることをイラストと対応させながら楽しく学習します。

ひらがなを　かこう

P58

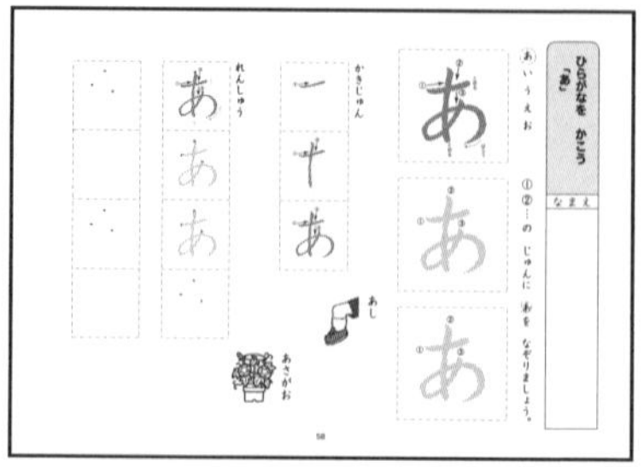

P59

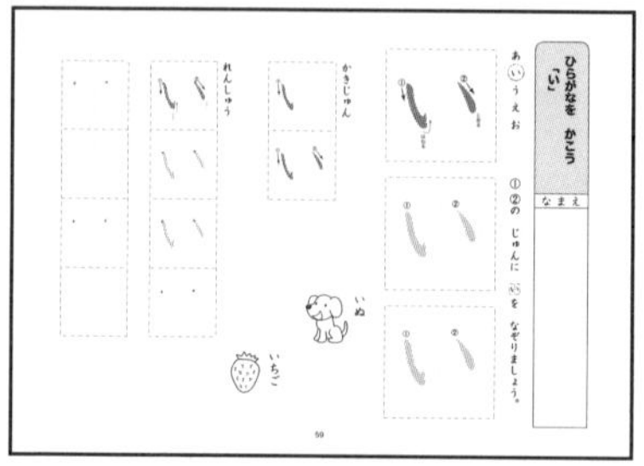

【五十八ページから一〇三ページまで】

ひらがな五十音を、書き順に気をつけて、ゆっくりていねいに書くワークシートです。

ワークシートは五十音順に並んでいますが、児童の書きやすい一画の文字から練習するとよいでしょう。「く」「へ」「し」「つ」→二画の文字→三画の文字と、画数を増やします。同じ一画でも「ひ」「ろ」など、形がとりにくいものは、あとで指導するとよいでしょう。また、形のよく似ているまちがいやすい「さ」と「き」、「ね」と「わ」、「め」と「ぬ」などは、比較しながら指導してもよいでしょう。児童の特性に合わせて、児童に寄りそって指導の順序を選択して下さい。

① 指導の順番は、まず、お手本の文字を指でなぞります。あなら一、二、三と画数を言いながら指でなぞります。「いち」「に」「さあん」と「とめる」「とめる」「はらう」は、先生がその子の指なぞりを見ながらタイミングよく言ってあげるとよいでしょう。三画目は指のなぞりに合わせて「さあん」とのばします。

P60

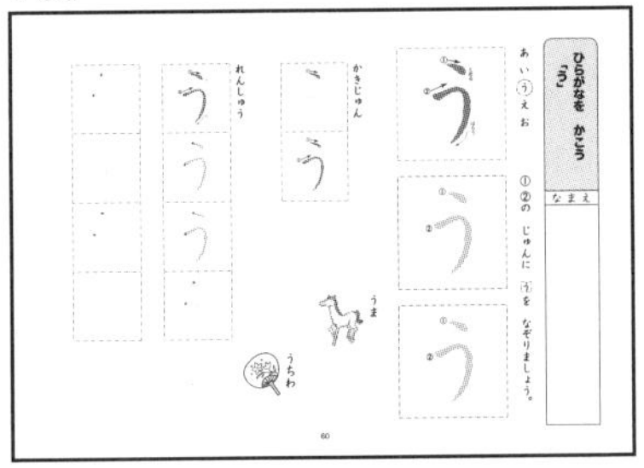

P61

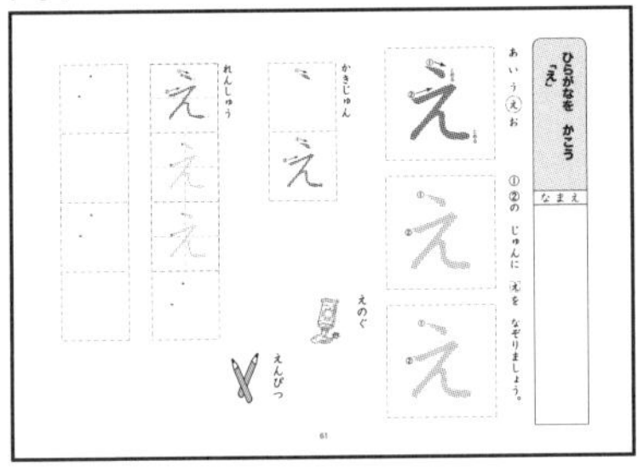

② 次に、お手本の下の二文字を書きます。フェルトペンやクーピーのような太字の文字が書けるものがよいでしょう。一画目は青、二画目は赤、三画目は緑と色を決めて書くと、書き順が色分けできて、書き順への意識が高まります。

③ 次に、「かきじゅん」を色分けして書きます。
お手本の文字の書き方同様、画数を言いながら順番に書きます。一画目は青、二画目は赤、三画目は緑と色分けするとよいでしょう。

④ 最後は、お手本を見ながら書く練習です。四文字ずつ二回書くところがあります。ここでも画数を言いながら書きます。「とめる」「とめる」「はらう」の「はらう」が苦手な児童がいます。きちんとできなくてもよいでしょう。「はらう」の意識をもたせる程度にして、しつこく指導はしません。書き出しの●がないマスが二ヶ所あります。マス目の中のどのあたりから書くか注意を向けさせて書きましょう。

ことばあそび　もじを　つなごう

P124

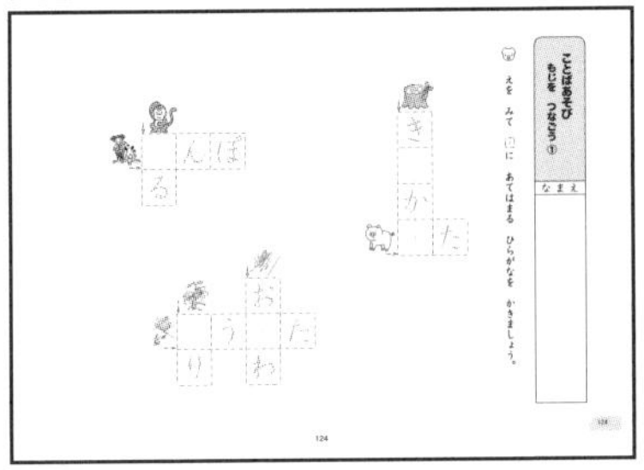

【一二四ページから一二七ページまで】

イラストを見て、想起できる言葉をタテ書きとヨコ書きそれぞれマス目に合わせて、ひらがなで書いてつないでいくワークシートです。

初めのうちは、イラストを表す言葉を言ってから、文字を書くとよいでしょう。また、つながる言葉の数が多い場合には、わかるものから書いていくとよいでしょう。知らない言葉があれば説明し、語彙力の向上に役立てましょう。

ことばあそび　よんで　えに　○を　しょう

P128

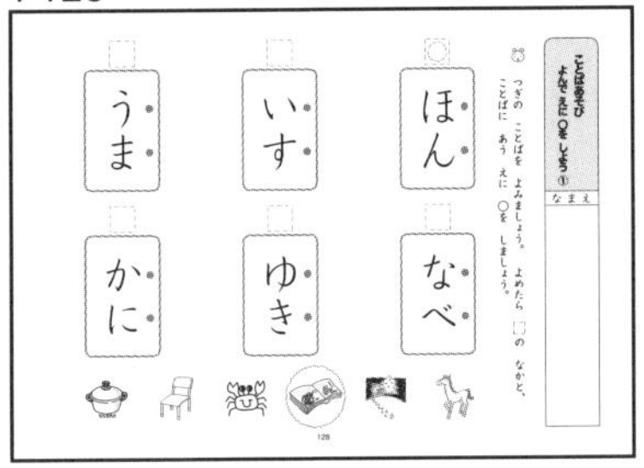

【一二八ページから一三五ページまで】

ほん を読みます。そのとき●の数だけ手をたたきながら読みます。読めたら、上の□に指導者が○をしてあげましょう。大きな声ではっきりと読めたら、おおいにほめます。

次に、「ほん はどの絵かな」と発問し、イラストに○をさせます。

ことばあそび　せんで　つなごう

P136

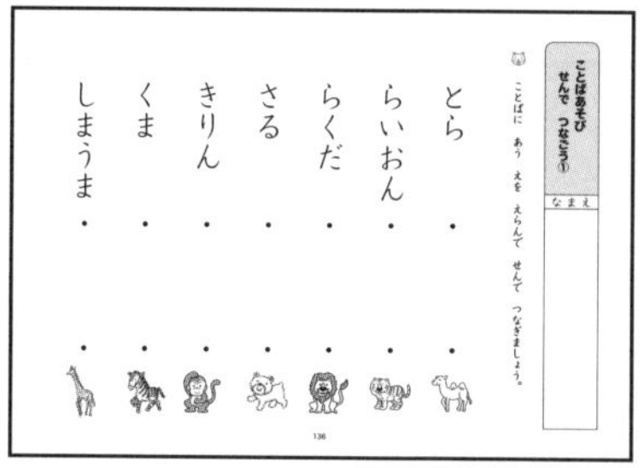

【一三六ページから一三八ページまで】

文字と言葉が一致するかを確かめるワークシートです。

はじめに「とら」と読みます。しっかり読めたら、下のとらのイラストと線で結びます。次に「らいおん」と読んで、線で結びます。一つずつていねいにしましょう。

ゆっくりていねいに読むため、手をたたきながら読むなど、はっきり発音できるよう工夫しましょう。

ただしい　ことばを　えらぼう・かけるかな

P139

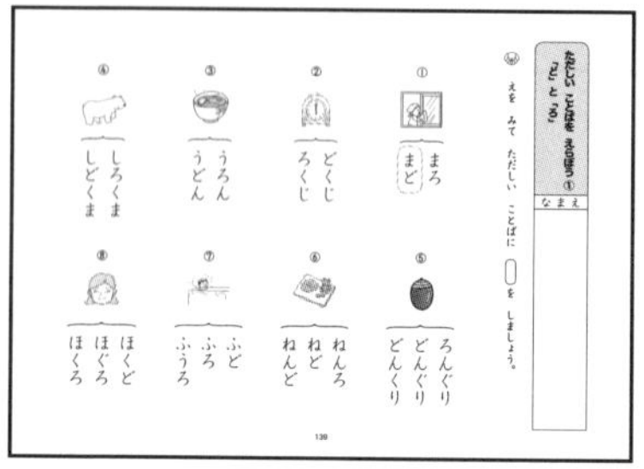

【一三九ページから一五四ページまで】

「ど」と「ろ」、「で」と「れ」、「ぎ」と「じ」、「だ」と「ら」の音の違いを正しく認識するためのワークシートです。

二つの言葉をゆっくり大きく口を開けて、はっきりと読むよう指導しましょう。読んだあと、絵に合う言葉に○をしたり、正しい文字を書いたりします。

指導者が読みのお手本を示して、児童が音の違いを認識するよう支援してあげましょう。

あわせことば

P155

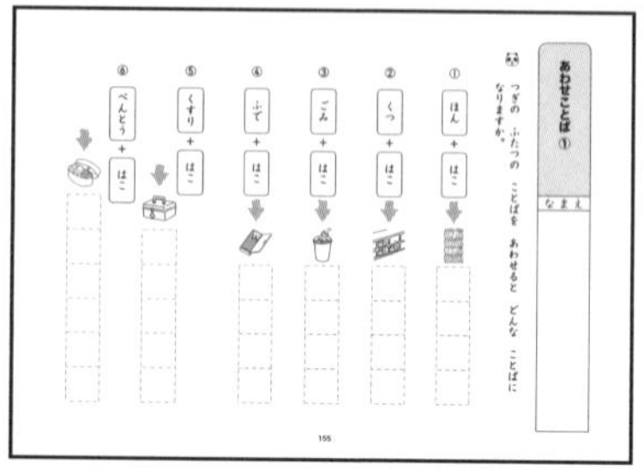

【一五五ページから一五七ページまで】

簡単な複合語の練習です。

下の言葉は、はこ くすり そら とけい くつ の五つの言葉です。どれも合わせると下の言葉が濁音になります。ながい ＋ くつ と あめ ＋ くつ だけ、ながぐつ、あまぐつ と上の言葉が変化するので、気をつけましょう。

にて　いる　ひらがな

P158

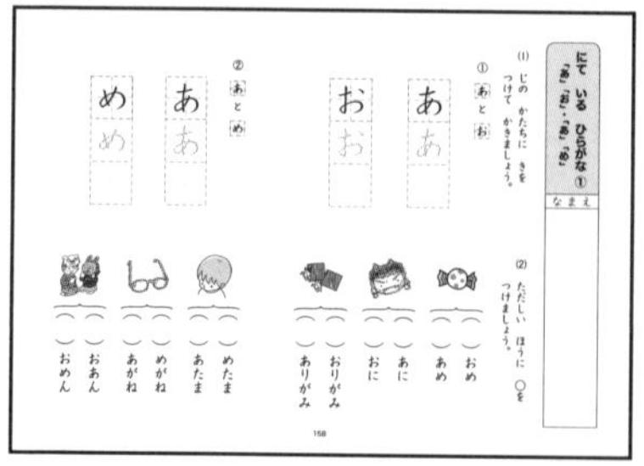

【一五八ページから一六七ページまで】

「あ」と「お」、「あ」と「め」など、形の似ているひらがなを正しく書き分けるワークシートです。まず、正しく読めているかを確認します。次に、正しく読めていたら、形に気をつけてゆっくりていねいに書きます。「あ」を一文字書いたら、次に、「お」を一文字と、交互に違いに気をつけながら書くと効果的でしょう。

最後に、イラストの言葉を読んで正しいほうに○をします。

くちの　かたちに　きを　つけて　よもう

なまえ

「あ、い、う、え、お」を　くちの　かたちに　きを　つけて　いって　みましょう。

あ　い　う　え　お

あ・　お・

い・　え・

う・　え・

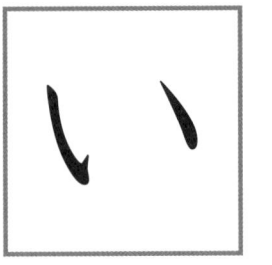

ひらがなを　よもう ①
「あ」～「の」

なまえ

ひらがなを　こえに　だして　よみましょう。
よめたら　◇に　○を　しましょう。

◇あ　◇い　◇う　◇え　◇お

◇か　◇き　◇く　◇け　◇こ

◇さ　◇し　◇す　◇せ　◇そ

◇た　◇ち　◇つ　◇て　◇と

◇な　◇に　◇ぬ　◇ね　◇の

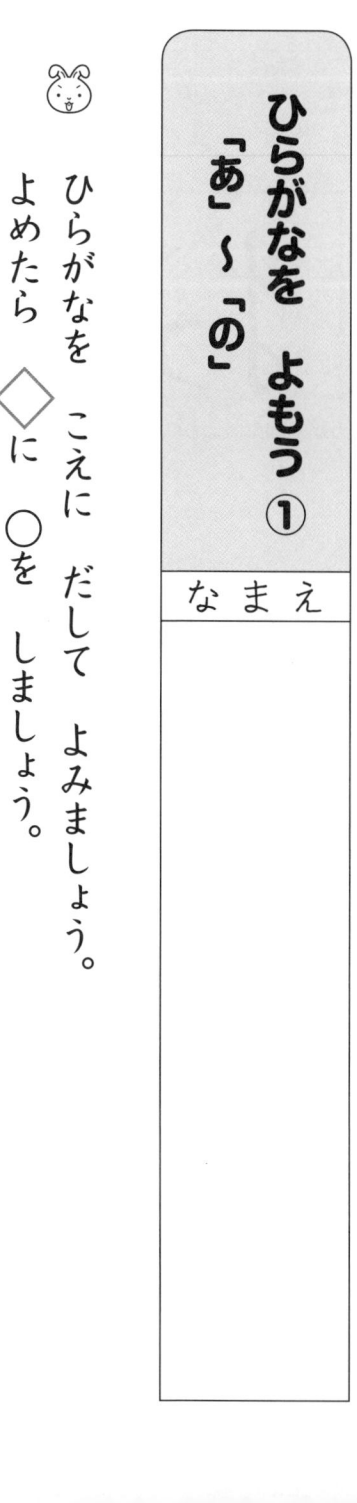

ひらがなを　よもう ②
「は」～「ん」

なまえ

ひらがなを　こえに　だして　よみましょう。
よめたら　◇に　○を　しましょう。

は　ひ　ふ　へ　ほ

ま　み　む　め　も

や　(い)　ゆ　(え)　よ

ら　り　る　れ　ろ

わ　(い)　(う)　(え)　を

ん

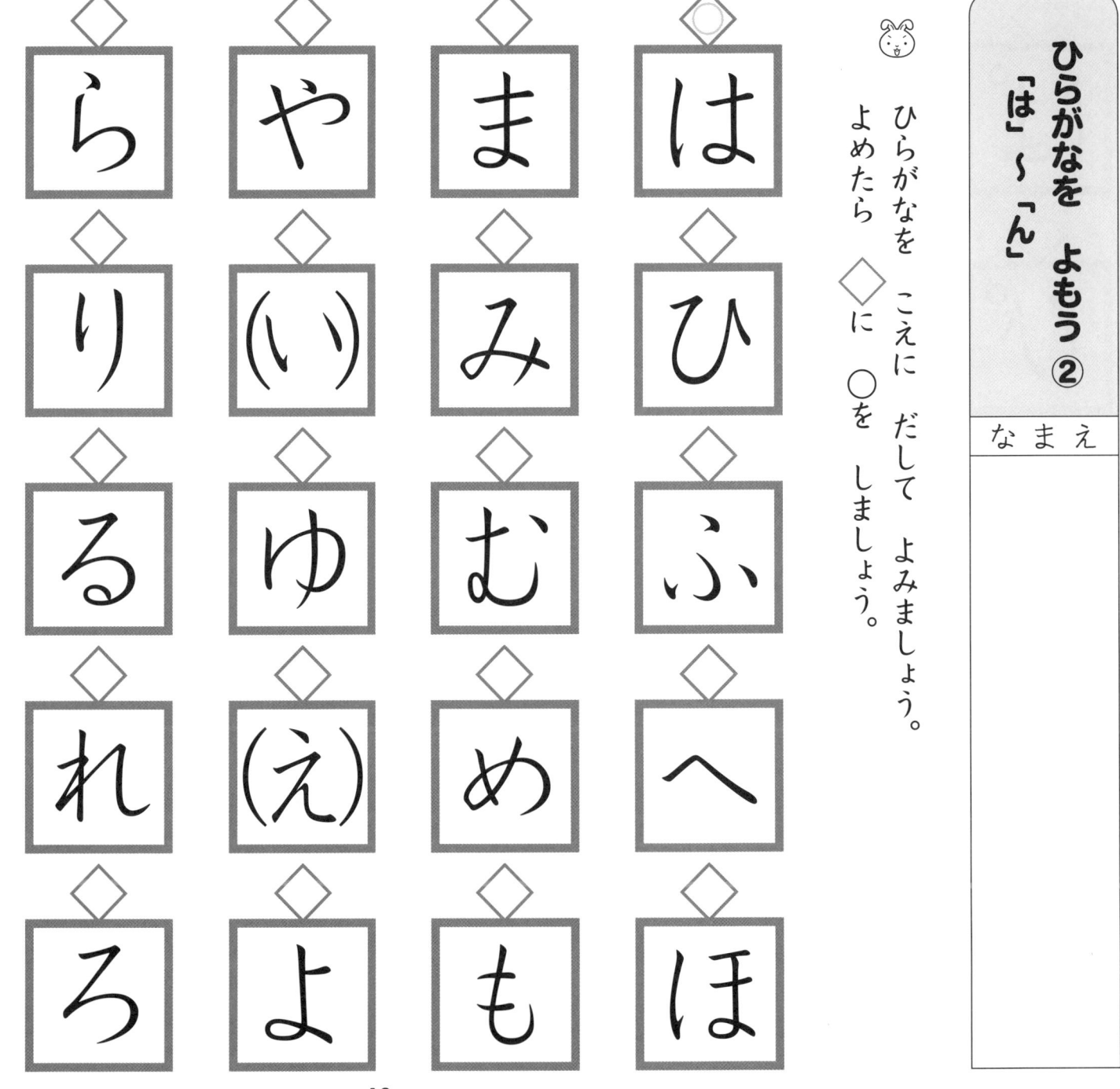

ひらがなを　よもう ③
「゛」「゜」の　ある　ひらがな

なまえ

ひらがなを　こえに　だして　よみましょう。
よめたら　◇に　○を　しましょう。

が　ぎ　ぐ　げ　ご

ざ　じ　ず　ぜ　ぞ

だ　ぢ　づ　で　ど

ば　び　ぶ　べ　ぼ

ぱ　ぴ　ぷ　ぺ　ぽ

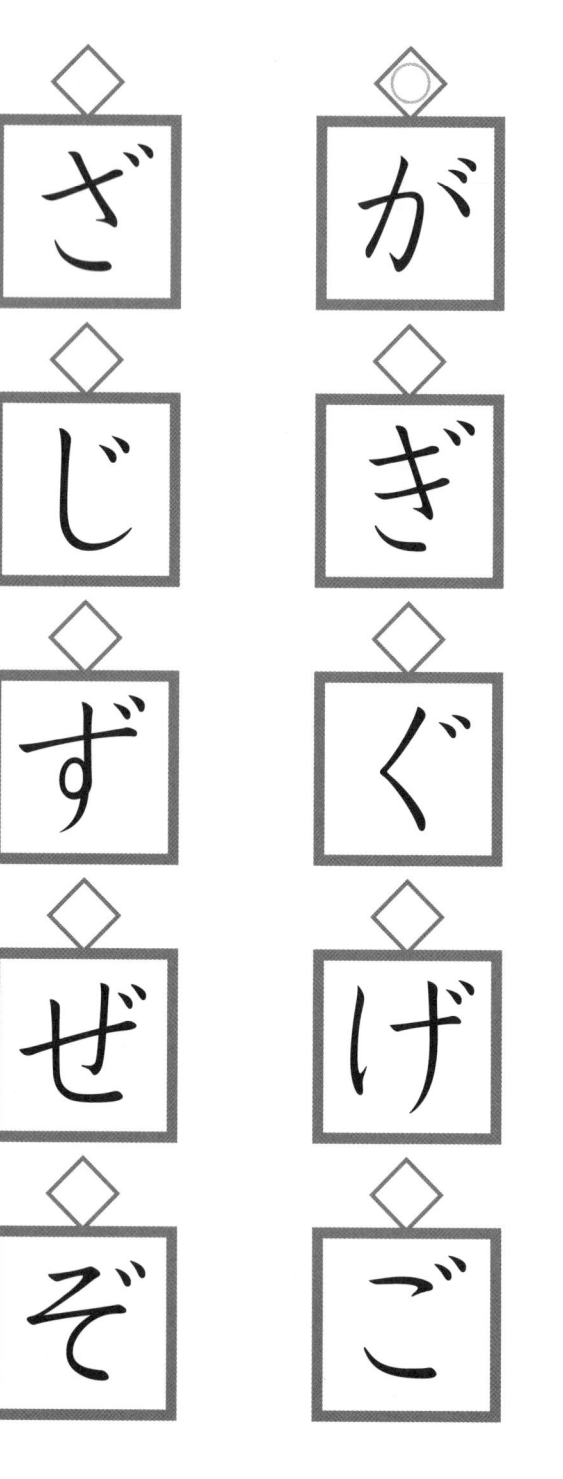

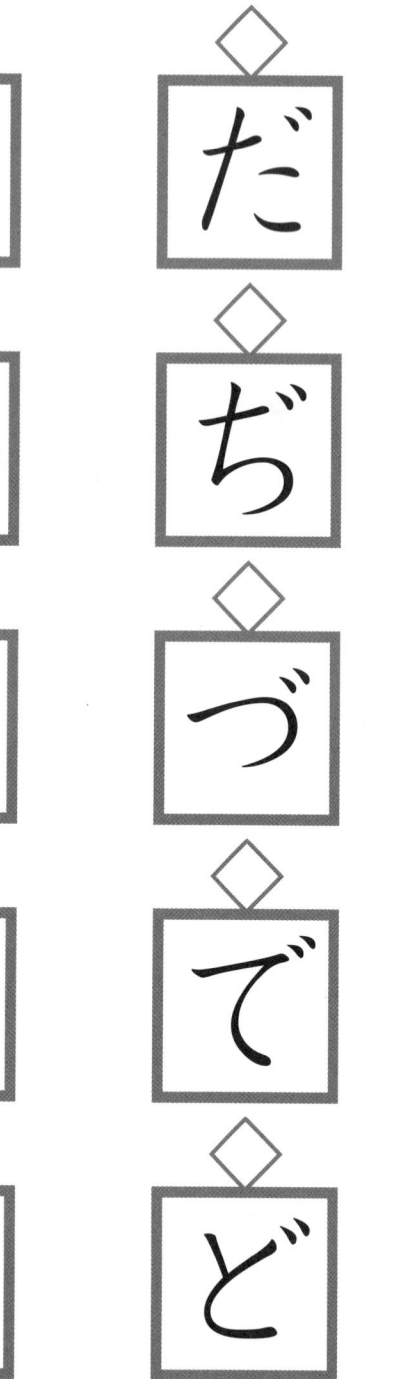

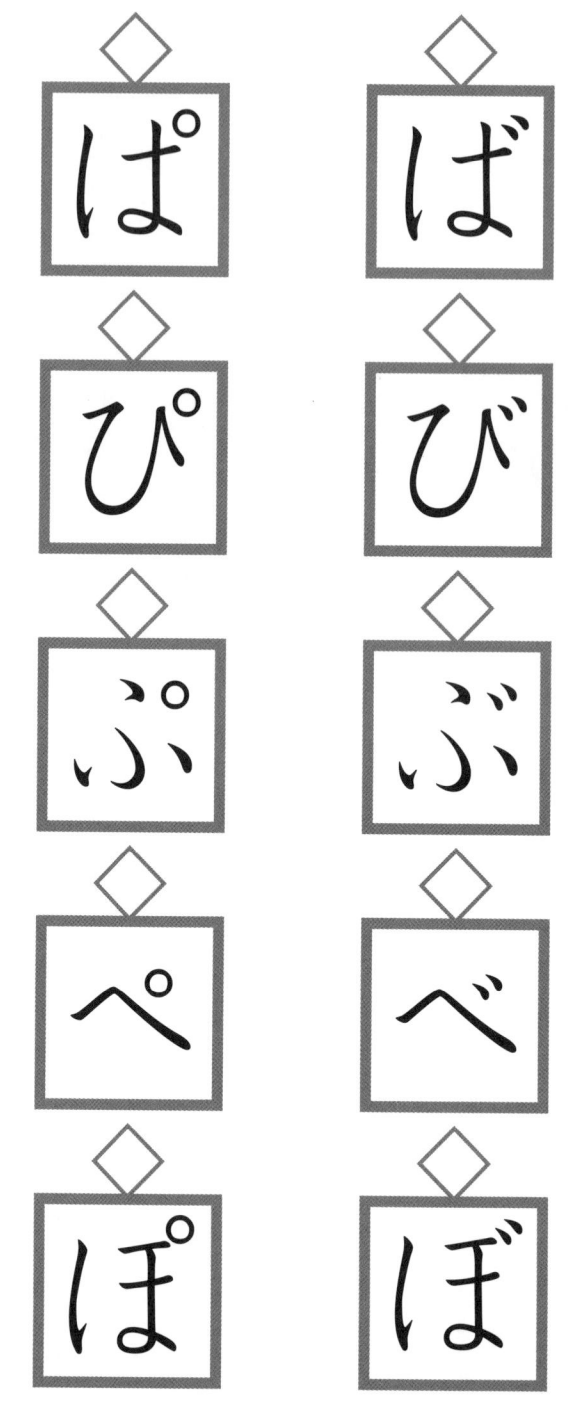

ひらがなを　よもう ④
「あ」～「の」

なまえ

ひらがなを　こえに　だして　よみましょう。
よめたら　◇に　○を　しましょう。

う　き　ち　そ　に

な　あ　し　く　つ

た　ぬ　す　い　か

え　さ　と　け　の

て　こ　お　ね　せ

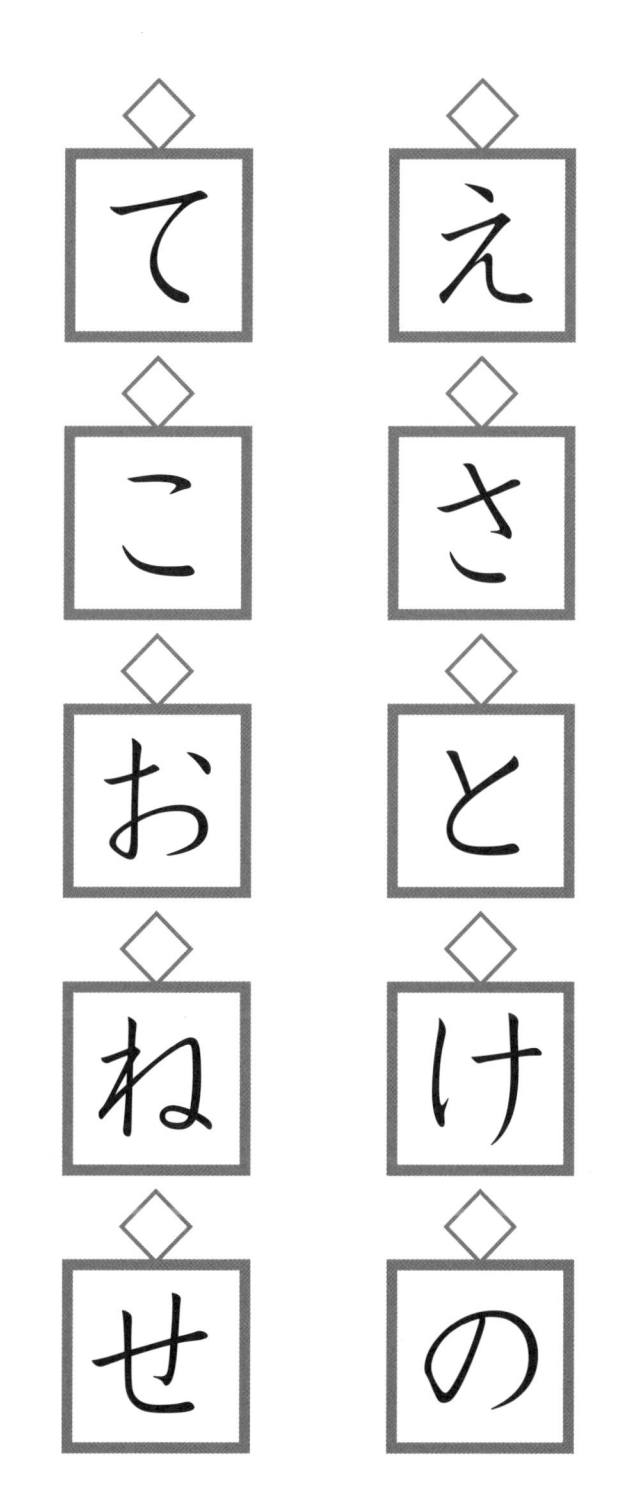

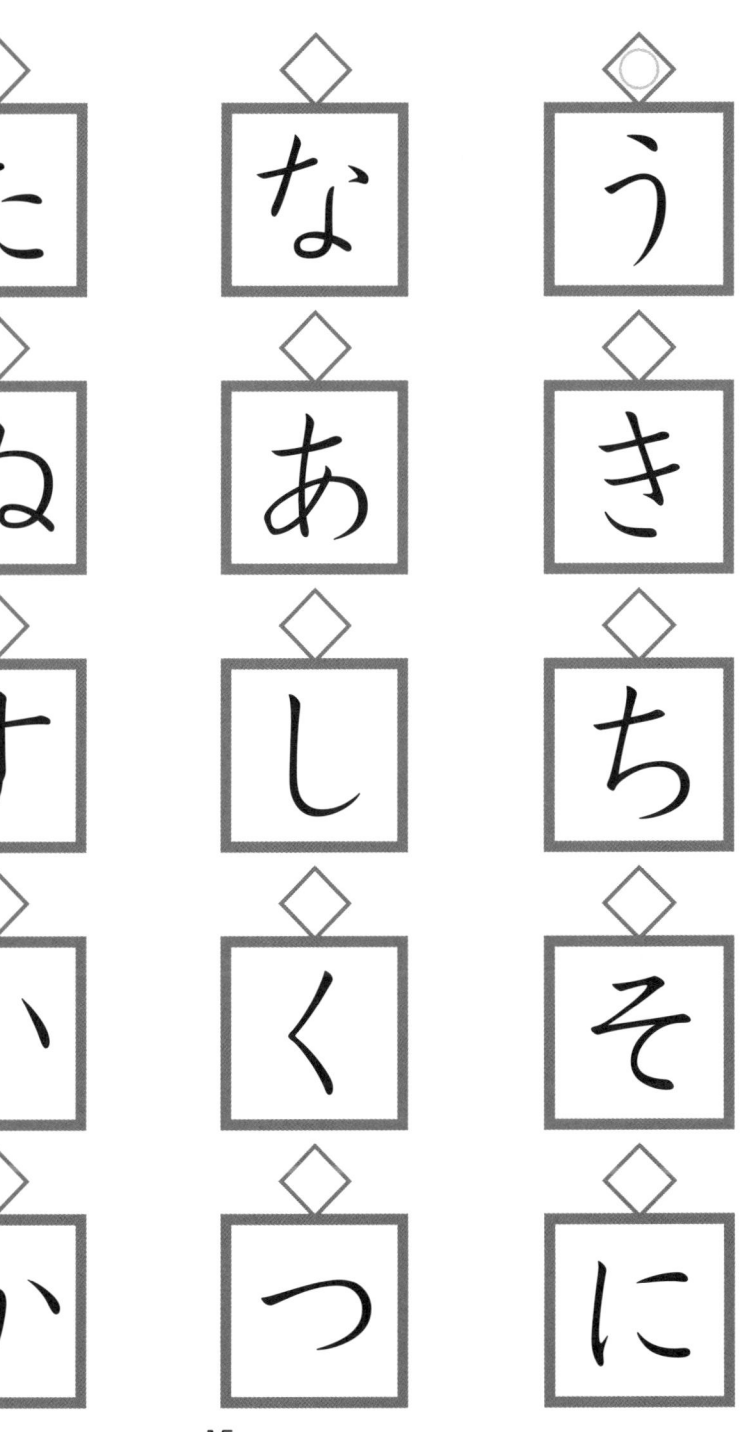

ひらがなを　よもう ⑤
「は」～「ん」

なまえ

ひらがなを　こえに　だして　よみましょう。
よめたら　◇に　○を　しましょう。

ひ　も　ゆ　ろ　ほ

わ　は　み　ら　ん

ま　る　ふ　を　め

り　へ　む　よ　れ

や

ひらがなを　よもう ⑥
「゛」「゜」の ある ひらがな

なまえ

ひらがなを　こえに　だして　よみましょう。
よめたら ◇に ○を　しましょう。

◇ ぐ
◇ だ
◇ ぞ
◇ べ
◇ ぽ

◇ じ
◇ ぶ
◇ が
◇ ど
◇ ぴ

◇ ば
◇ げ
◇ ぢ
◇ ぼ
◇ ざ

◇ ぱ
◇ ず
◇ ぺ
◇ ぎ
◇ で

◇ び
◇ づ
◇ ご
◇ ぷ
◇ ぜ

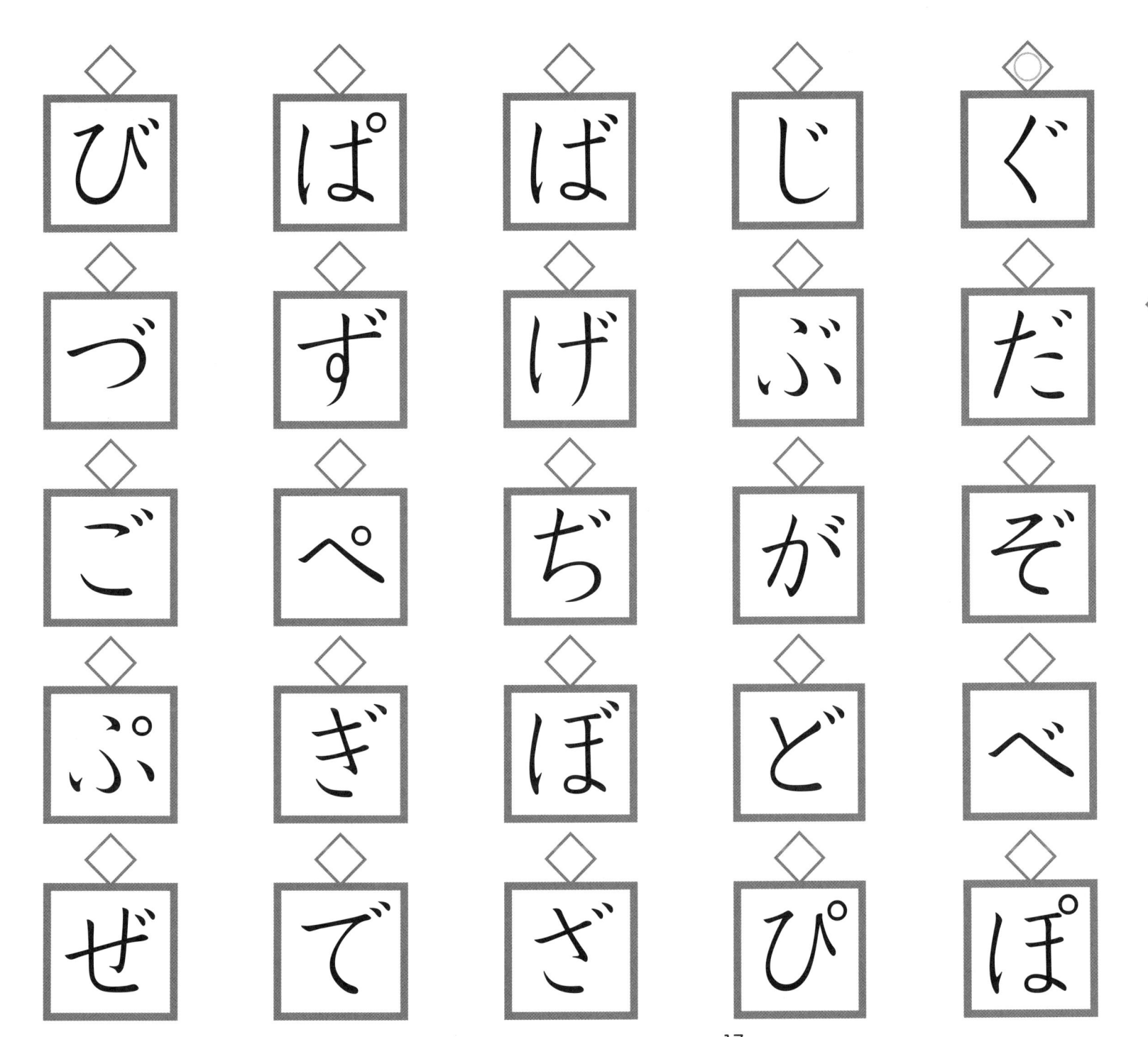

ひらがなを よもう ⑦

「あ」〜「そ」・「た」〜「ほ」・「ま」〜「ん」

なまえ

ひらがなを こえに だして よみましょう。
よめたら ひらがなに ○を しましょう。

わ ら
め や ま
れ み り
よ ん を
も ゆ
む る ろ

の
つ な ふ
ね た
は
て ほ と
に
ち へ
ひ ぬ

き す
あ け
せ え
か
い さ う
く そ
お
し こ

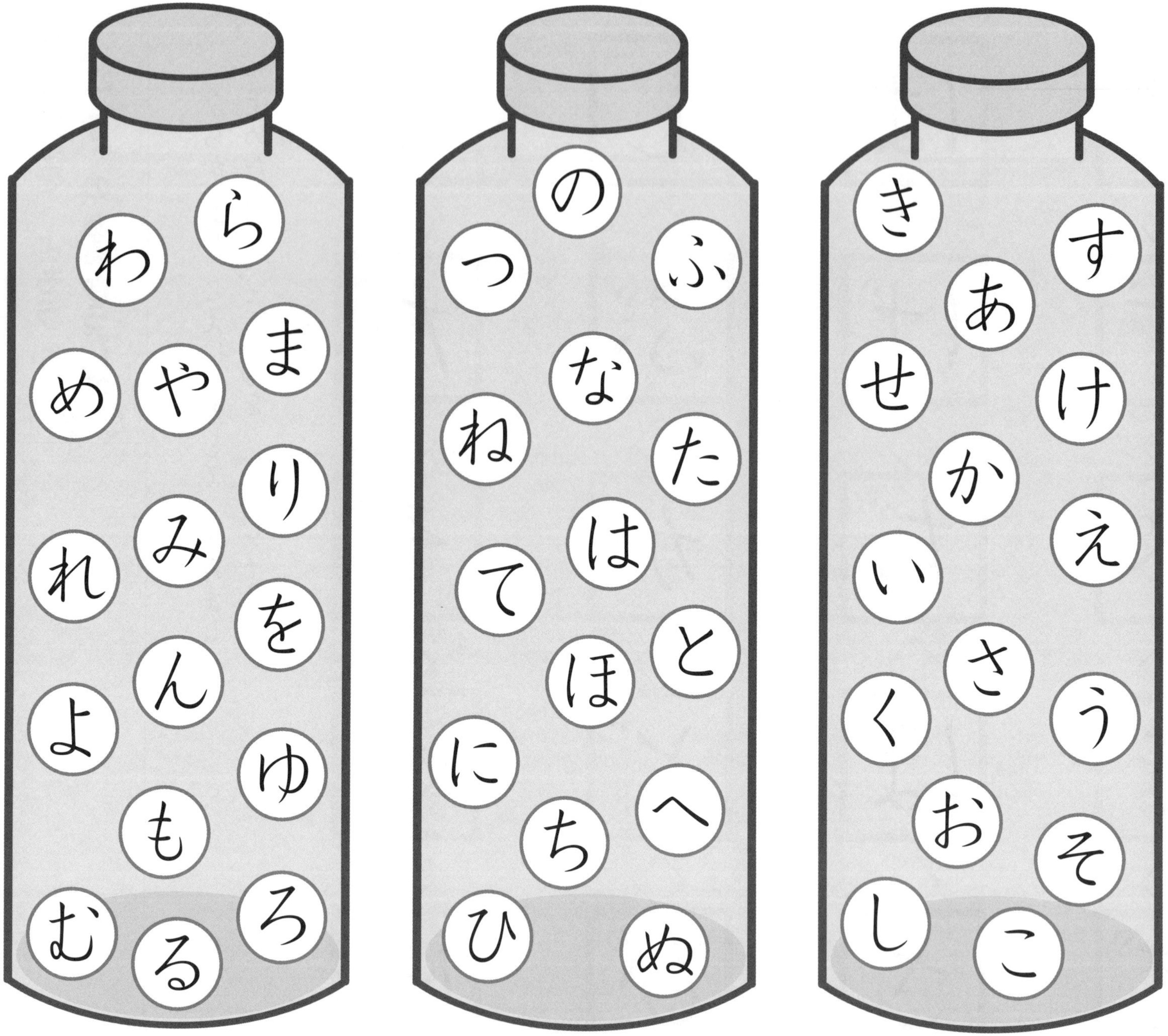

ひらがなを　よもう ⑧
「が」～「ぞ」・「だ」～「ぼ」・「ぱ」～「ぽ」

なまえ

ひらがなを　こえに　だして　よみましょう。
よめたら　ひらがなに　○を　しましょう。

ひらがなを　よもう ⑨
「あ」～「ん」

なまえ

ひらがなを　こえに　だして　よみましょう。
よめたら　ひらがなに　◯を　しましょう。

せ　あ　ね　ら　く　ち　み　ふ　ろ
め　へ　け　や　い　わ　も　す　ゆ
う　つ　そ　き　て　え　に　り　ぬ　た　よ　お
る　な　の　は　か　を　ほ　し　ひ
む　こ　ま　れ　と　さ　ん

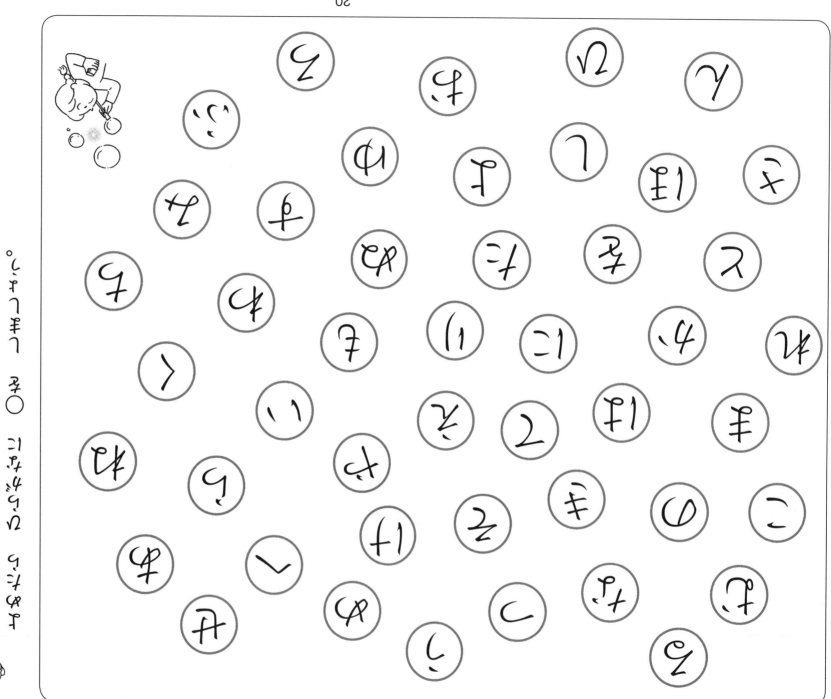

ひらがなを　よもう ⑩
「゛」「゜」の ある ひらがな

なまえ

ひらがなを　こえに　だして　よみましょう。
よめたら　ひらがなに　◯を　しましょう。

ば　が　ぢ　ぞ　ぺ

ざ　ぴ　ぎ　ぶ　ぷ　ぐ

び　じ　づ　ず　ど

ぱ　だ　べ　げ　ぜ

で　ご　ぽ　ぼ

こえに だして よもう 「あ」「い」

なまえ

あ

い

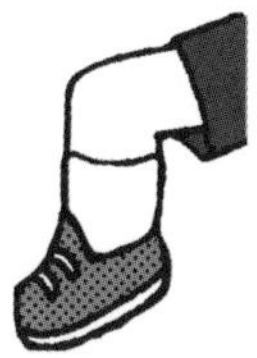

あし

あめ

あたま

あおむし

あさがお

いえ

いし

いす

いちご

いとでんわ

こえに だして よもう
「う」「え」

なまえ

う

うま

うちわ

うどん

うなぎ

うめぼし

え

えき

えがお

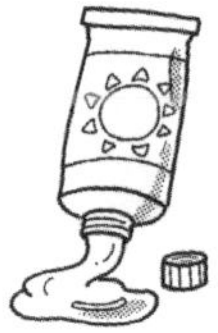

えのぐ

えんとつ

えんぴつ

こえに　だして　よもう
「お」「か」

なまえ

お

おに

おちば

おやつ

おでん

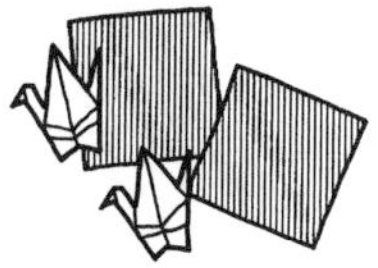

おりがみ

か

かお

かえる

みかん

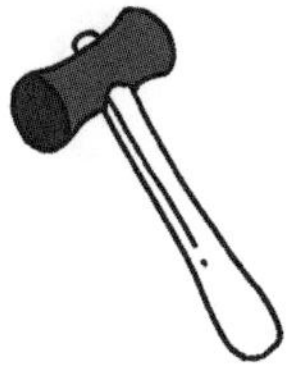

かなづち

かまきり

こえに　だして　よもう
「き」「く」

なまえ

き

き

きく

つき

きのこ

きもの

く

くつ

くま

くり

にく

くつした

こえに だして よもう
「け」「こ」

なまえ

け

けむり

おばけ

いけ

けしごむ

けんだま

こ

こま

ねこ

こし

こくばん

こいのぼり

こえに だして よもう 「さ」「し」

なまえ

さ

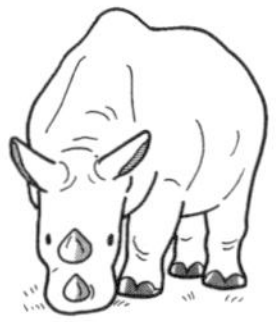

さい

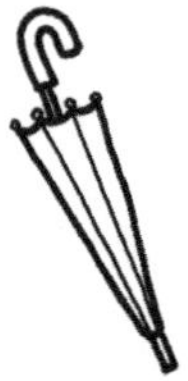

かさ

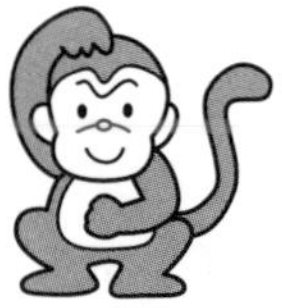

さる

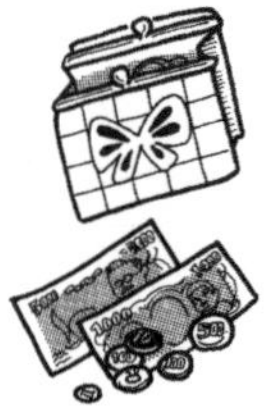

さいふ

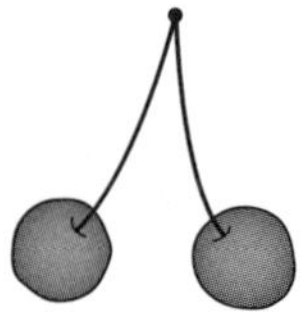

さくらんぼ

し

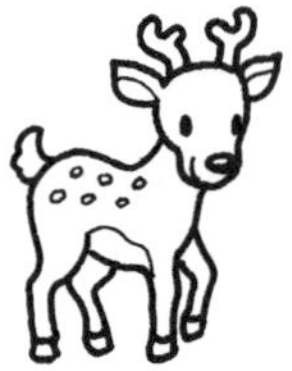

しか

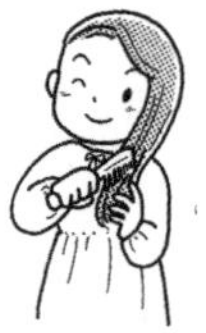

くし

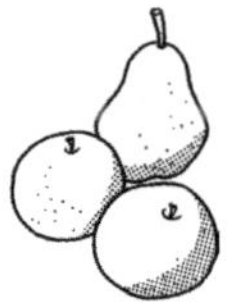

なし

しんぶん

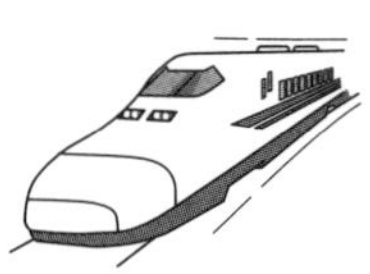

しんかんせん

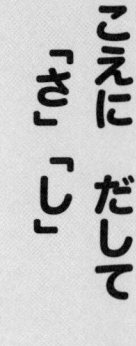

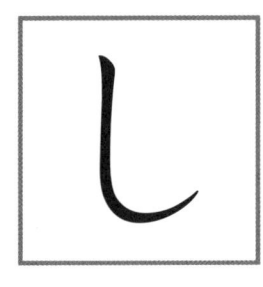

こえに だして よもう
「す」「せ」

なまえ

す

すし

すず
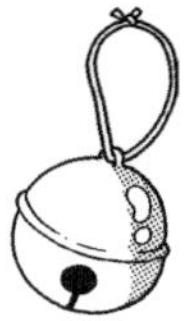

からす

すなば

すべりだい

せ

せなか

せんろ
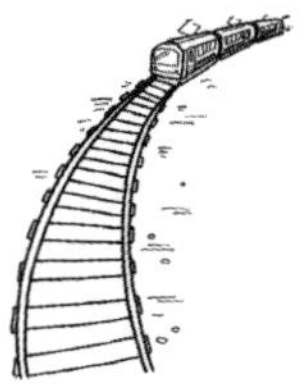

あせ

せつぶん

せんたくき

こえに だして よもう
「そ」「た」

なまえ

そ

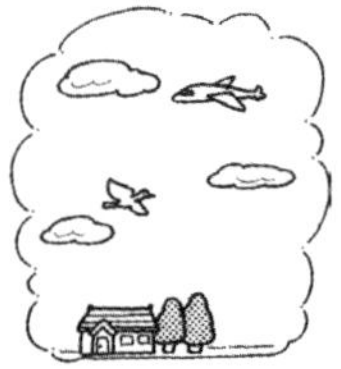

そら

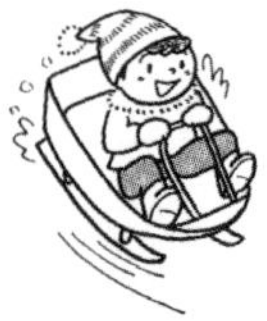

そり

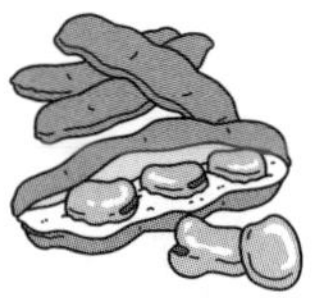

そらまめ

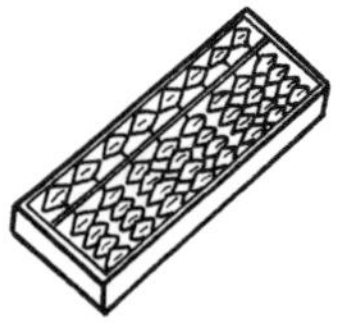

そろばん

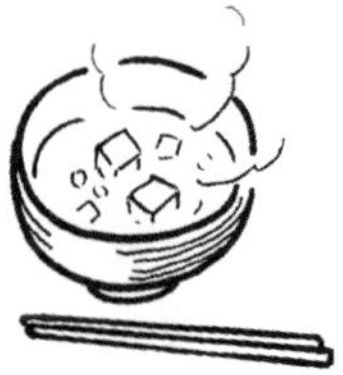

みそしる

た

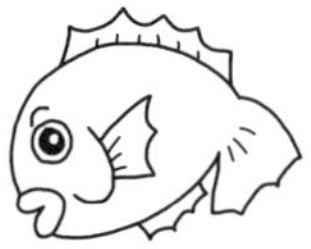

たい

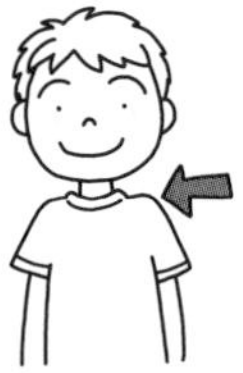

かた

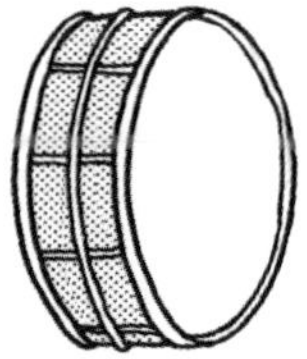

たいこ

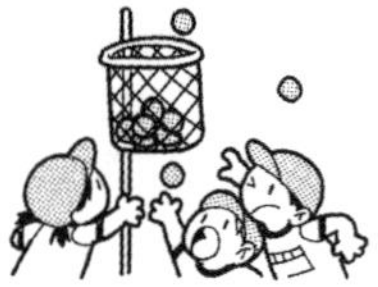

たまいれ

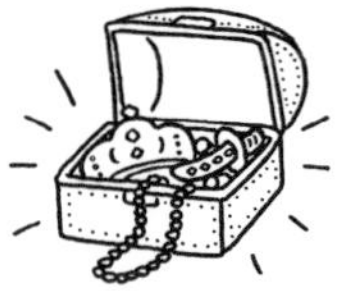

たからばこ

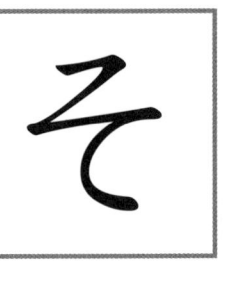

こえに だして よもう
「ち」「つ」

なまえ

ち

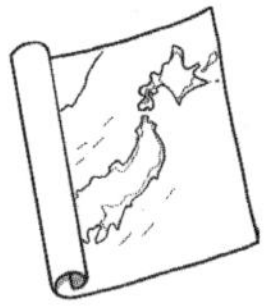
ちず

くち

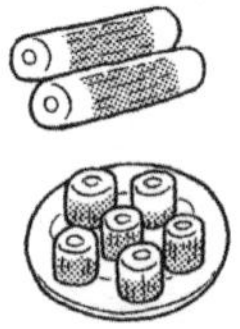
ちくわ

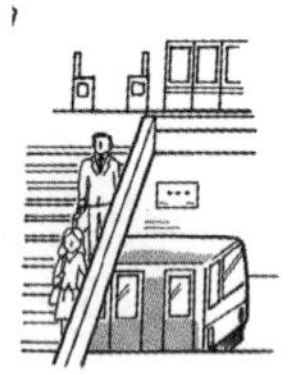
ちかてつ

ちりとり

つ

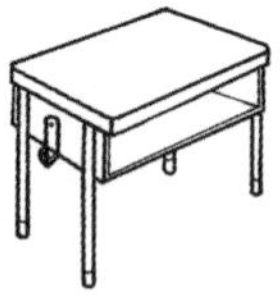
つくえ

つくし

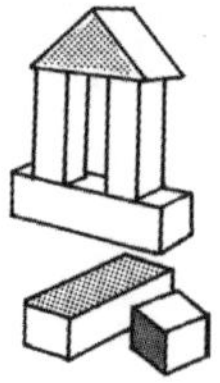
つみき

つなひき

ながぐつ

こえに　だして　よもう
「て」「と」

なまえ

て

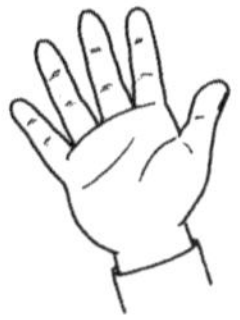

て

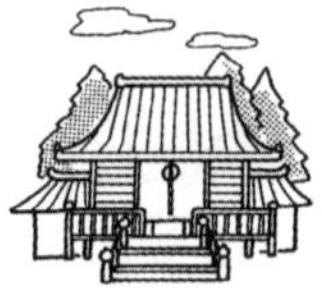

てら

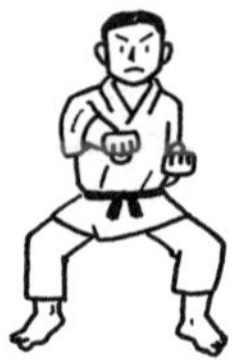

からて

てじな

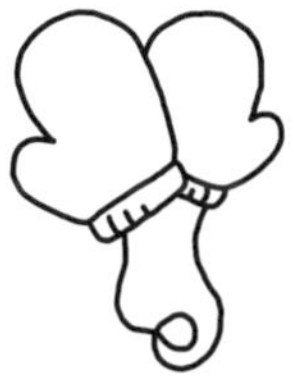

てぶくろ

と

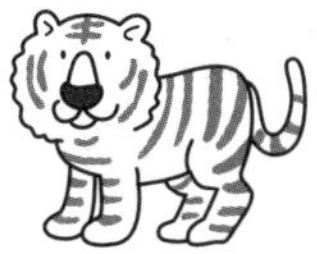

とら

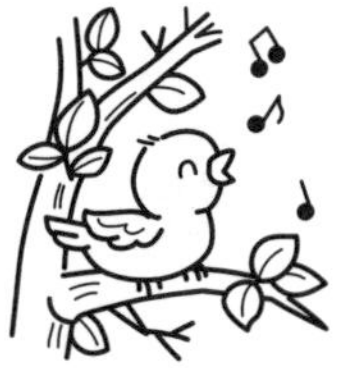

とり

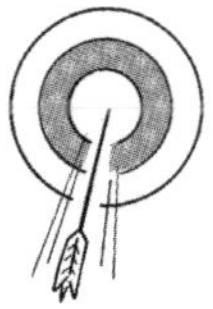

まと

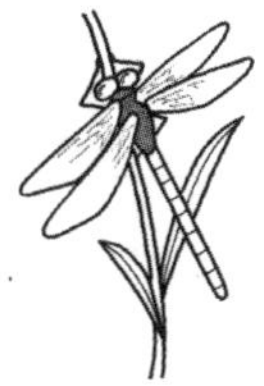

とんぼ

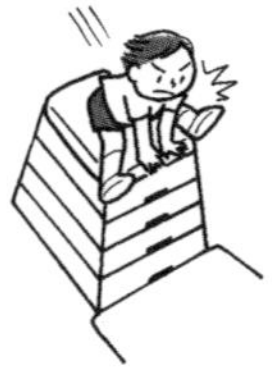

とびばこ

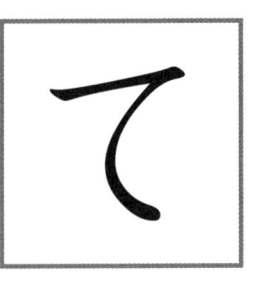

こえに だして よもう
「な」「に」

なまえ

な

なべ

なふだ

すなはま

たなばた

なわとび

に

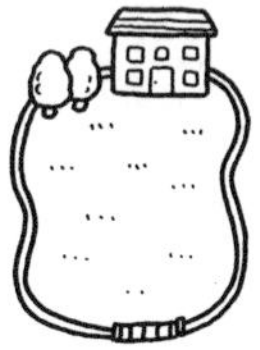
にわ

にかい

にもつ

にんにく

にんじん

こえに　だして　よもう
「ぬ」「ね」

なまえ

ぬ

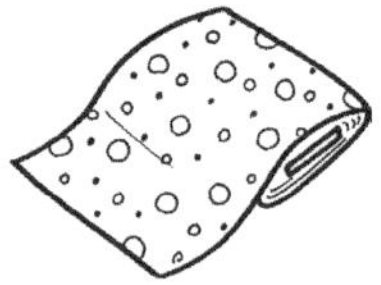
ぬの

ぬりえ

せんぬき

ぬけあな

ぬいぐるみ

ね

たね

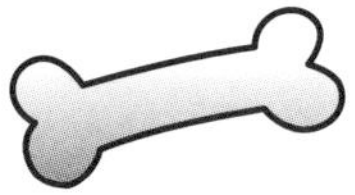
ほね

ねんど

たまねぎ

ねがいごと

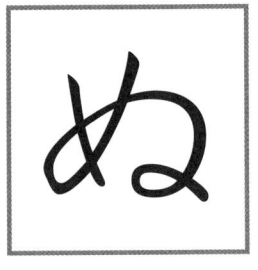

こえに　だして　よもう
「の」「は」

なまえ

の

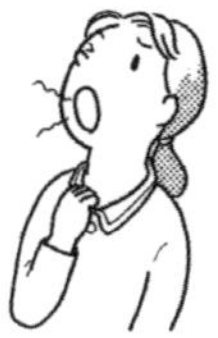
のど

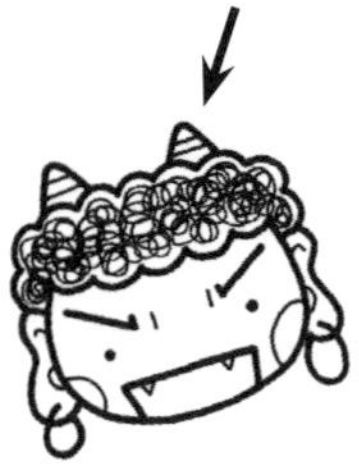
つの

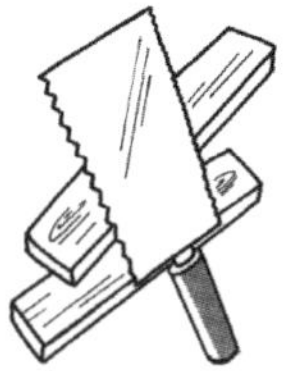
のこぎり

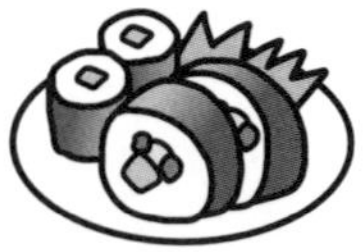
のりまき

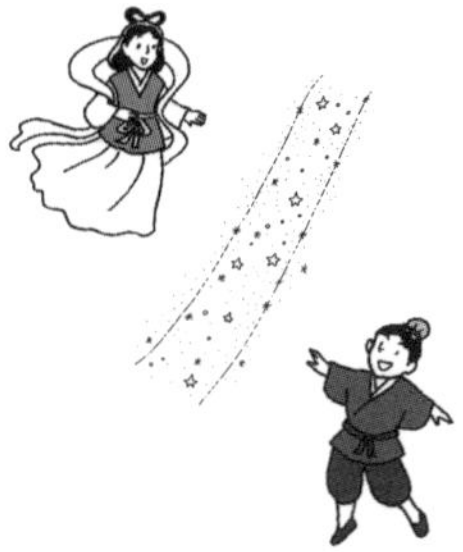
あまのがわ

は

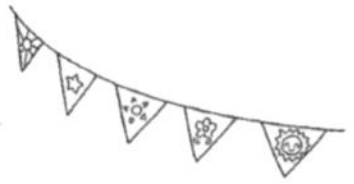
はた

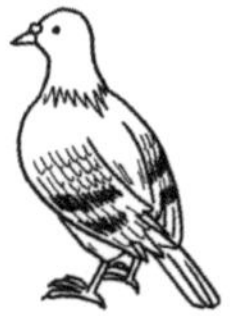
はと

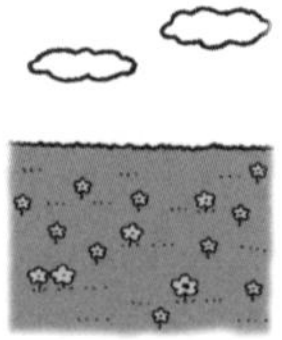
のはら

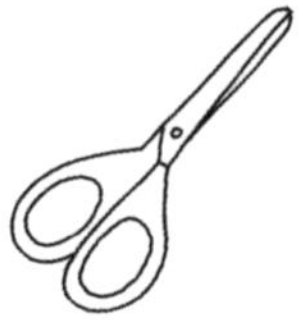
はさみ

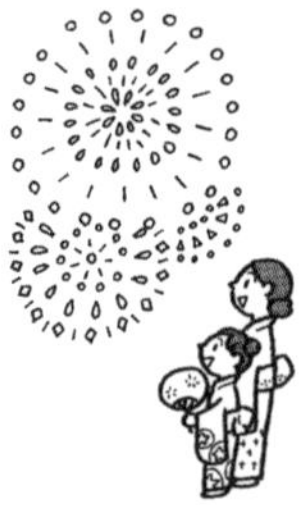
はなび

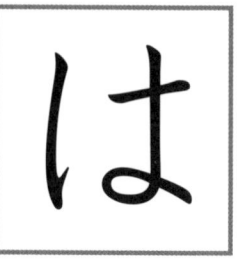

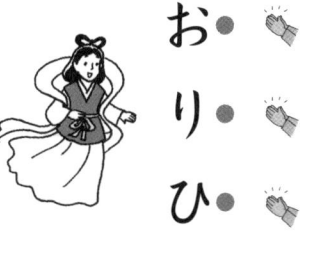

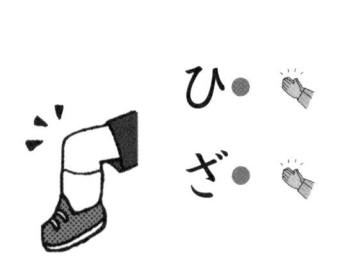

こえに だして よもう
「ひ」「ふ」

なまえ

ひ

ひざ

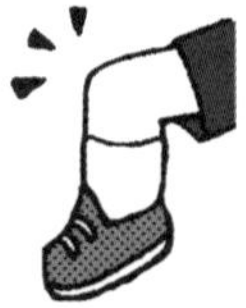

ひつじ

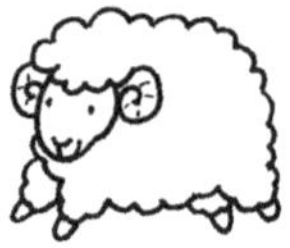

ひなまつり

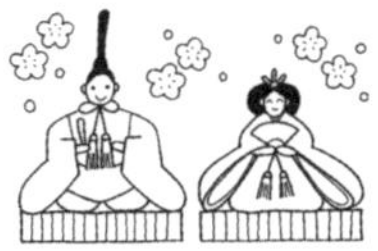

おりひめ

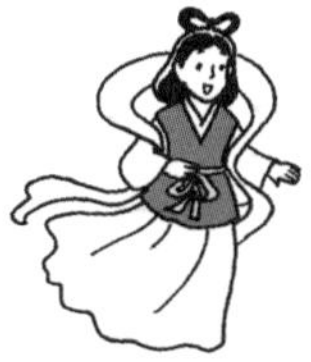

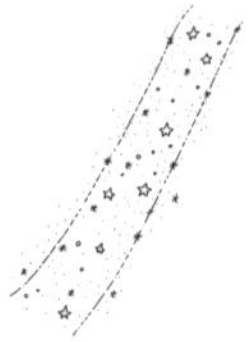

ひこぼし

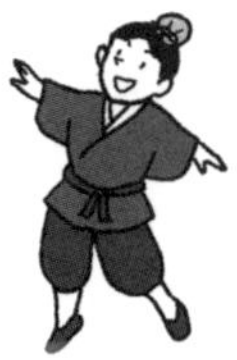

ふ

ふえ

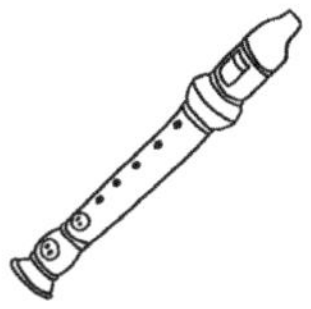

ふね

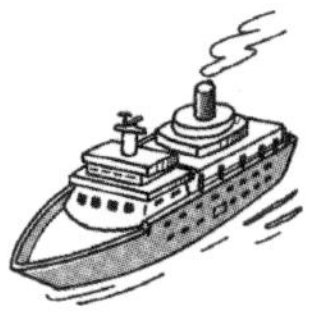

がくふ

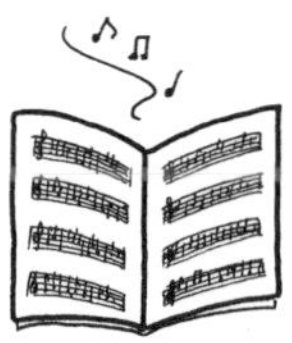

ふとん

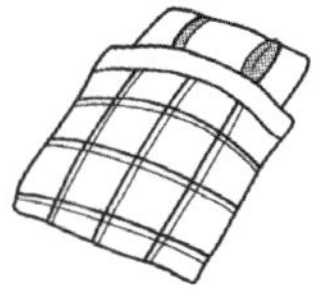

ふでばこ

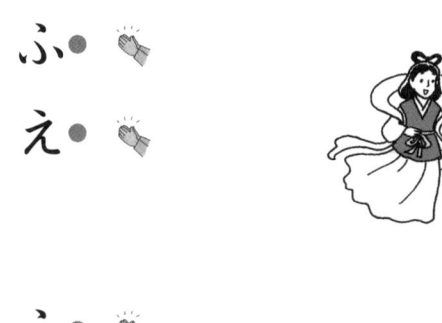

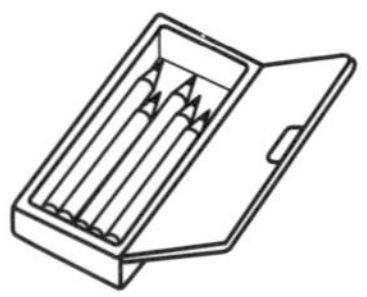

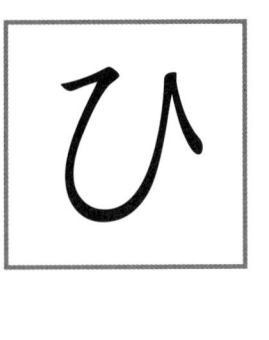

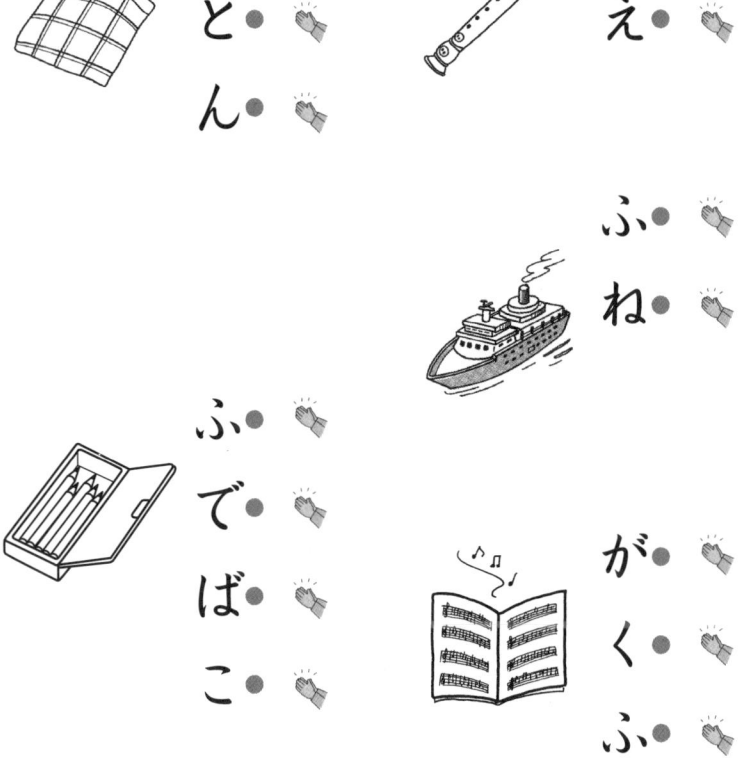

こえに　だして　よもう
「へ」「ほ」

なまえ

へ

へ・い

へ・や

へ・ん・じ

へ・そ

へ・い・き・ん・だ・い

ほ

ほ・し

え・ほ・ん

ほ・く・ろ

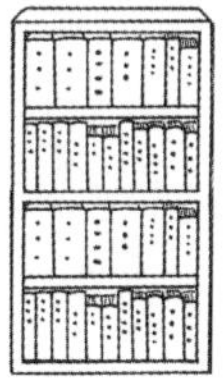

ほ・ん・ば・こ

ほ・け・ん・し・つ

こえに だして よもう
「ま」「み」

なまえ

ま

まど

はまべ

たつまき

まないた

なつまつり

み

みみ

うみ

みかづき

みつばち

かみしばい

こえに　だして　よもう
「む」「め」

なまえ

む

むしば

むしかご

かたつむり

むしめがね

むかしばなし

め

め

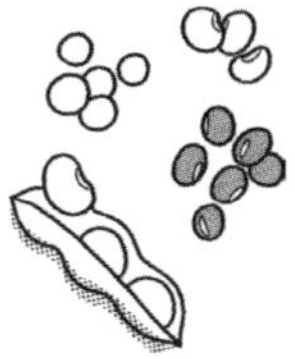

まめ

かめ

めがね

めだまやき

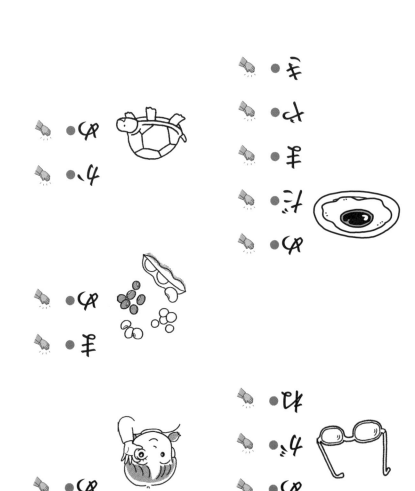

こえに だして よもう 「も」「や」

なまえ

も

もち

もも

ひも

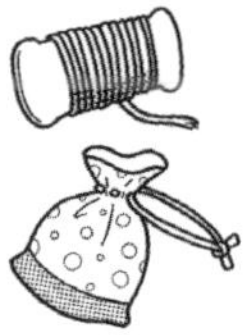

もみじ

さつまいも

や

やま

やね

あやとり

たこやき

やきそば

こえに　だして　よもう
「ゆ」「よ」

なまえ

ゆ

ゆみ

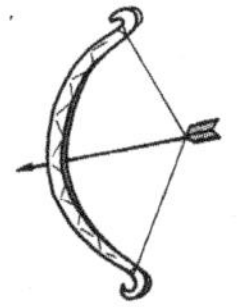

まゆげ

ゆかた

ゆびわ

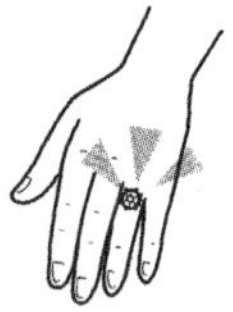

ゆきだるま

よ

よこ

よる

よみせ

よだれかけ

かいすいよく

こえに　だして　よもう
「ら」「り」

なまえ

ら

らくだ

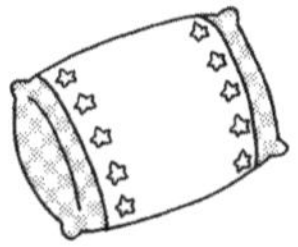
まくら

ごりら

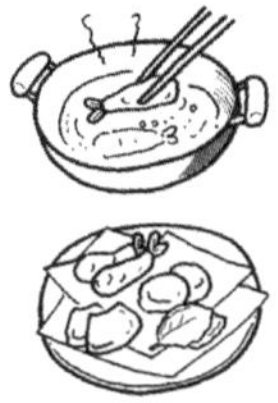
てんぷら

らくがき

り

りす

りんご

きりかぶ

とりかご

めぐすり

こえに だして よもう
「る」「れ」

なまえ

る

はるる

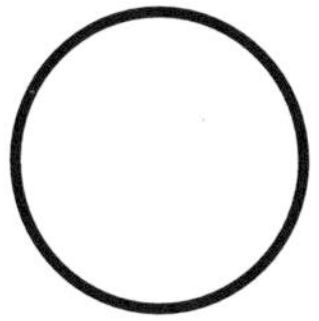
まる

ほたる

くるま

るすばん

れ

れんげ

れんが

はれ

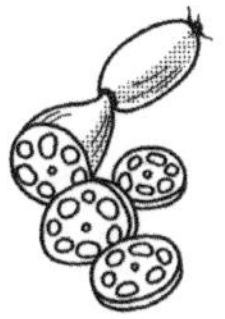
れんこん

かくれんぼ

こえに だして よもう
「ろ」「わ」

なまえ

ろ

わ

ろば

ふろ

ろくじ

しろくま

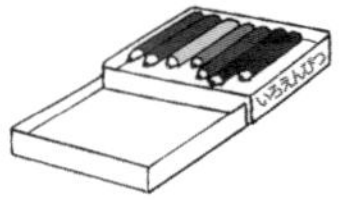
いろえんぴつ

わし

うきわ

わなげ

わたがし

わりばし

こえに だして よもう
「を」「ん」

なまえ

を

かおを あらう

ほんを よむ

てを あげる

おかしを たべる

ん

かん

かばん

でんわ

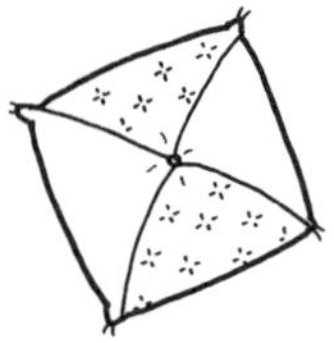

ざぶとん

たんぽぽ

おとの　かず　①

なまえ

おとの　かずだけ　○を　ぬりましょう。

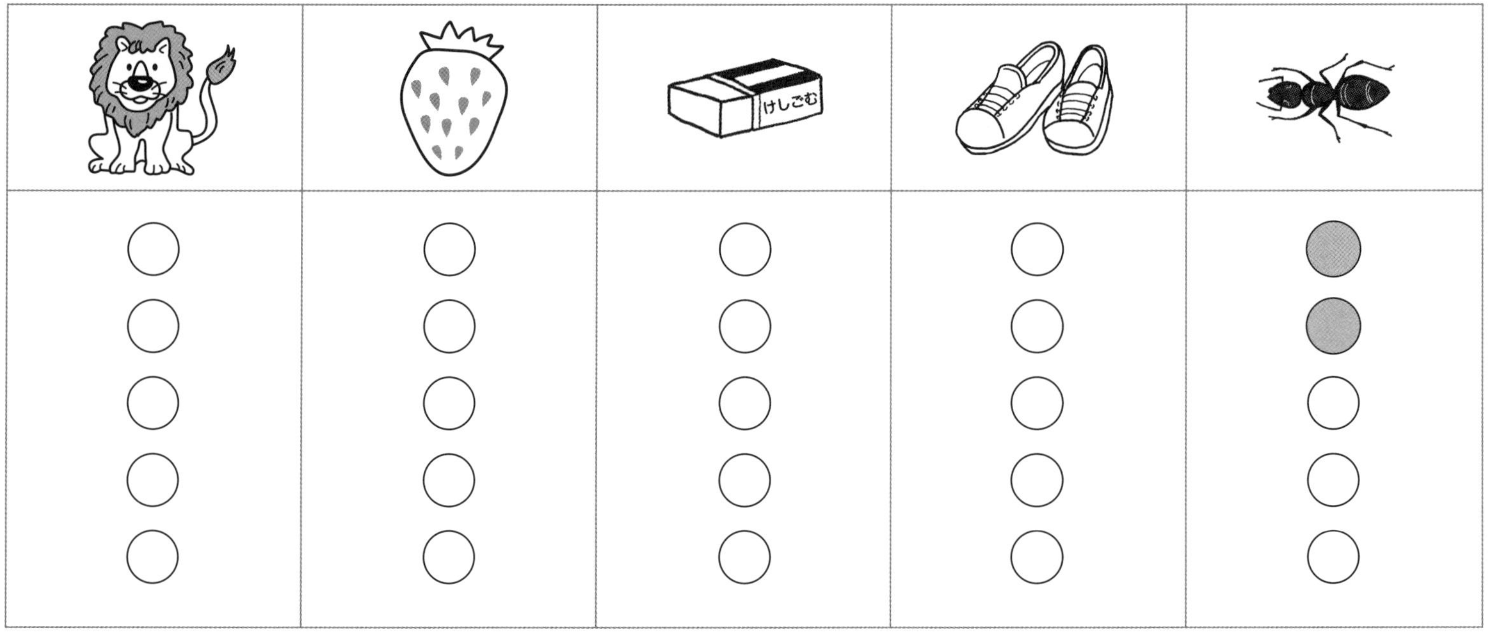

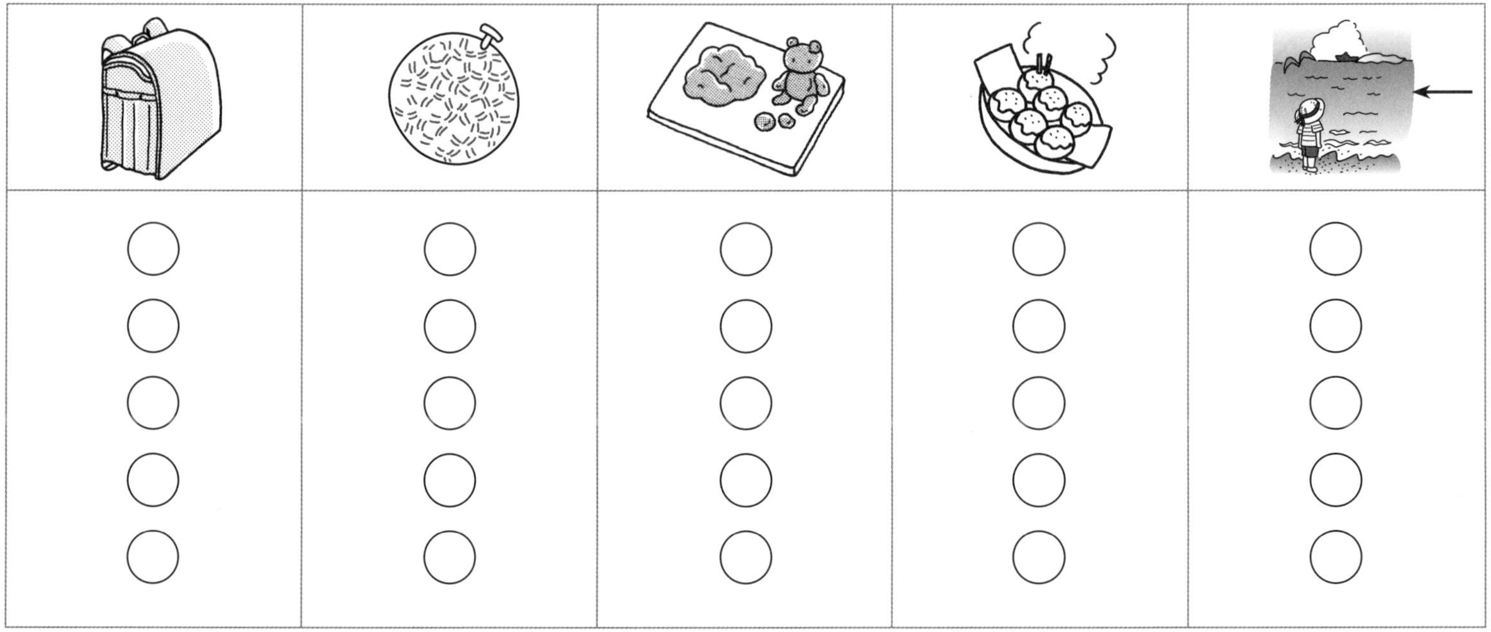

おとの　かず②

なまえ

おとの　かずだけ　○を　ぬりましょう。

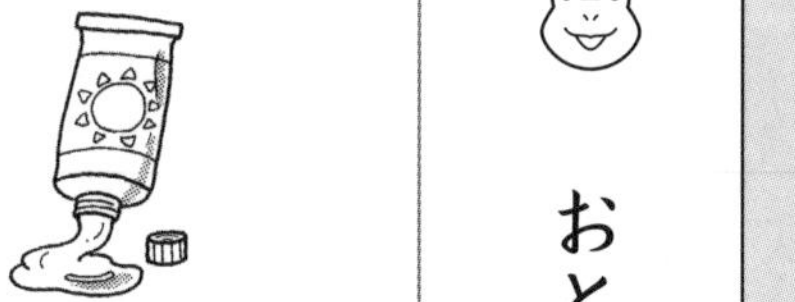

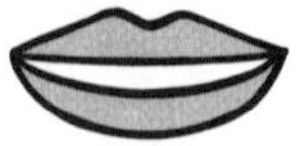

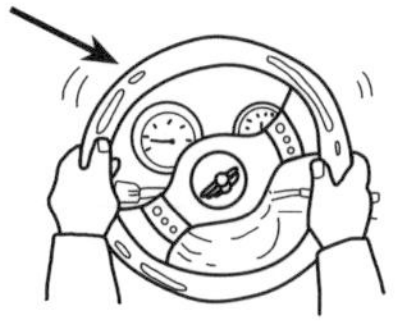

おとの　かず ③

なまえ

おとの　かずだけ　○を　ぬりましょう。

おとの　かず ④

なまえ

おとの　かずだけ　○を　ぬりましょう。

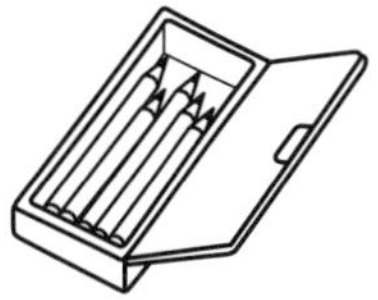

おとの　かず ⑤

なまえ

おとの　かずだけ　○を　ぬりましょう。

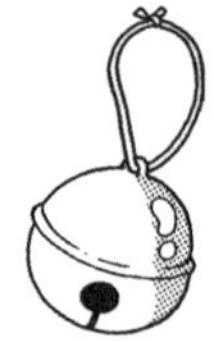

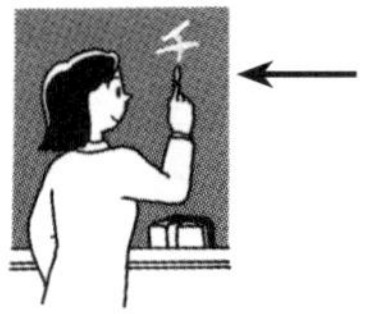

おとの　かず⑥

なまえ

おとの　かずだけ　○を　ぬりましょう。

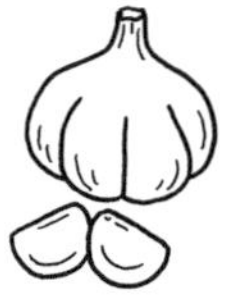

おとの　かず ⑦

なまえ

おとの　かずだけ　○を　ぬりましょう。

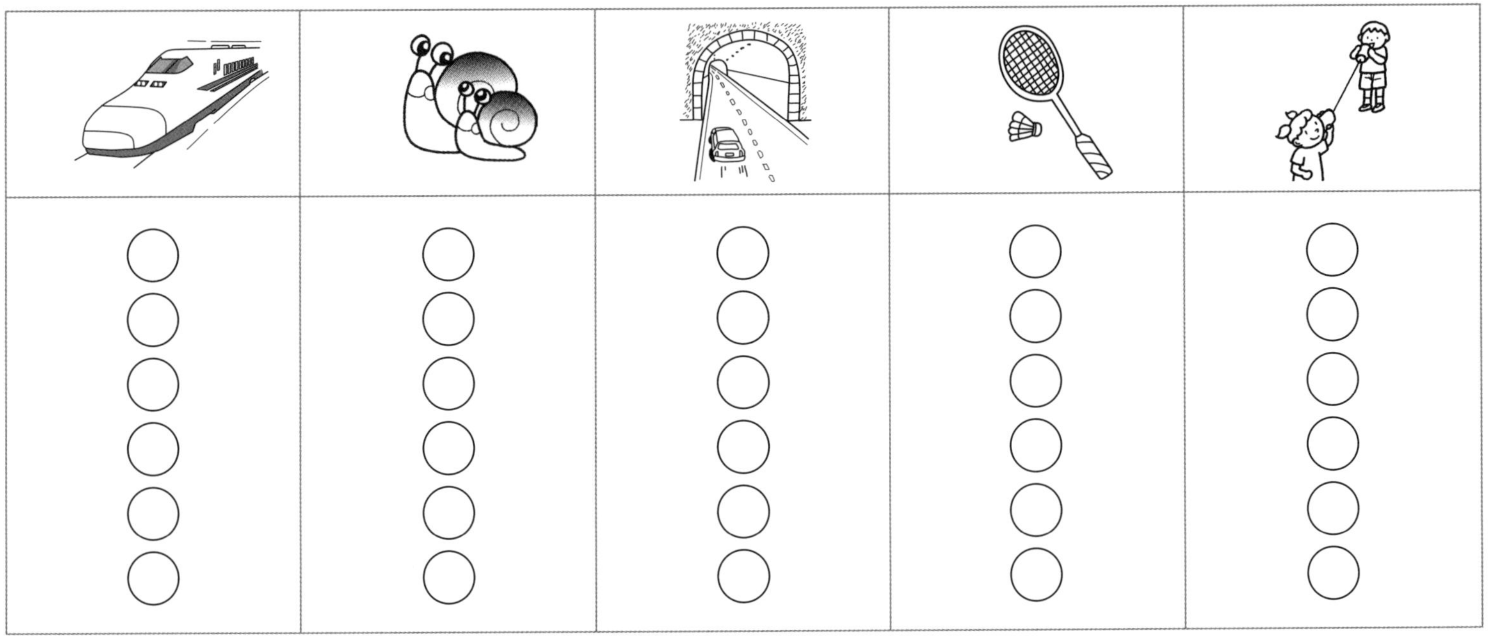

おとの　かず ⑧

なまえ

おとの　かずだけ　○を　ぬりましょう。

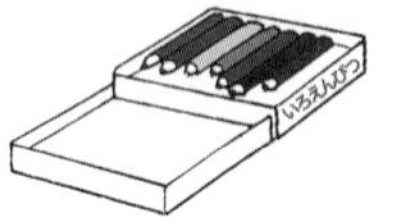

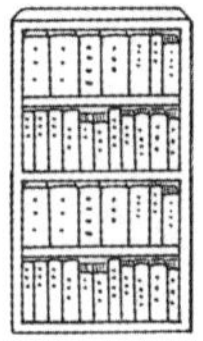

おとの　かず ⑨

なまえ

おとの　かずだけ　○を　ぬりましょう。

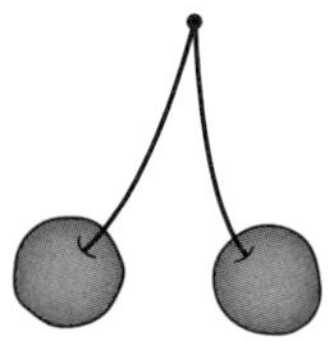

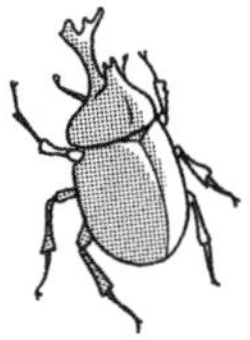

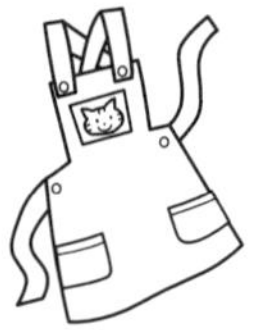

おとの　かず ⑩

なまえ

おとの　かずだけ　○を　ぬりましょう。

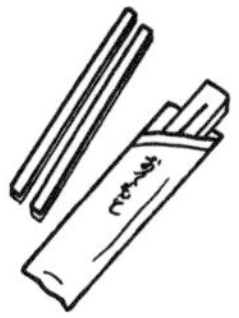

ことばあそび　しりとり ①

おとの　かずだけ
てを　たたこう

なまえ

しりとりに　なる　ように　えに　あう　ことばを　いいましょう。

ことばを　いう
ときに　てを
たたこう。

(1)

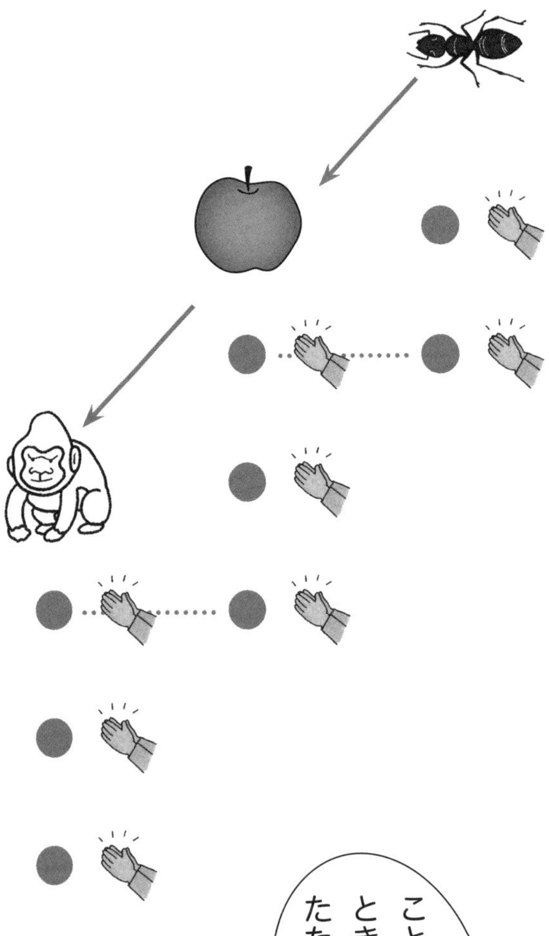

(2)

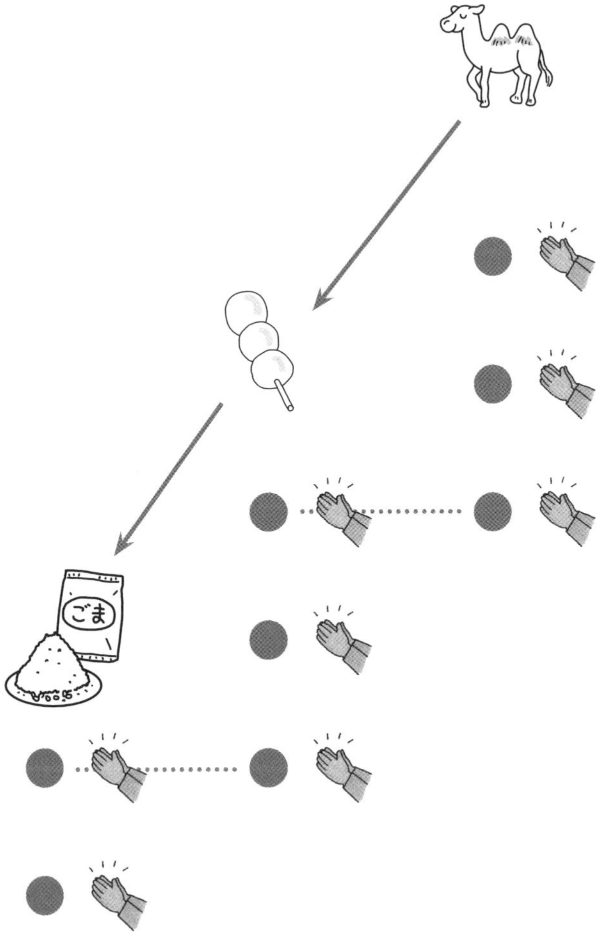

ことばあそび　しりとり②
おとの　かずだけ　てを　たたこう

なまえ

しりとりに　なる　ように　えに　あう　ことばを　いいましょう。

(1)

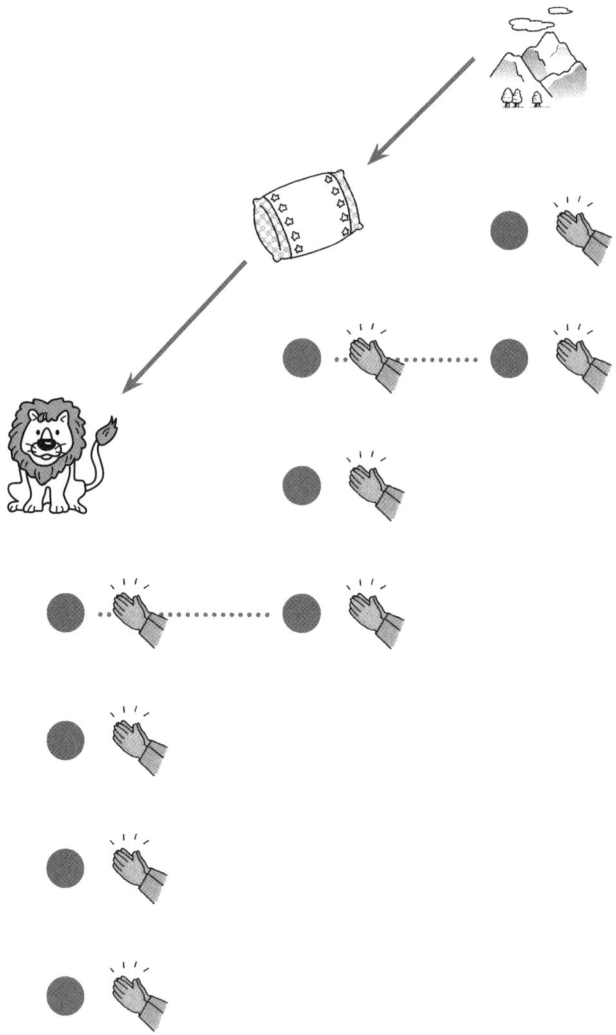

(2)

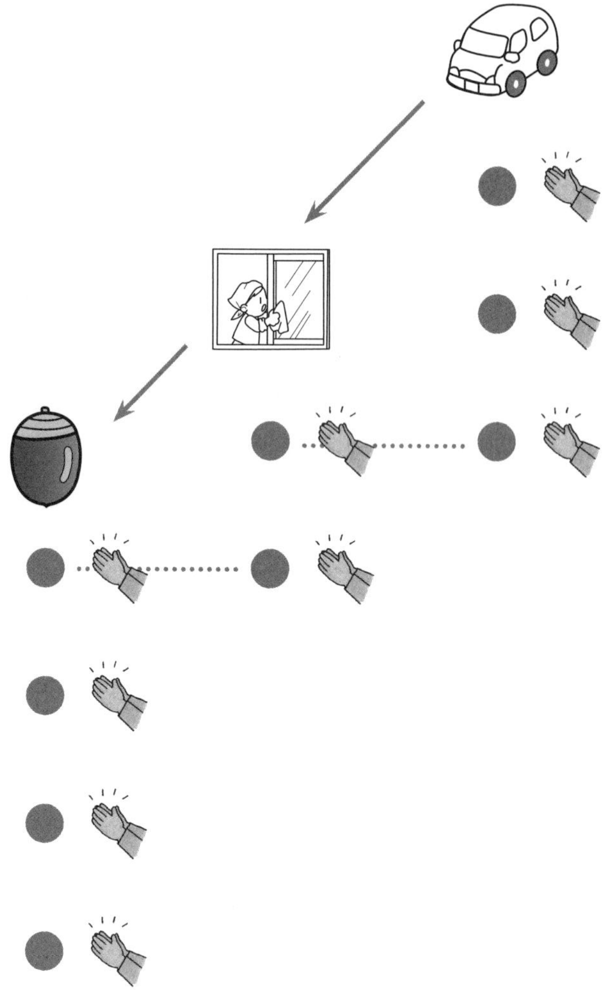

ことばあそび　しりとり ③

おとの　かずだけ　てを　たたこう

なまえ

しりとりに　なる　ように　えに　あう　ことばを　いいましょう。

（１）

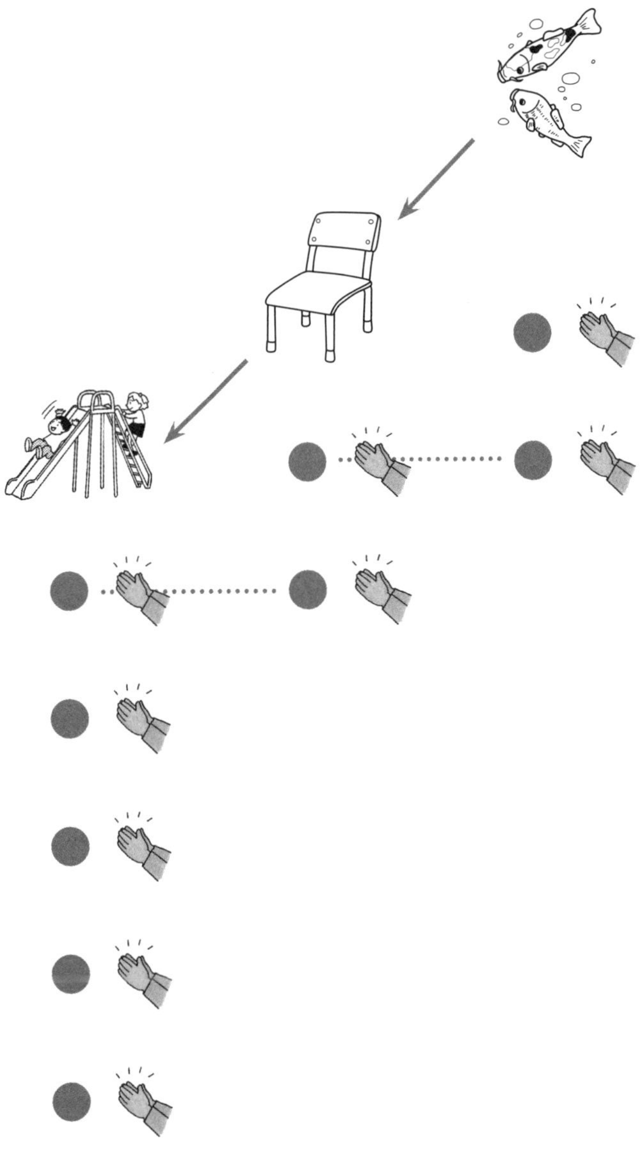

（２）

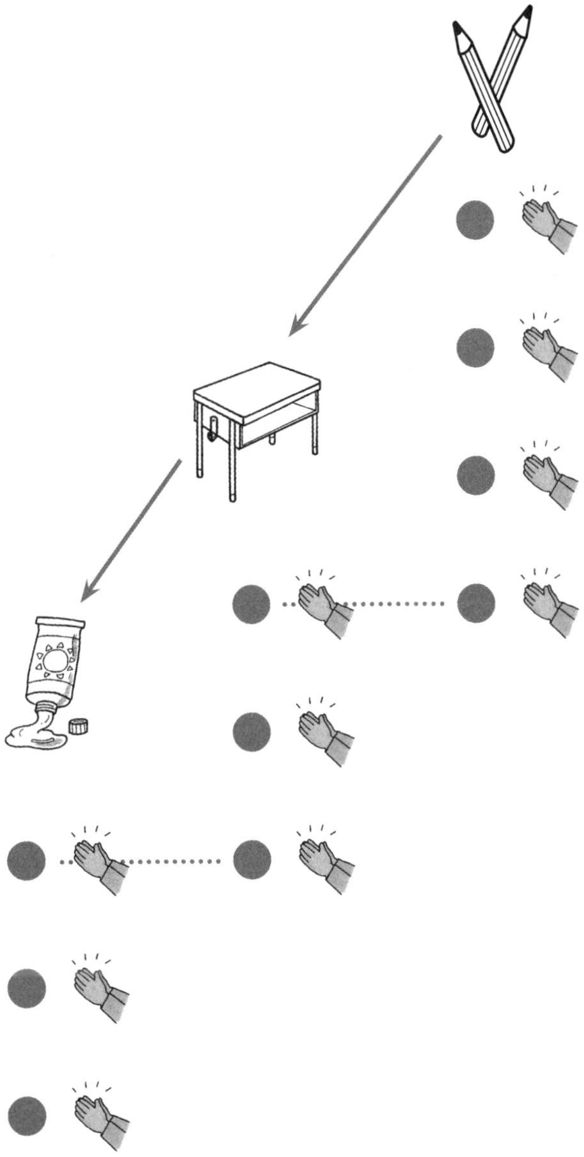

ひらがなを　かこう
「あ」

なまえ

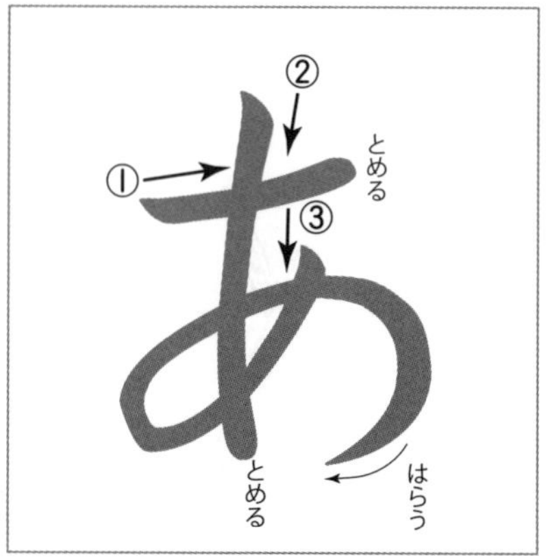

Ⓐいうえお

①②…の　じゅんに　あを　なぞりましょう。

あし

かきじゅん

れんしゅう

あさがお

ひらがなを　かこう「い」

なまえ

あ　(い)　う　え　お

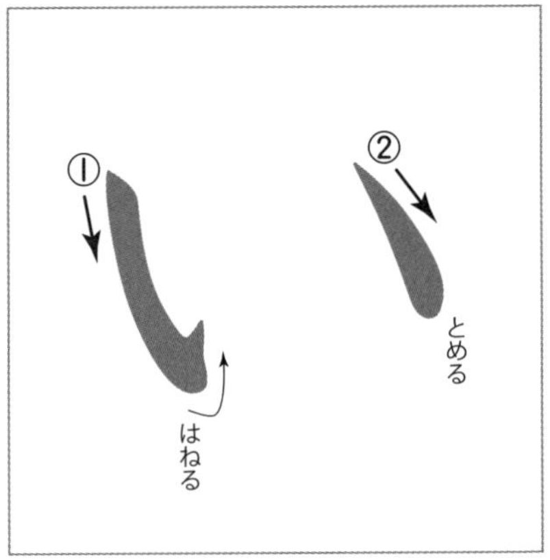

①②の　じゅんに　い　を　なぞりましょう。

かきじゅん

れんしゅう

いぬ

いちご

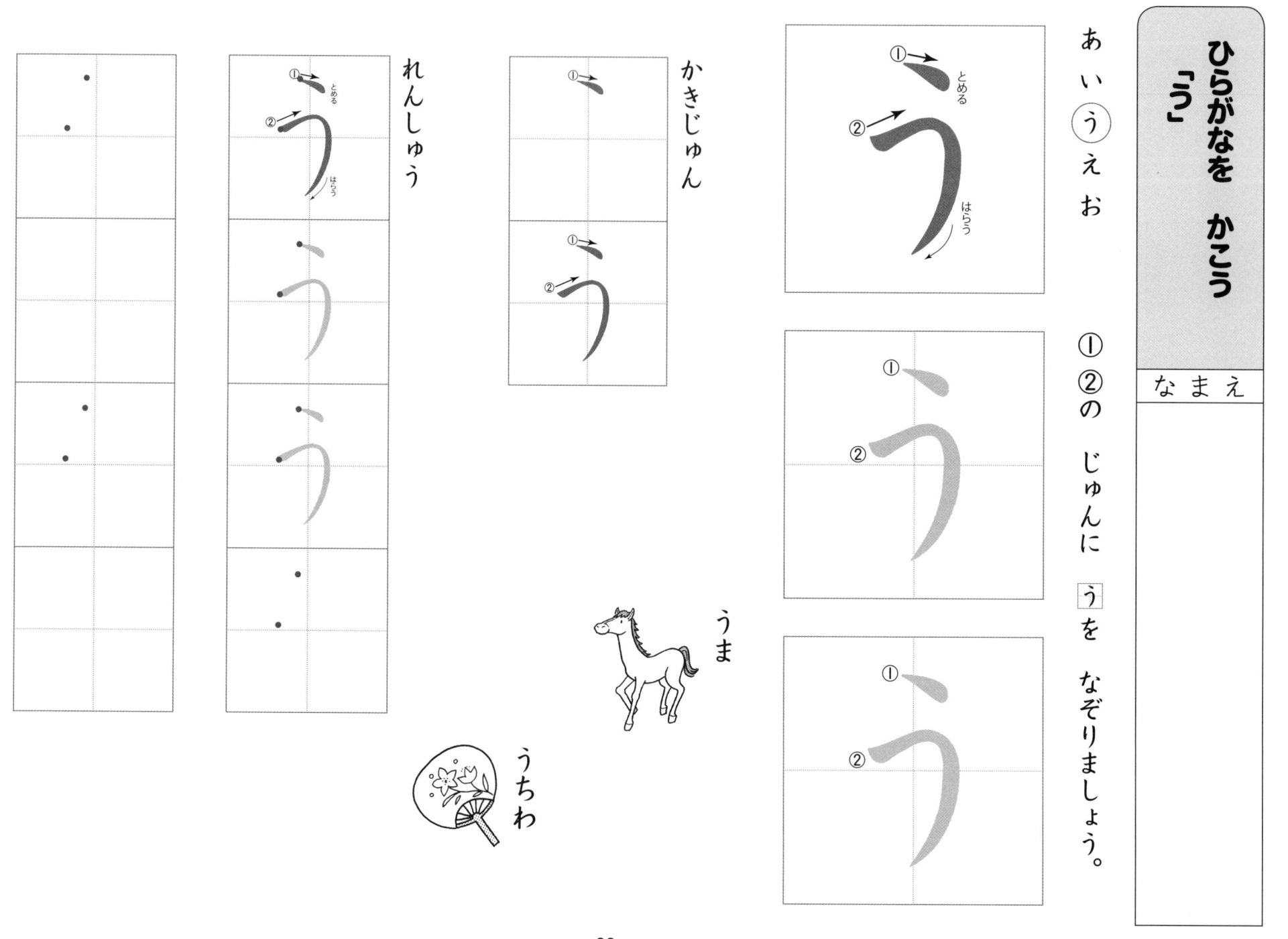

ひらがなを　かこう「う」

なまえ

あ い ㋒ え お

①②の じゅんに う を なぞりましょう。

とめる

はらう

かきじゅん

れんしゅう

うま

うちわ

ひらがなを　かこう「え」

なまえ

あいう㋓お

①②の　じゅんに　えを　なぞりましょう。

えのぐ

えんぴつ

かきじゅん

れんしゅう

ひらがなを　かこう「お」

なまえ

あいうえ㋔

①②…の　じゅんに　お　を　なぞりましょう。

かきじゅん

れんしゅう

おに

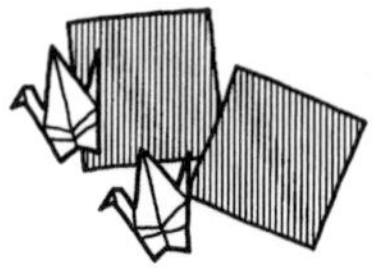

おりがみ

ひらがなを　かこう
「か」

なまえ

ⓚか　き　く　け　こ

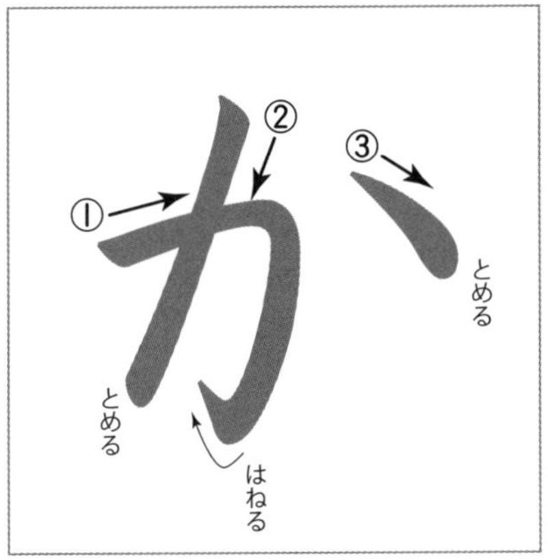

①②…の　じゅんに　か　を　なぞりましょう。

かきじゅん

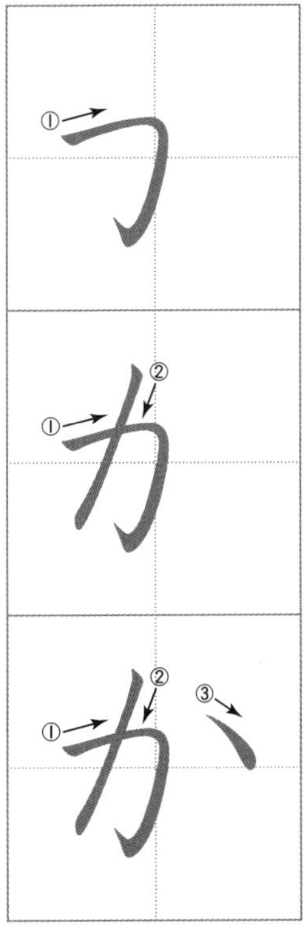

かえる

かまきり

れんしゅう

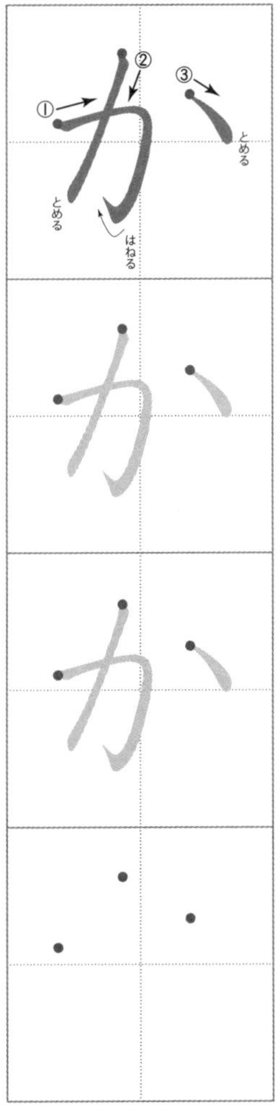

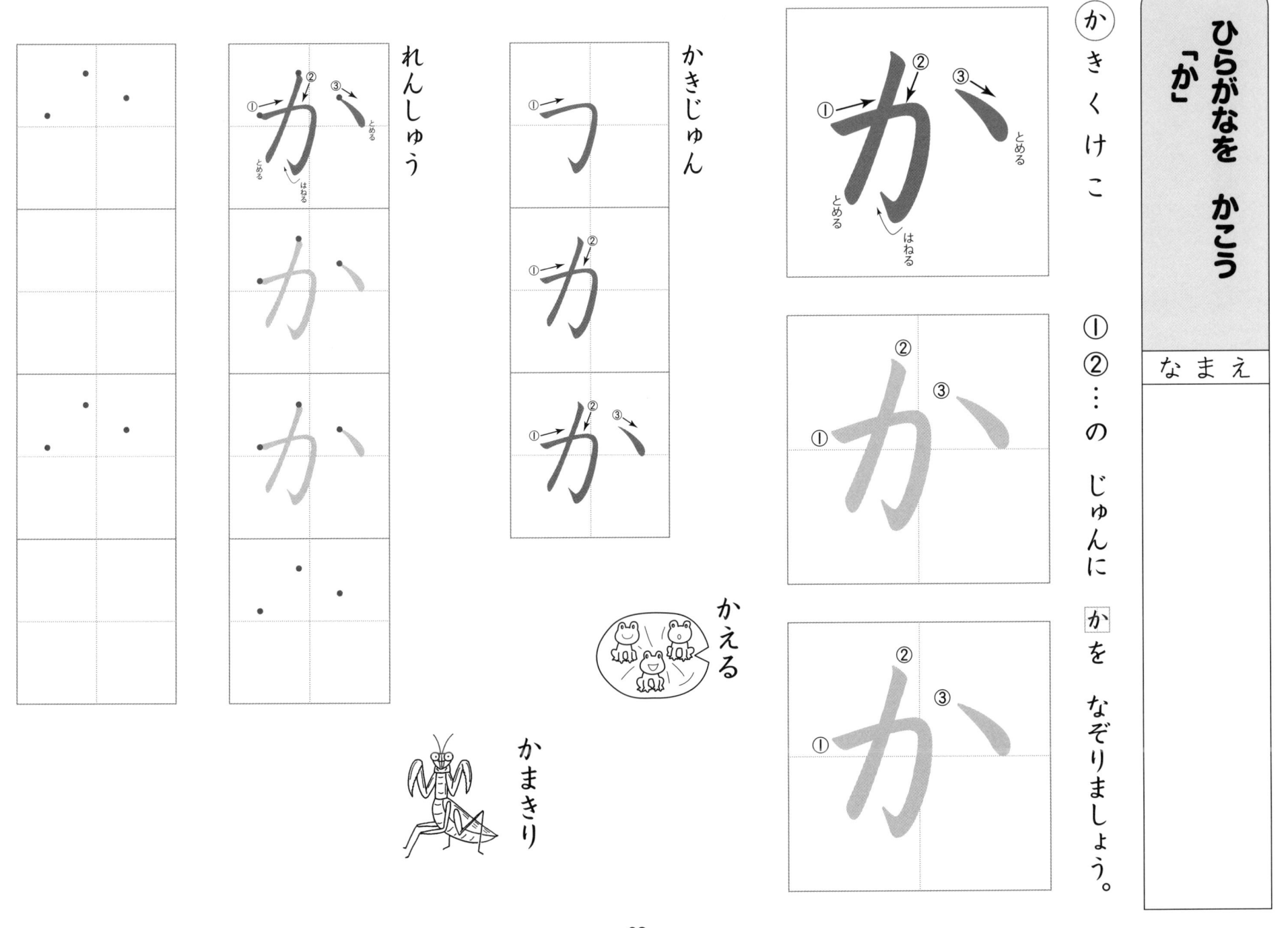

ひらがなを　かこう
「き」

なまえ

か　き　く　け　こ

①②…の　じゅんに　き　を　なぞりましょう。

き

かきじゅん

れんしゅう

き

きのこ

ひらがなを　かこう「く」

なまえ

かき（く）けこ

くを　なぞりましょう。

①

とめる

かきじゅん

れんしゅう

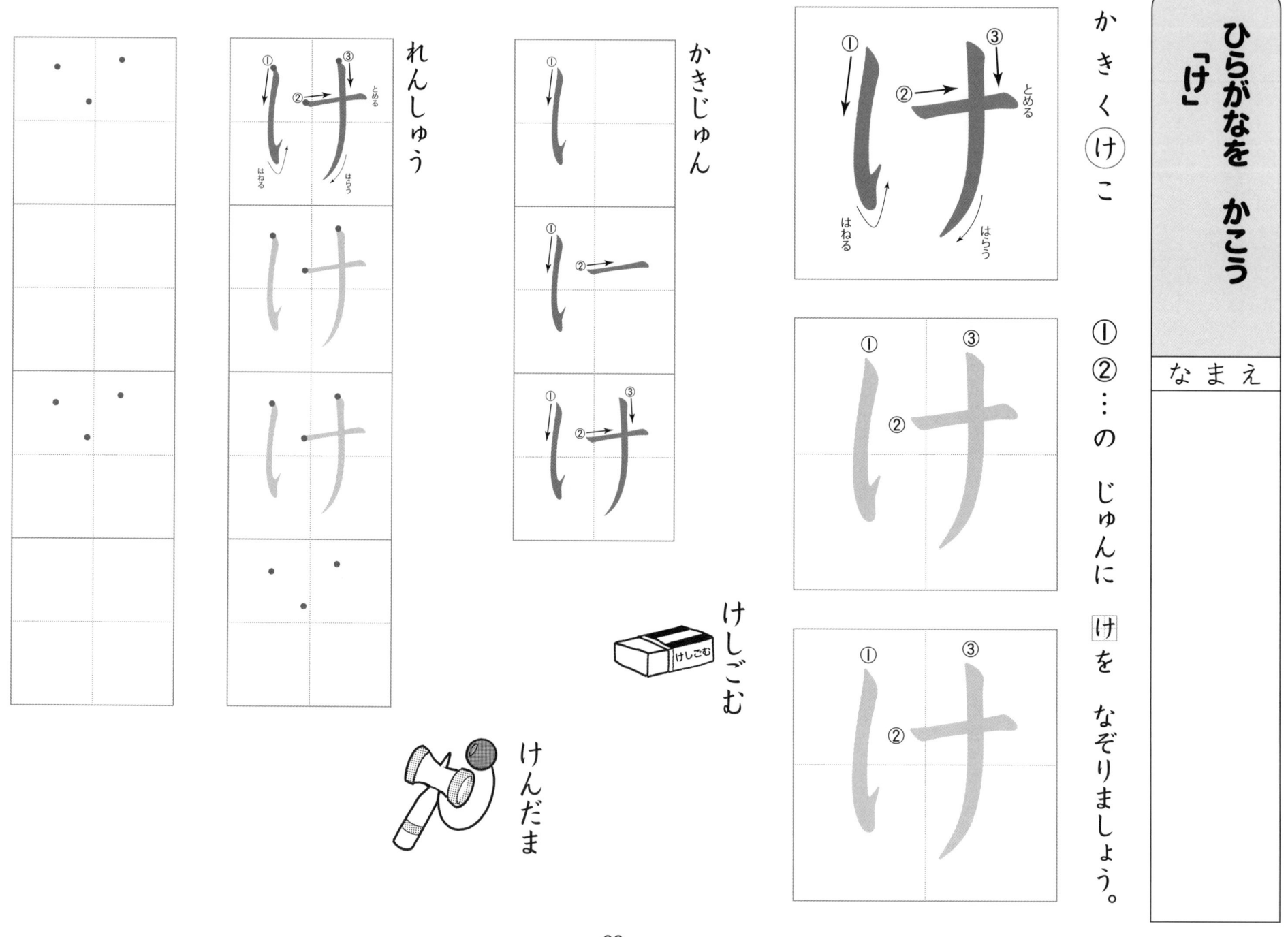

ひらがなを　かこう「け」

なまえ

かきく(け)こ

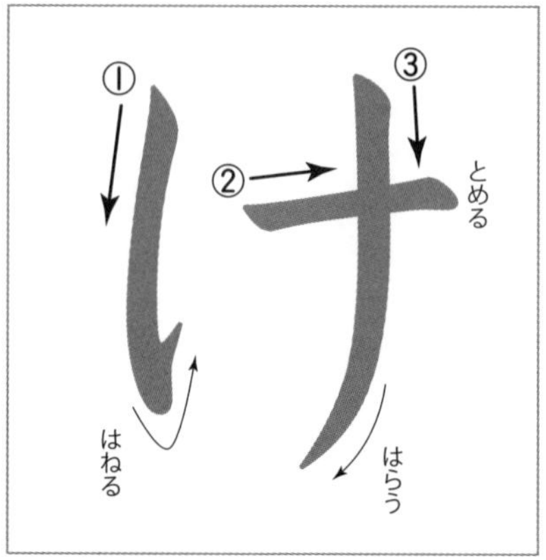

①②…の　じゅんに　けを　なぞりましょう。

かきじゅん

れんしゅう

けしごむ

けんだま

ひらがなを　かこう
「こ」

なまえ

かきくけ(こ)

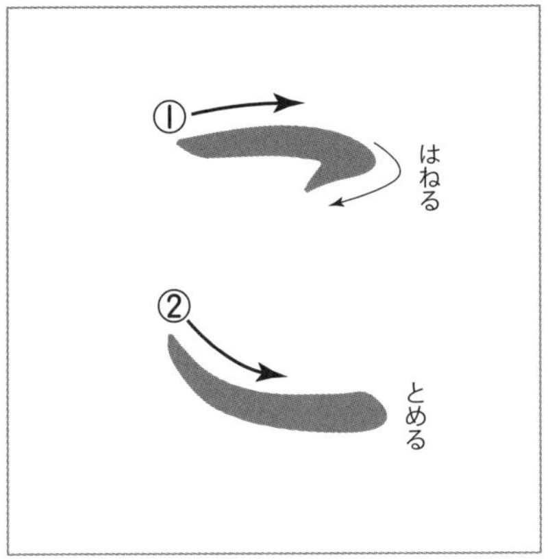

①②の　じゅんに　こ　を　なぞりましょう。

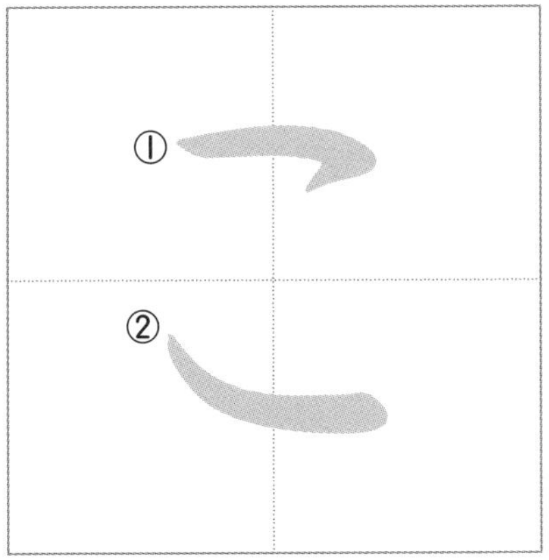

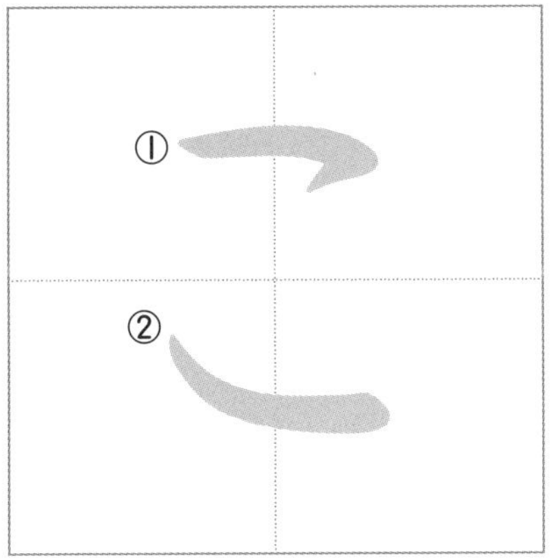

こま

こいのぼり

かきじゅん

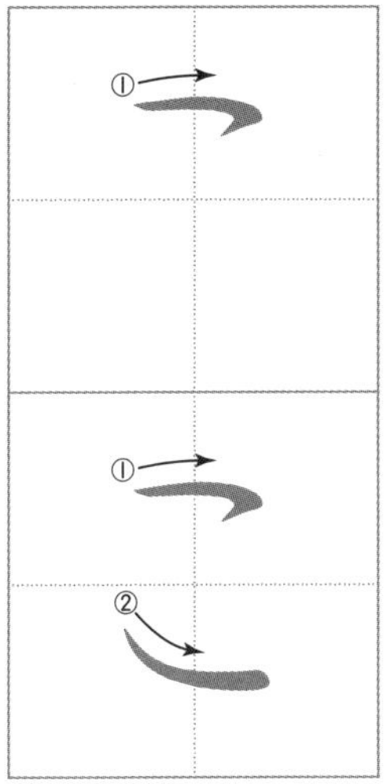

れんしゅう

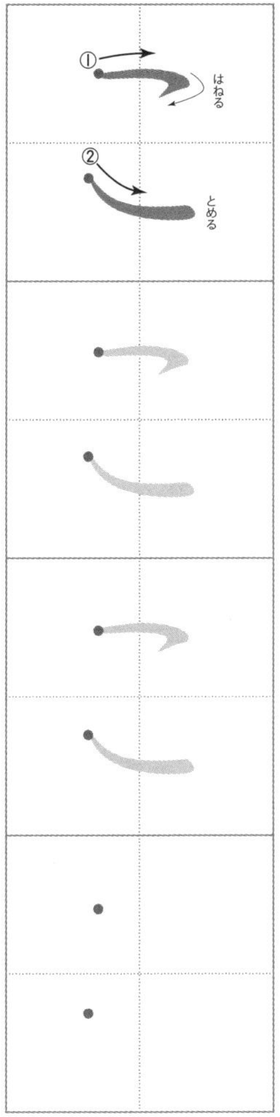

ひらがなを　かこう
「さ」

なまえ

さ　し　す　せ　そ

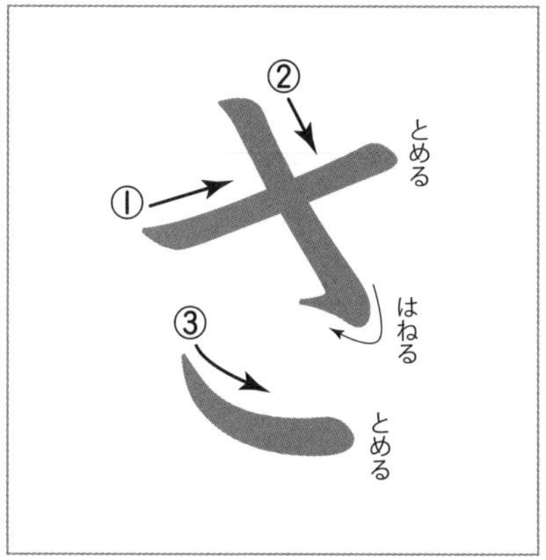

①②…の　じゅんに　さ　を　なぞりましょう。

かきじゅん

れんしゅう

さる

さくらんぼ

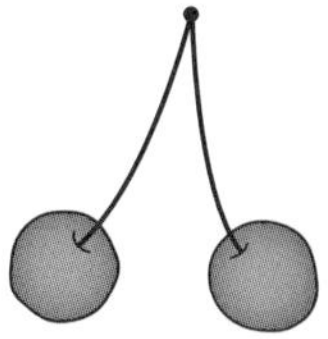

ひらがなを　かこう「し」

なまえ

さ　し　す　せ　そ

し　を　なぞりましょう。

①　はらう

しか

しんかんせん

かきじゅん

れんしゅう

はらう

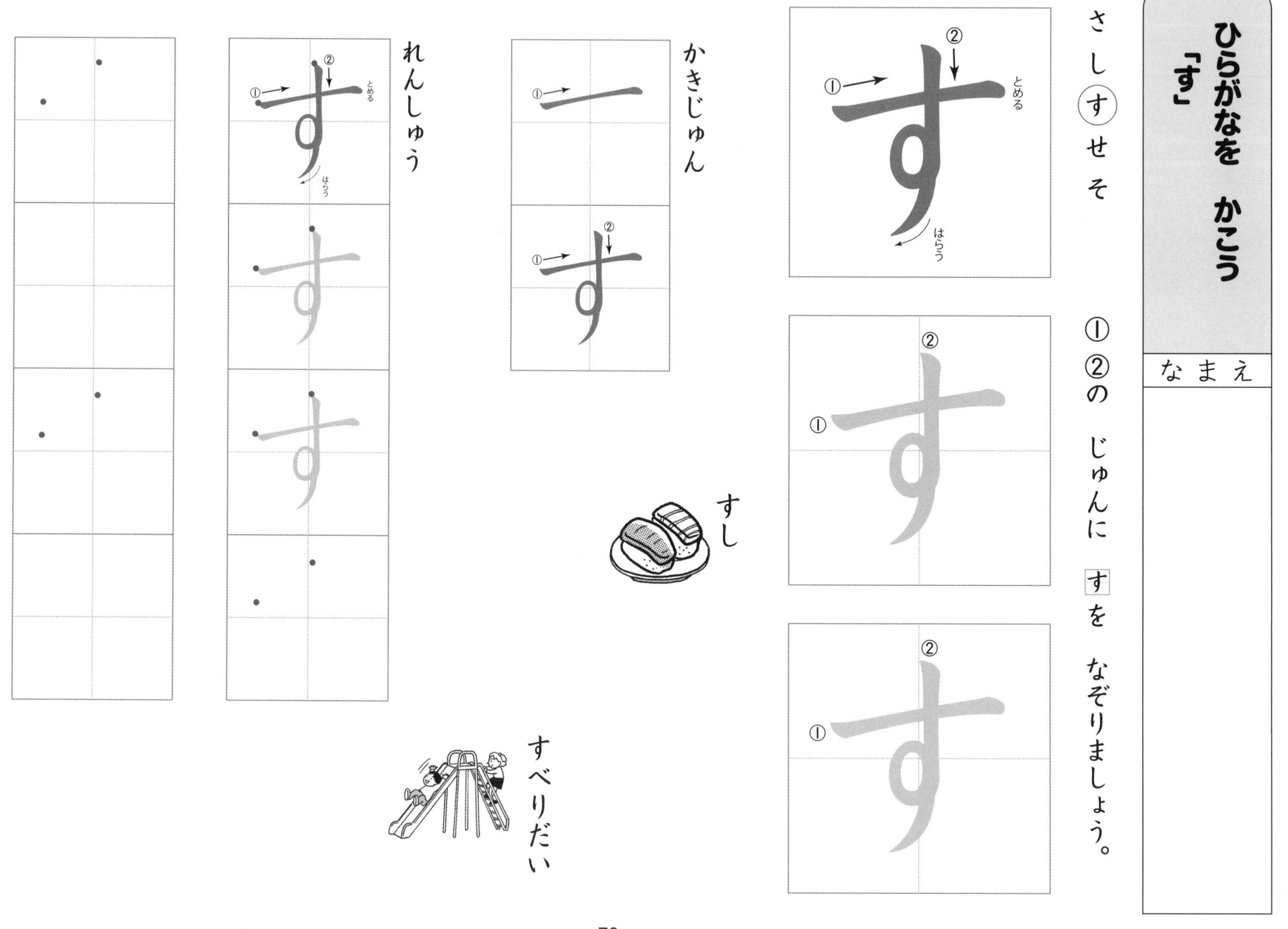

ひらがなを　かこう「す」

なまえ

さ し (す) せ そ

①②の じゅんに [す] を なぞりましょう。

かきじゅん

れんしゅう

すし

すべりだい

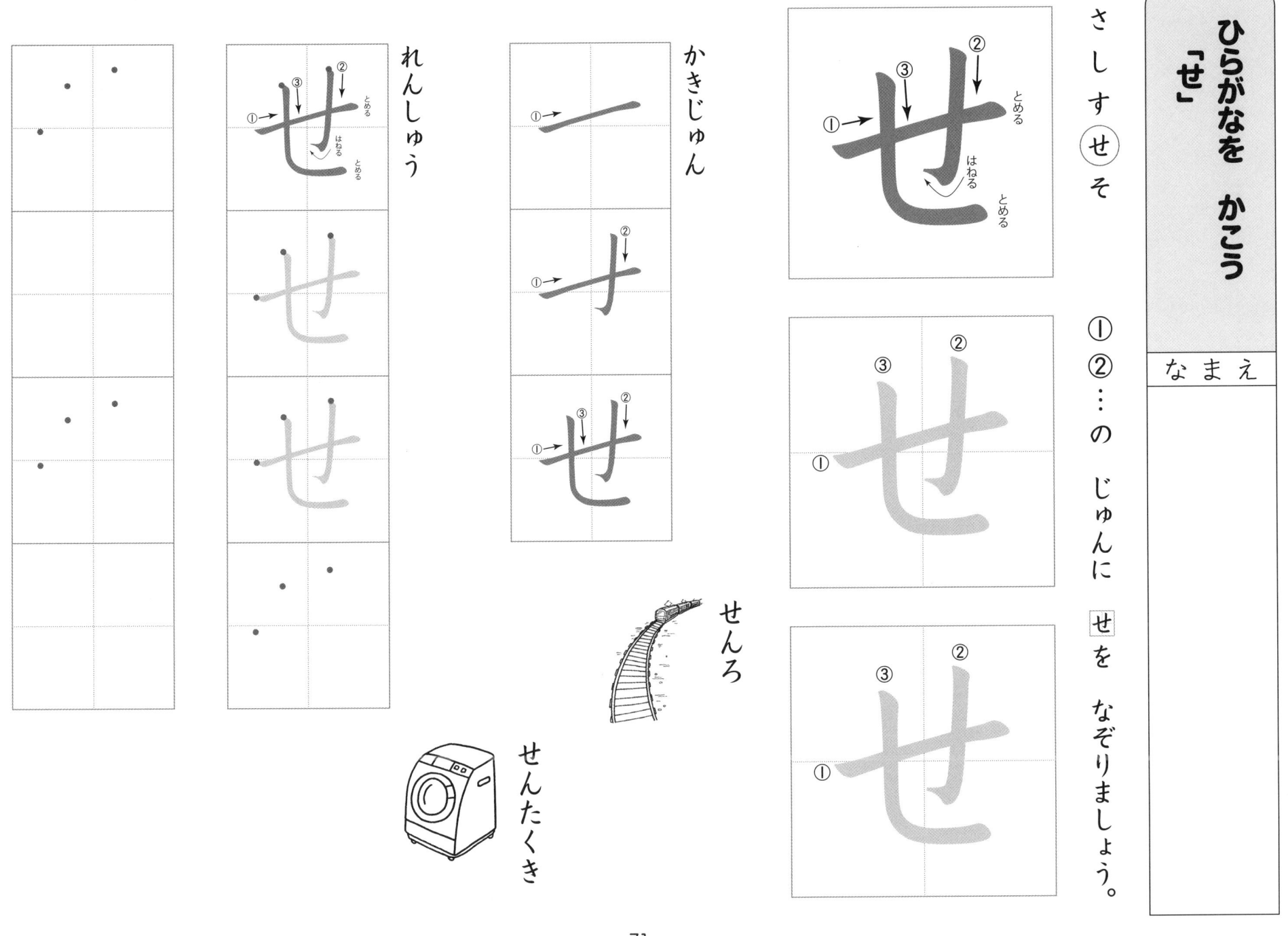

ひらがなを　かこう「せ」

なまえ

さ し す ㊝ そ

せ
①②③ とめる はねる とめる

①②…の じゅんに せ を なぞりましょう。

せ ①②③

せ ①②③

かきじゅん

一 ①

ナ ①②

せ ①②③

せんろ

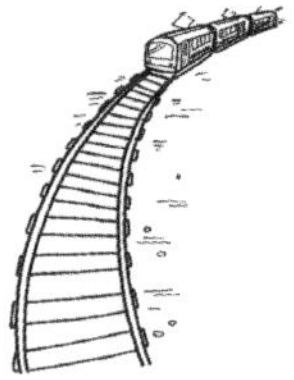

せんたくき

れんしゅう

せ ①②③ とめる はねる とめる

せ

せ

ひらがなを　かこう「そ」

なまえ

さ　し　す　せ　そ

そ　を　なぞりましょう。

①そ　とめる

①そ

①そ

そら

かきじゅん

①そ

そり

れんしゅう

①そ　とめる

そ

そ

ひらがなを　かこう「た」

なまえ

(た) ち っ て と

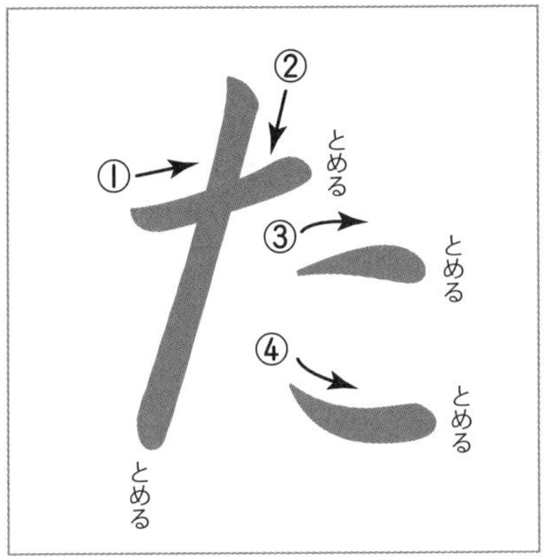

①②…の　じゅんに　た　を　なぞりましょう。

かきじゅん

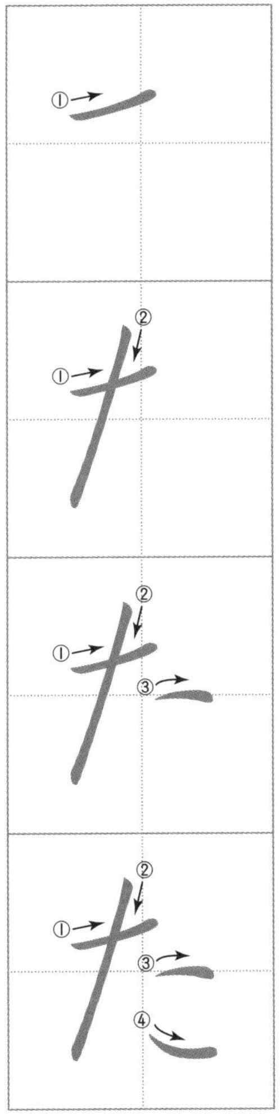

れんしゅう

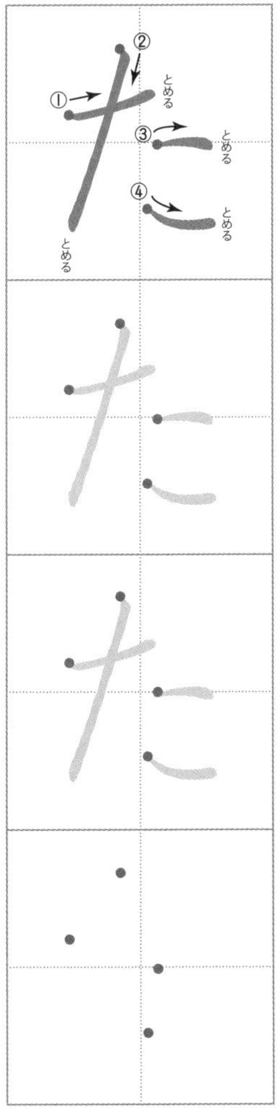

たい

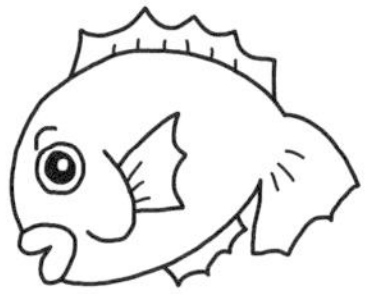

たまいれ

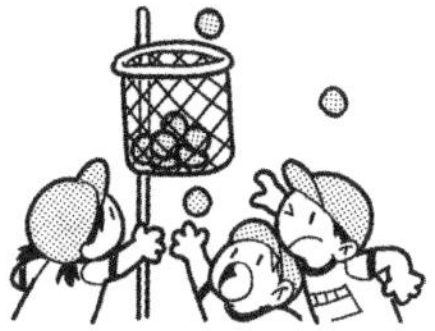

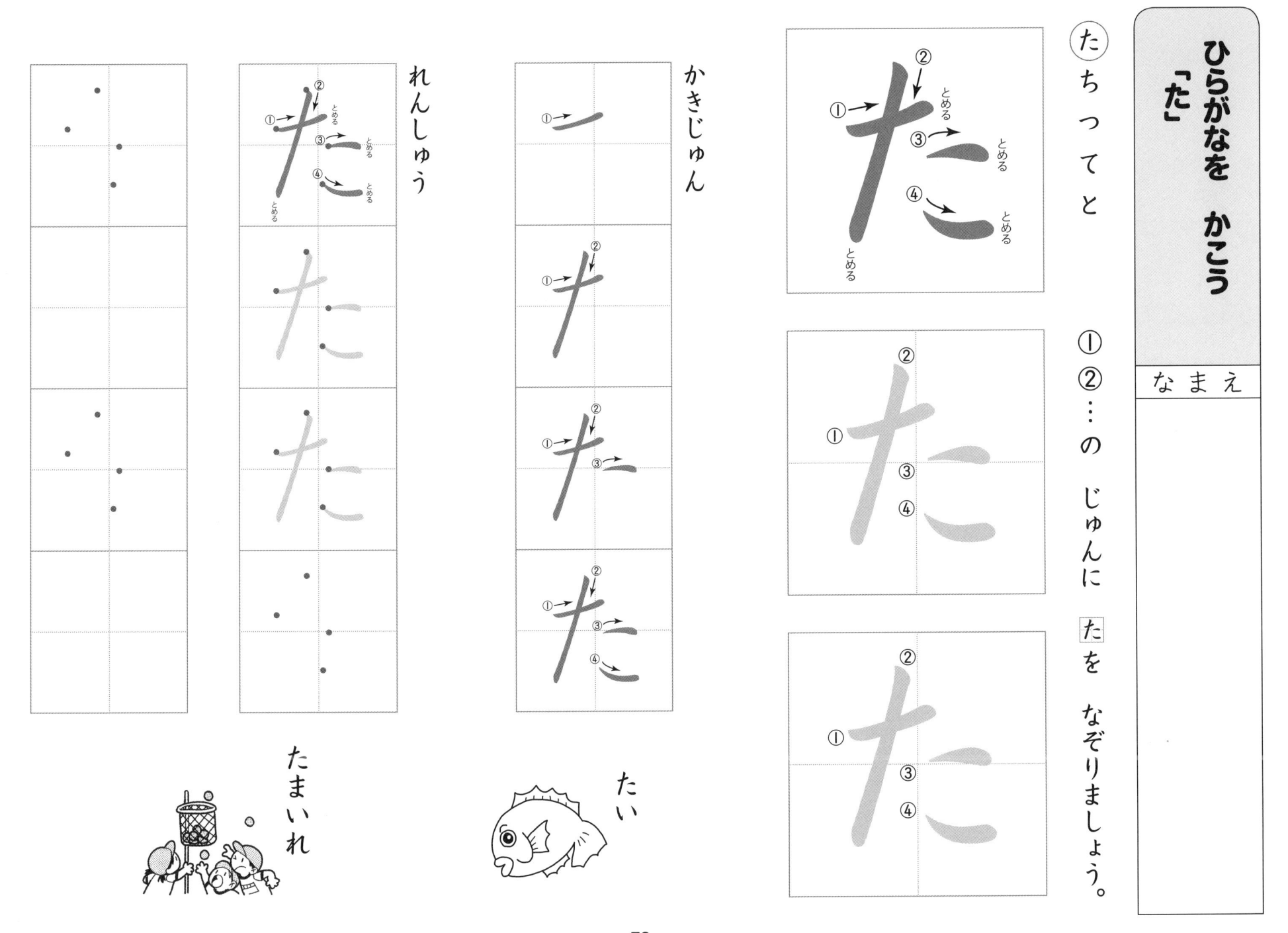

ひらがなを　かこう「ち」

なまえ

た(ち)って　と

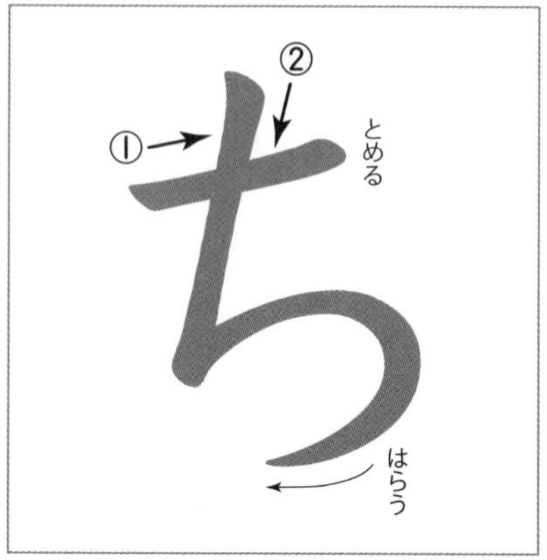

①②の　じゅんに　ちを　なぞりましょう。

かきじゅん

れんしゅう

ちくわ

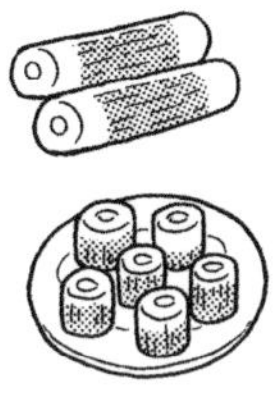

ちりとり

ひらがなを　かこう「つ」

なまえ

たち　つ　てと

つ を　なぞりましょう。

かきじゅん

はらう

つくし

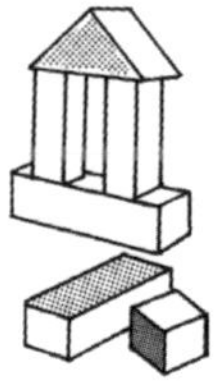

つみき

れんしゅう

ひらがなを　かこう「て」

なまえ

たちつ㋢と

て
とめる

てを　なぞりましょう。

て
て

かきじゅん

て

て

れんしゅう

て
とめる

てぶくろ

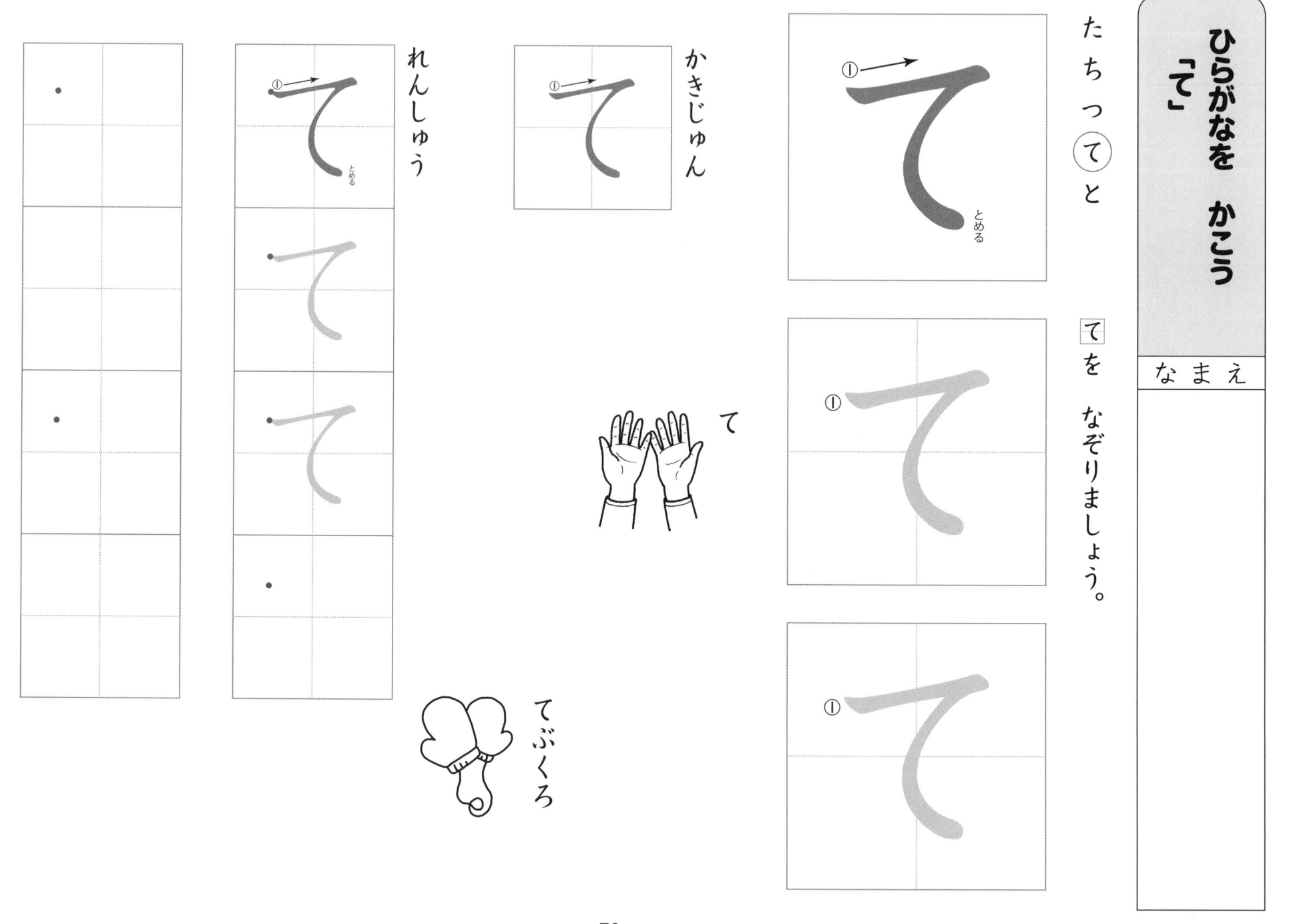

ひらがなを　かこう「と」

なまえ

たちつて(と)

とめる

①②の　じゅんに　と　を　なぞりましょう。

かきじゅん

れんしゅう

とめる

とら

とびばこ

ひらがなを　かこう「な」

なまえ

㊥な　に　ぬ　ね　の

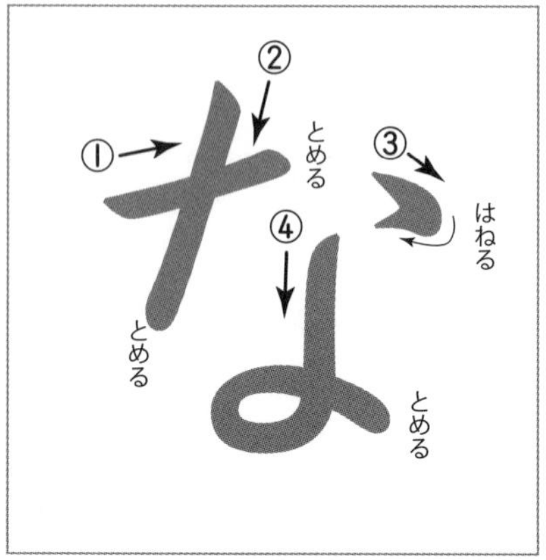

①②…の　じゅんに　な　を　なぞりましょう。

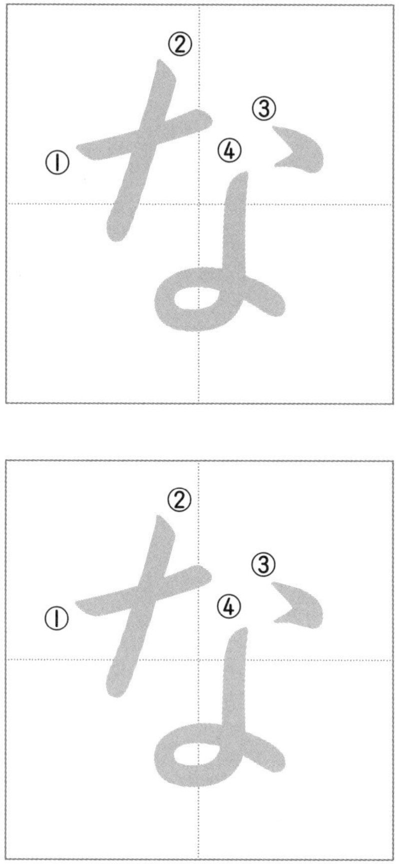

かきじゅん

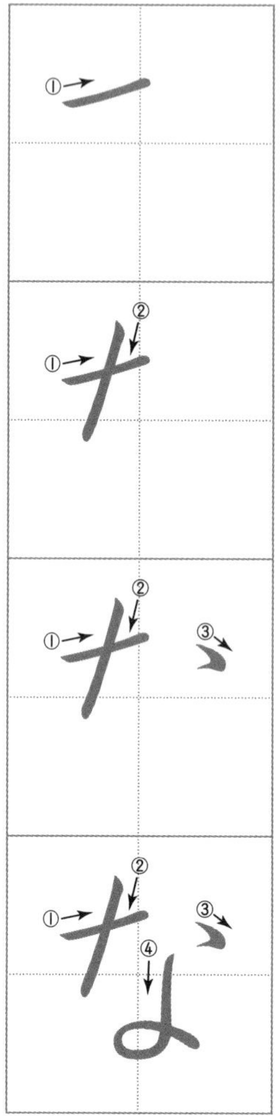

なふだ

れんしゅう

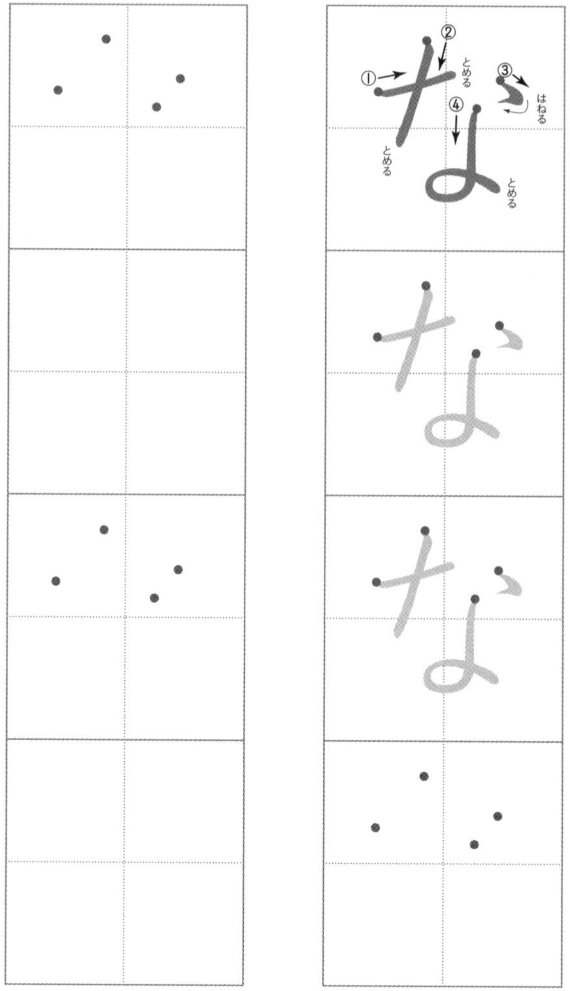

なわとび

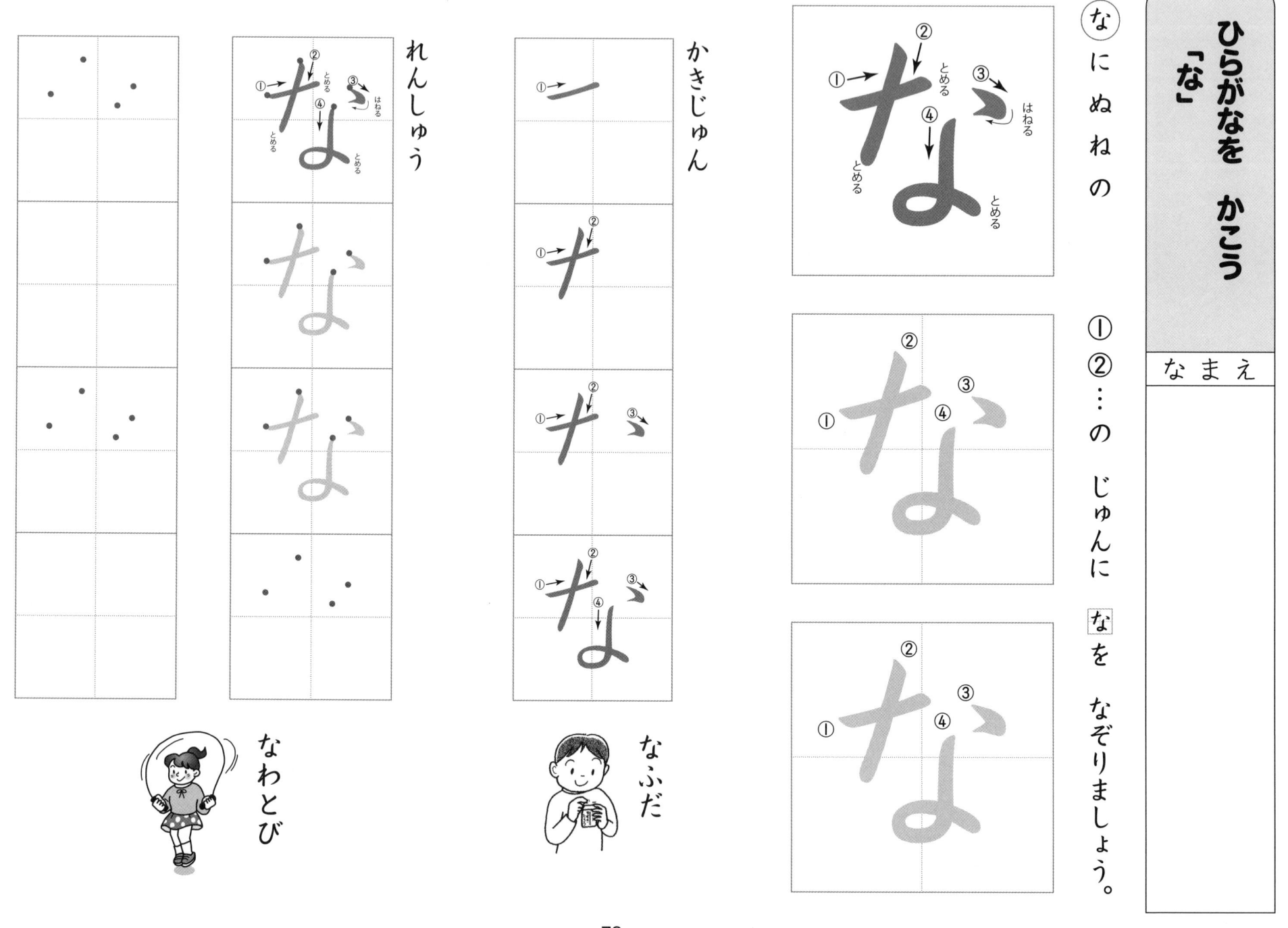

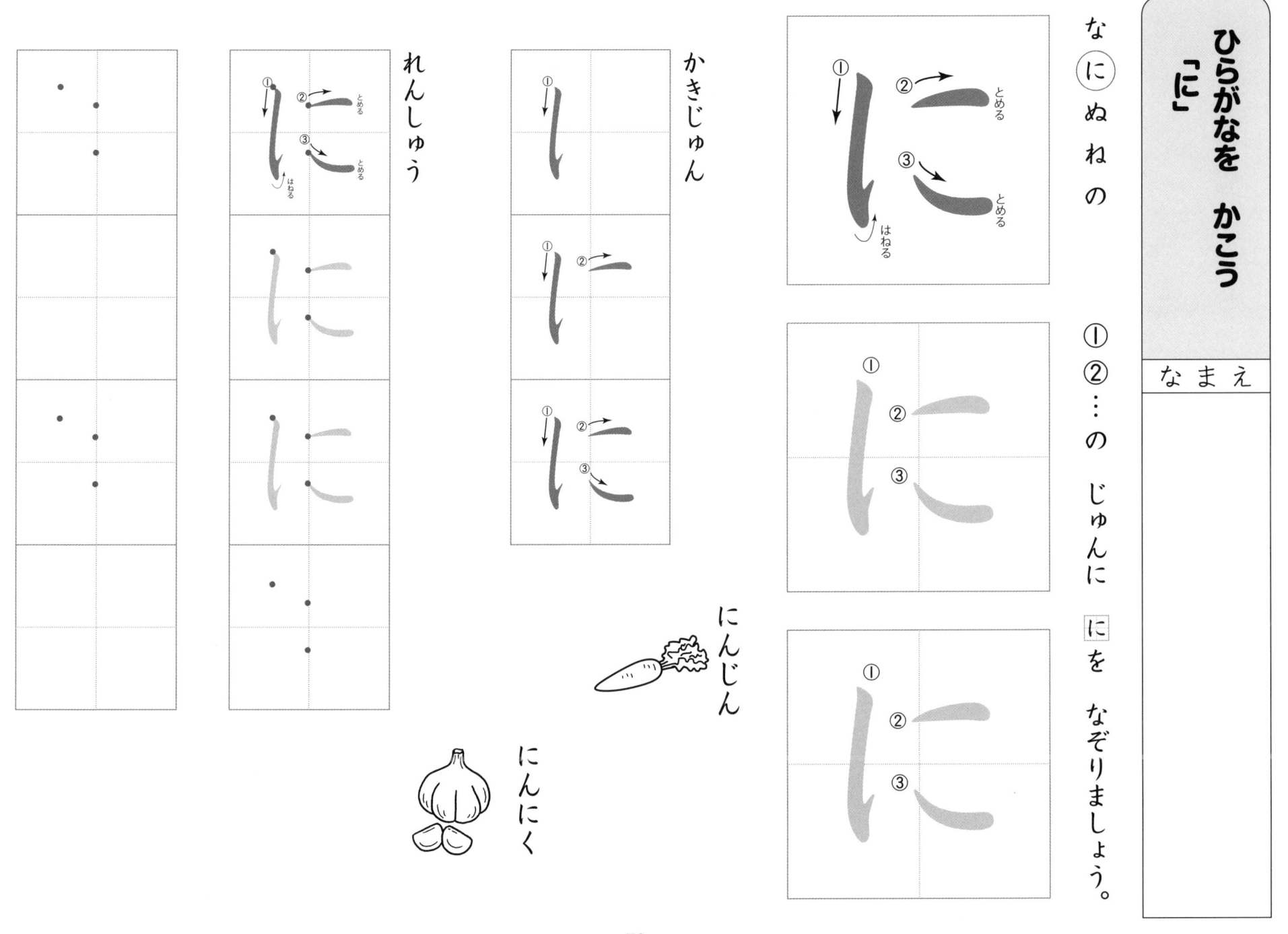

ひらがなを　かこう
「に」

なまえ

な に ぬ ね の

①②…の じゅんに に を なぞりましょう。

に

に

に

かきじゅん

に

れんしゅう

に

とめる

とめる

はねる

にんじん

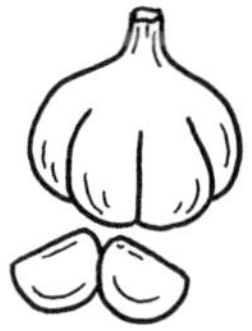

にんにく

ひらがなを　かこう「ぬ」

なまえ

なに ぬ ね の

①②の じゅんに ぬ を なぞりましょう。

かきじゅん

れんしゅう

ぬりえ

ぬいぐるみ

ひらがなを　かこう「ね」

なまえ

なにぬねの

①②の　じゅんに　ね　を　なぞりましょう。

とめる
とめる

かきじゅん

れんしゅう

ねこ

ねんど

ひらがなを　かこう「の」

なまえ

なにぬね㋨

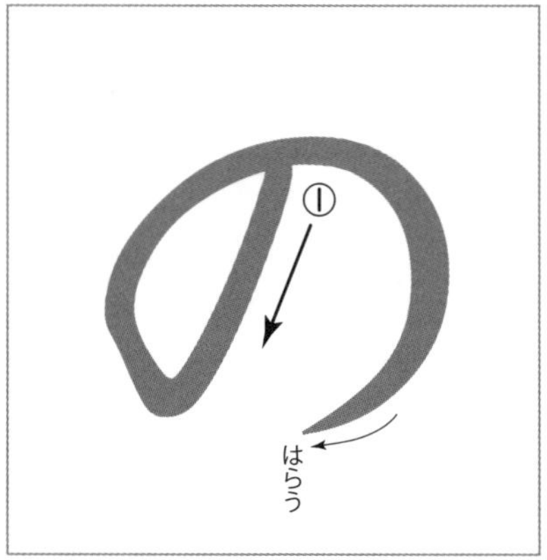

のを　なぞりましょう。

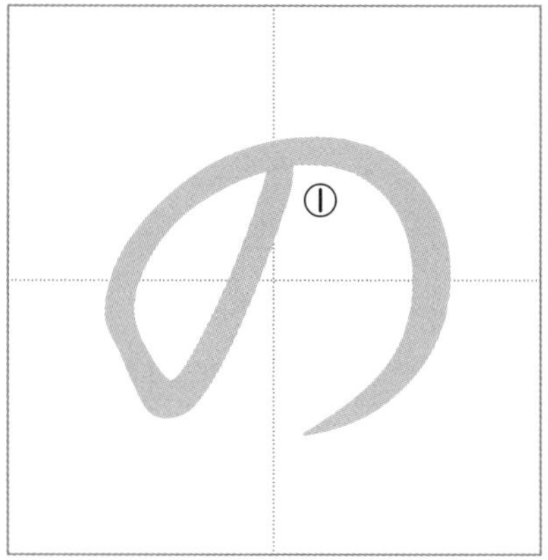

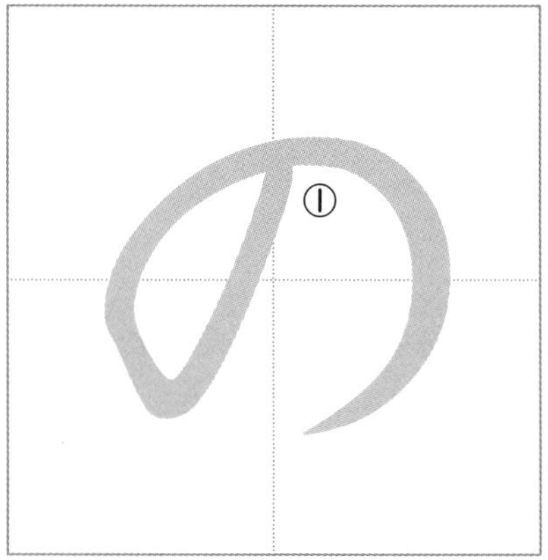

かきじゅん

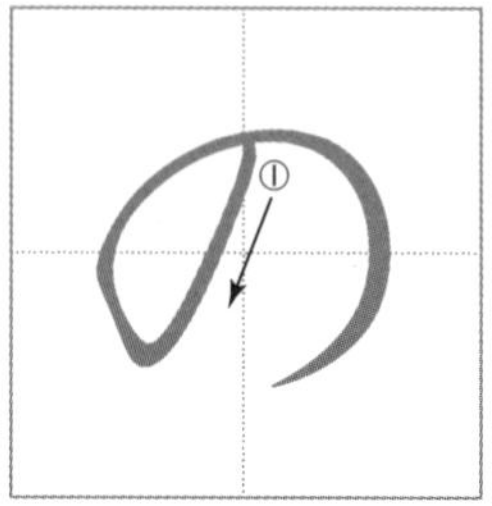

のど

のこぎり

れんしゅう

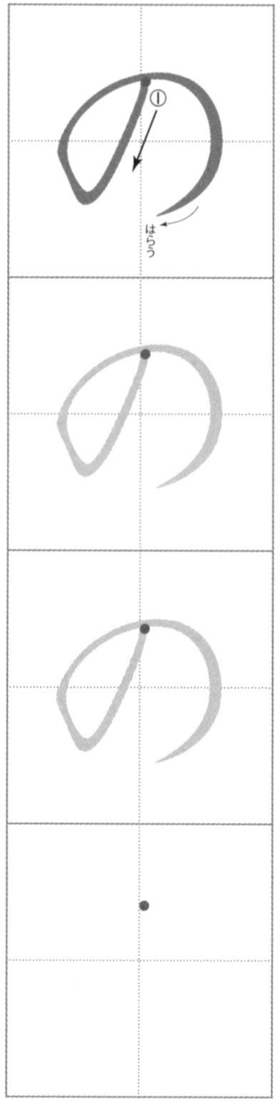

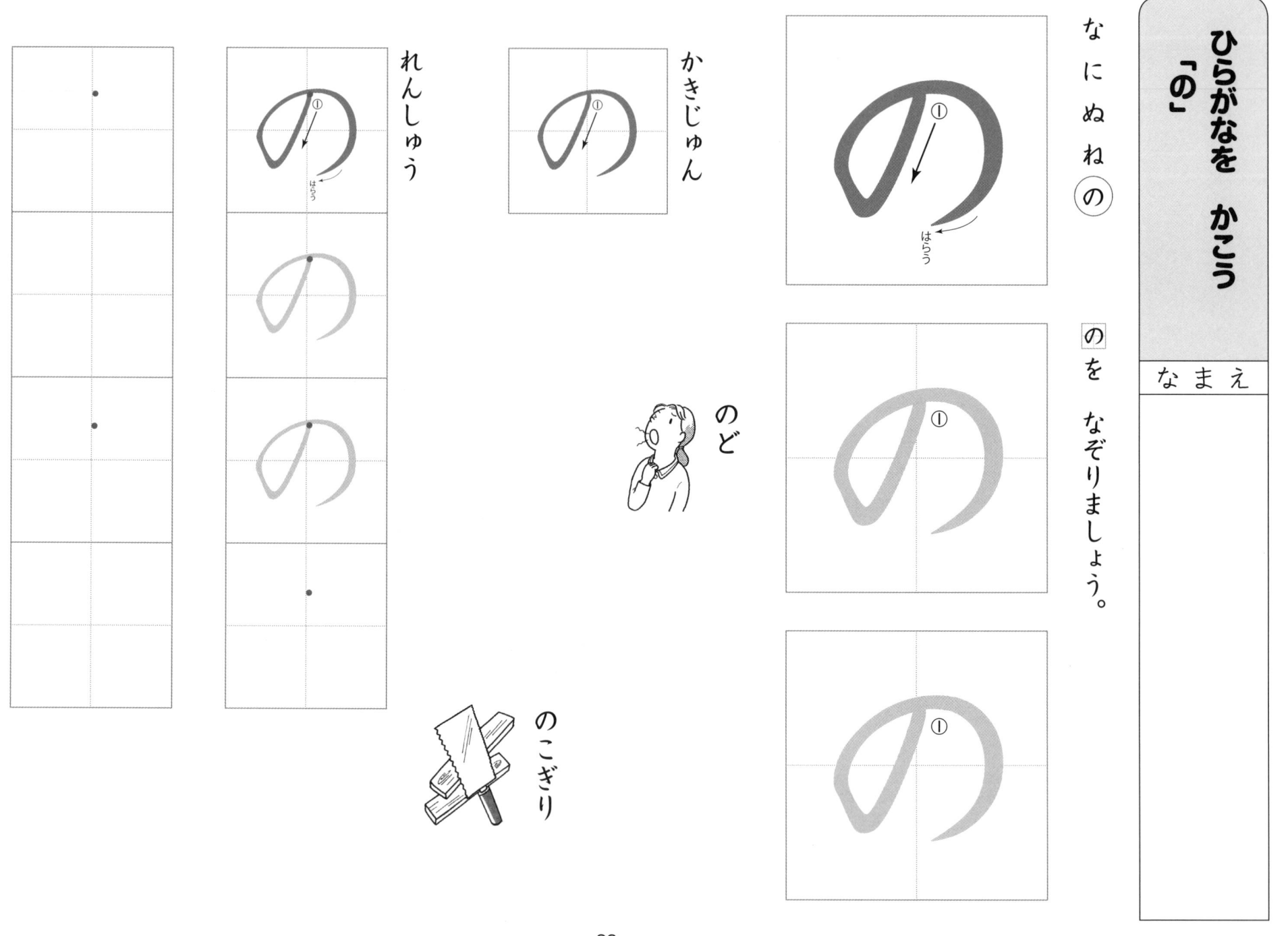

ひらがなを　かこう 「は」

なまえ

(は) ひ ふ へ ほ

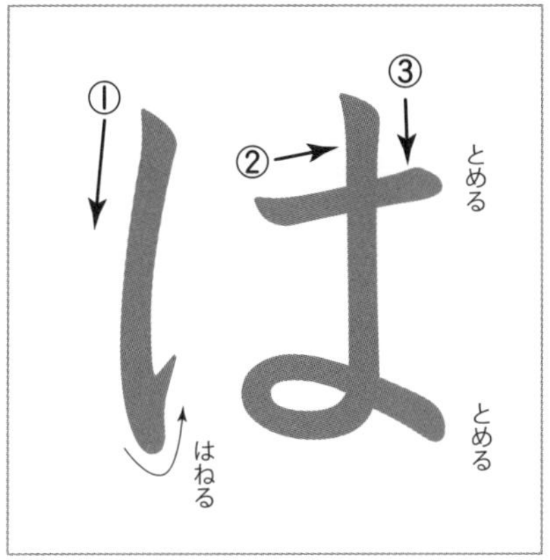

①②…の　じゅんに　[は]を　なぞりましょう。

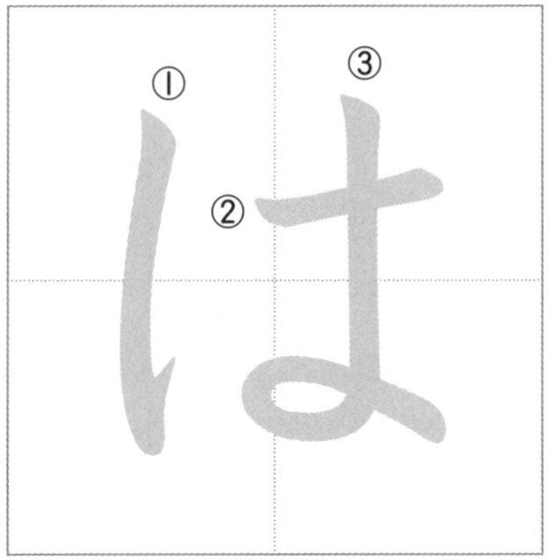

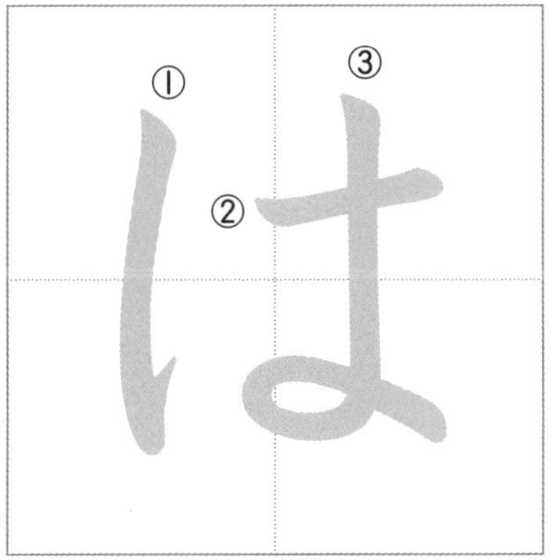

はさみ

はなび

かきじゅん

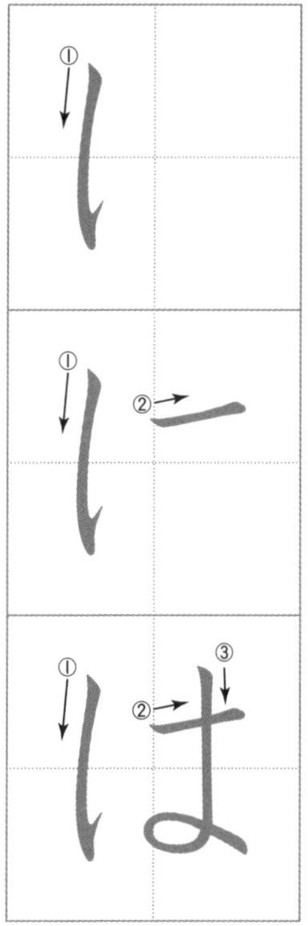

れんしゅう

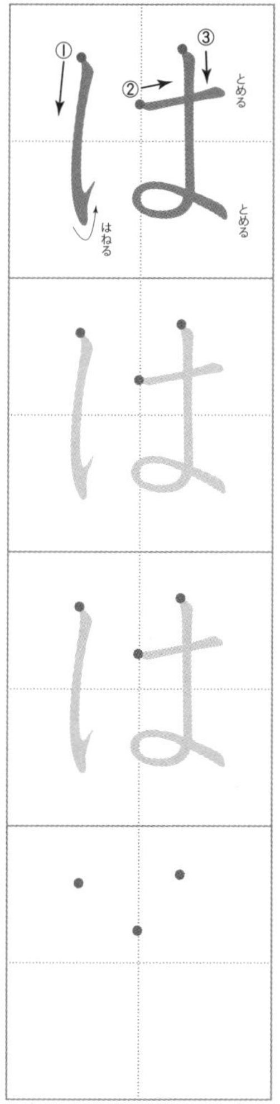

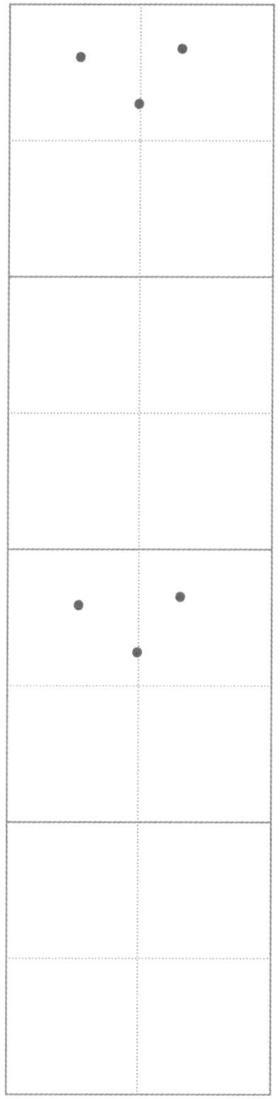

ひらがなを　かこう
「ひ」

なまえ

は　ひ　ふ　へ　ほ

ひ　を　なぞりましょう。

とめる

かきじゅん

れんしゅう

ひつじ

ひなまつり

ひらがなを　かこう「ふ」

なまえ

はひⓕへほ

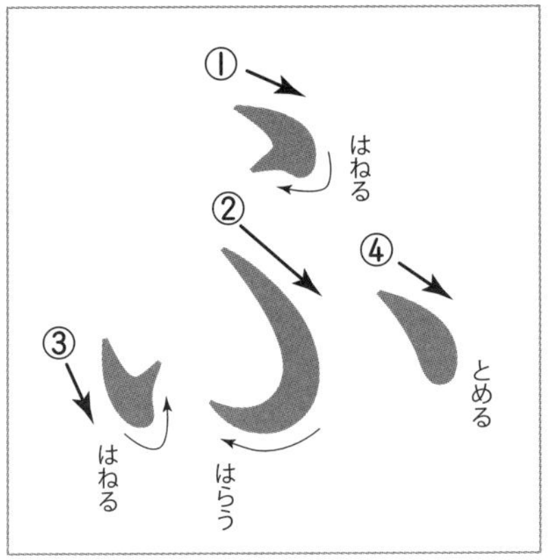

①②…の　じゅんに　ふ　を　なぞりましょう。

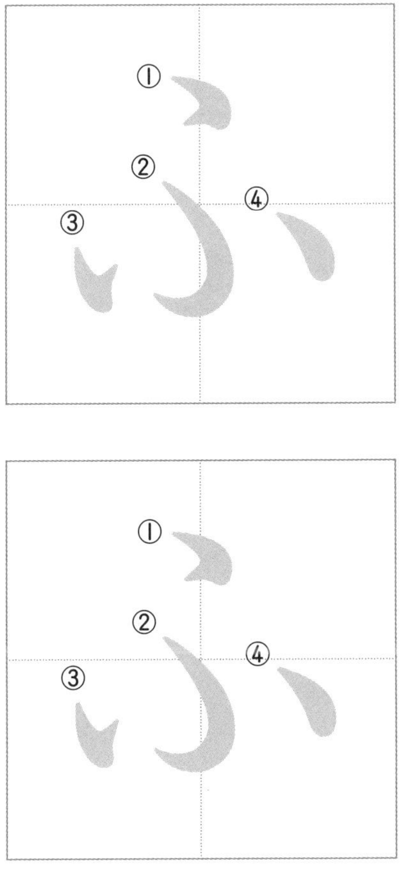

かきじゅん

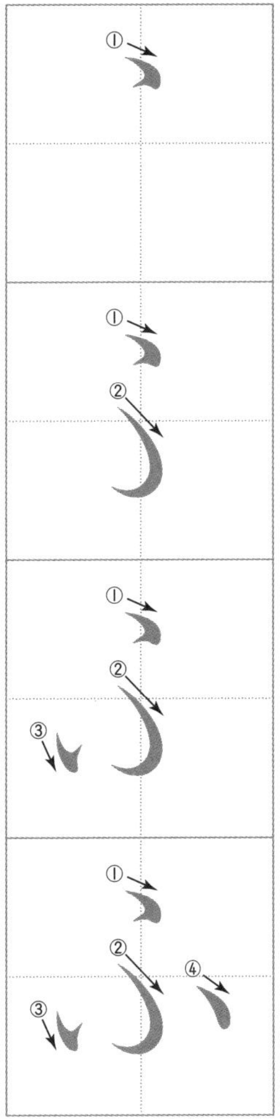

れんしゅう

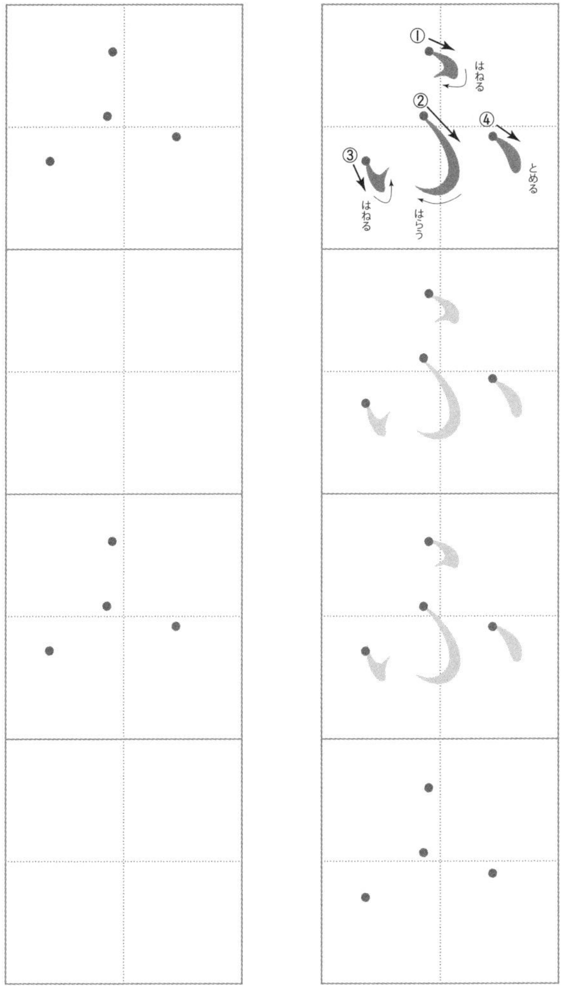

ふね

ふでばこ

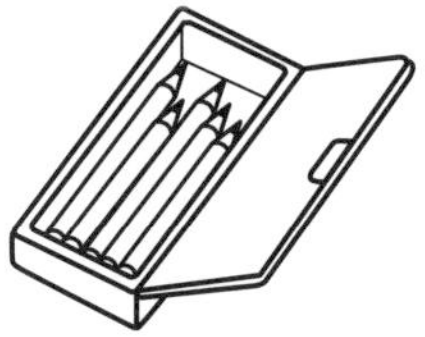

ひらがなを　かこう
「へ」

なまえ

はひふ（へ）ほ

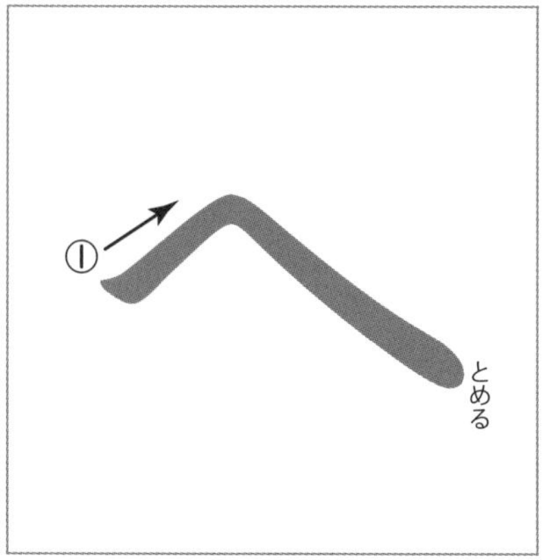

へ　を　なぞりましょう。

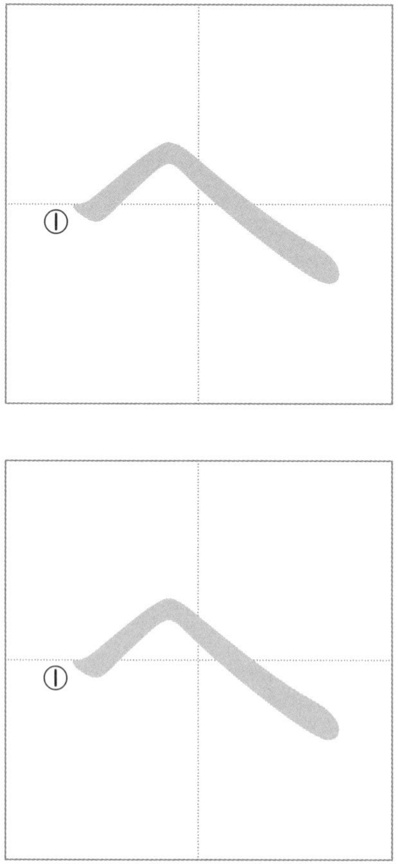

へそ

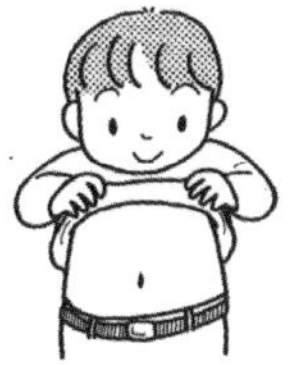

かきじゅん

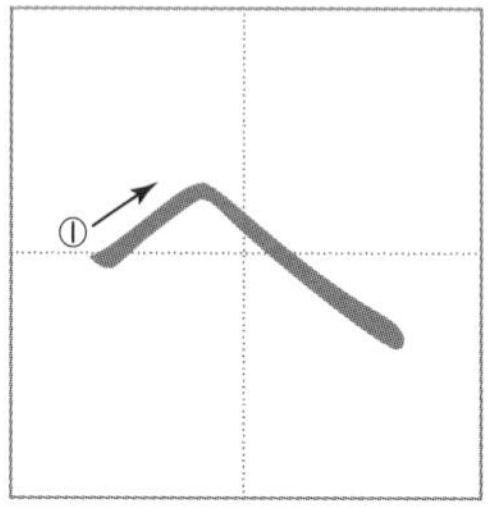

へんじ

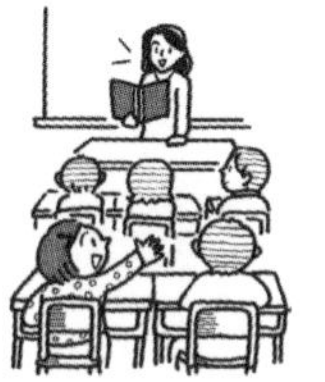

れんしゅう

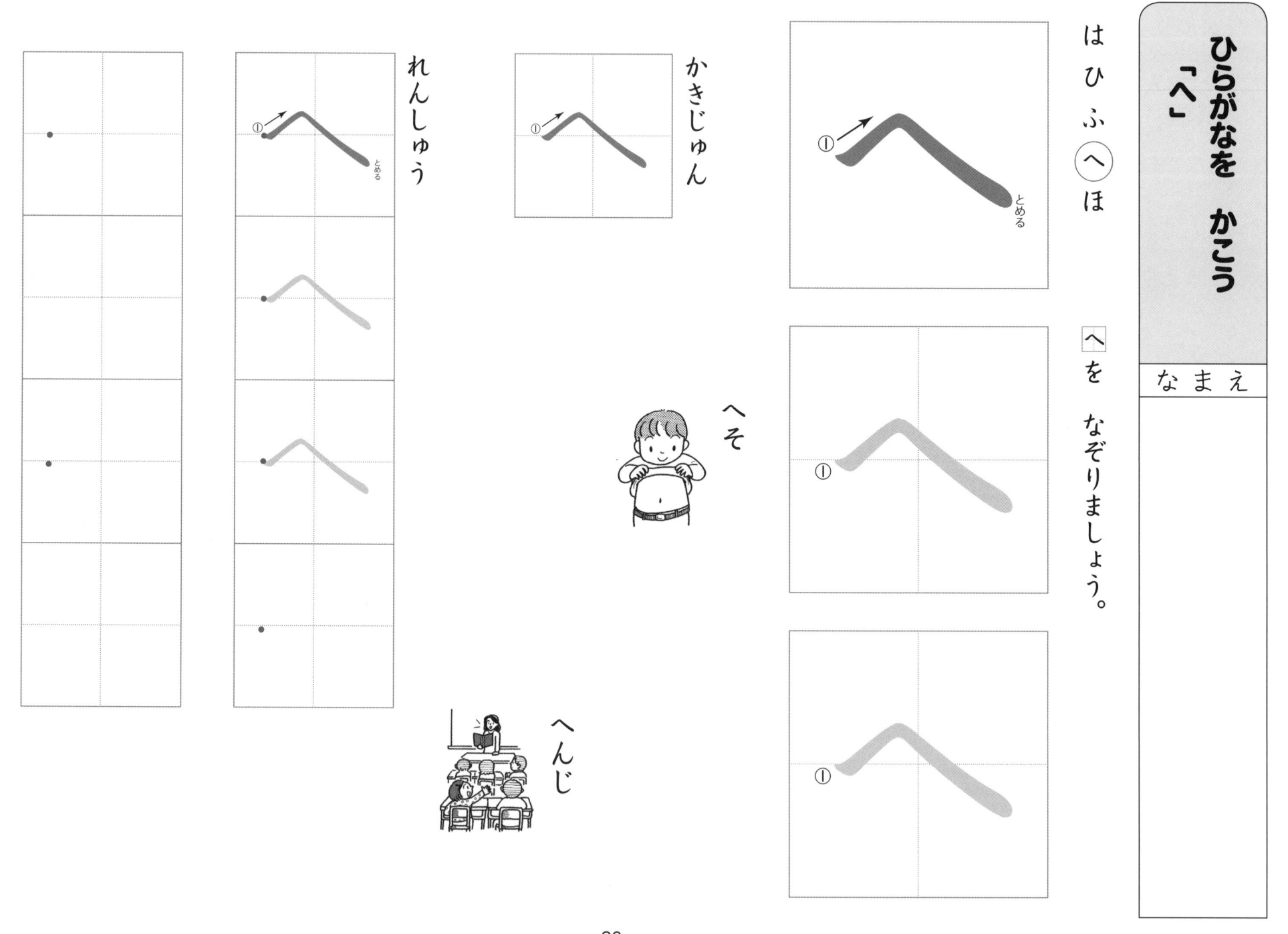

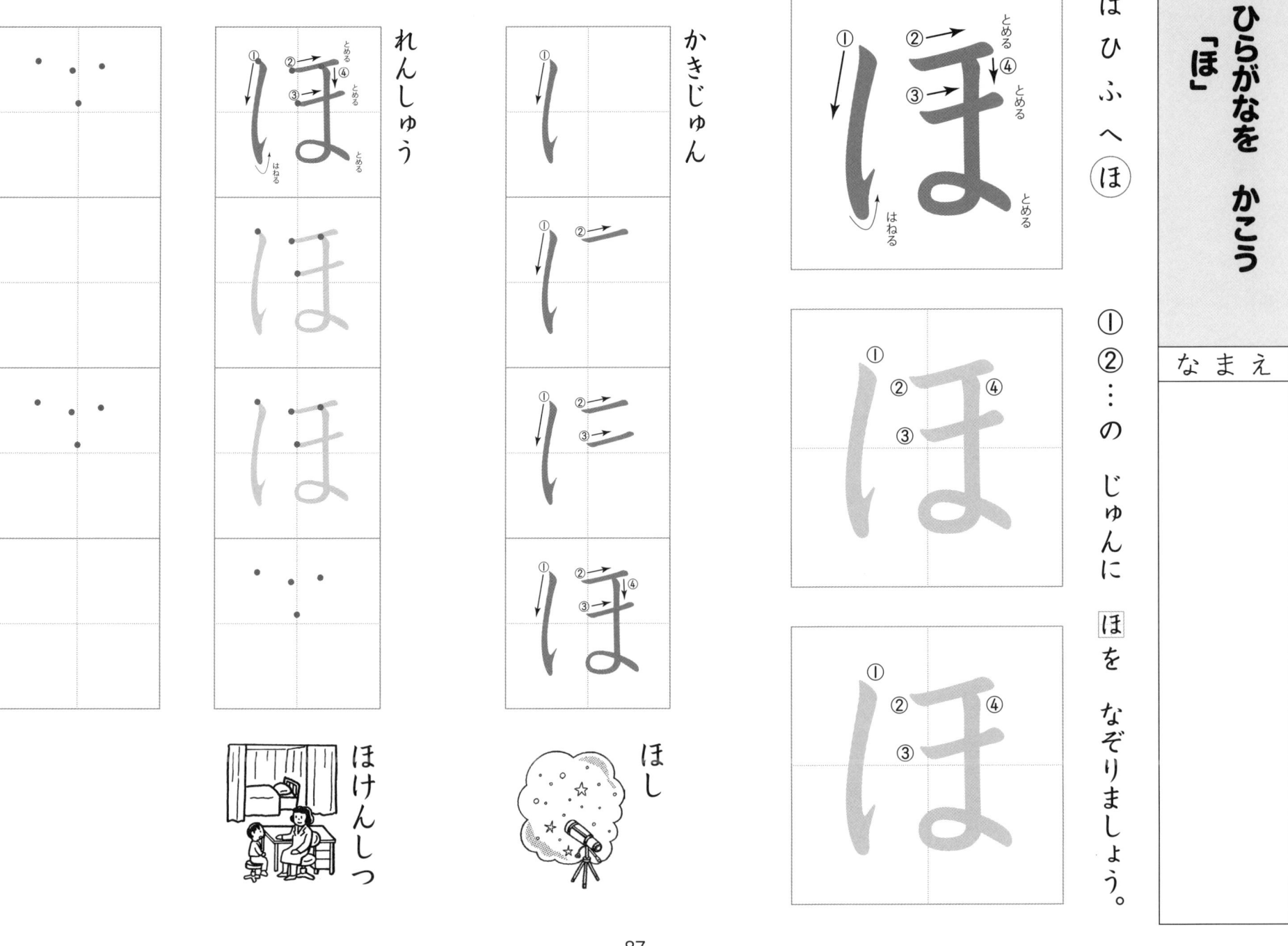

ひらがなを　かこう「ほ」

なまえ

はひふへ㋭

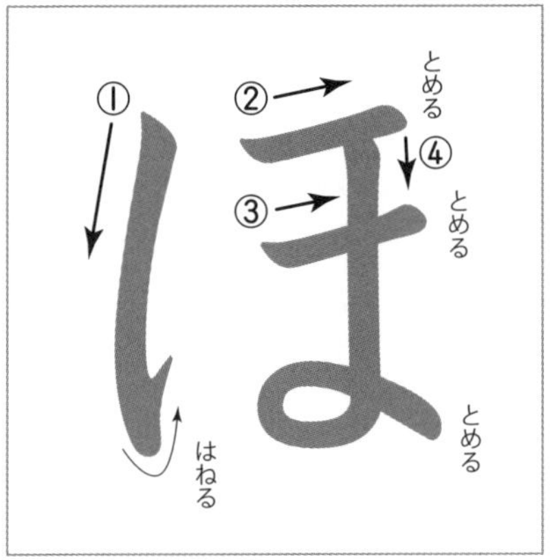

①②…の　じゅんに　ほ　を　なぞりましょう。

かきじゅん

れんしゅう

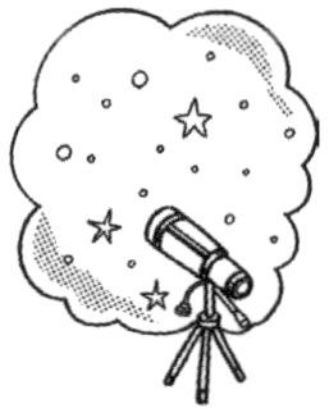

ほし

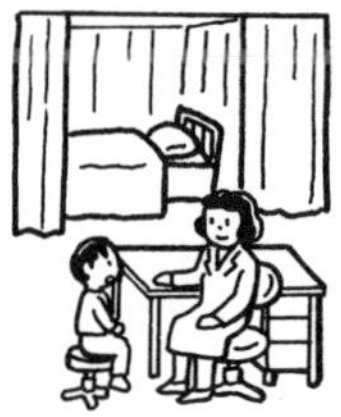

ほけんしつ

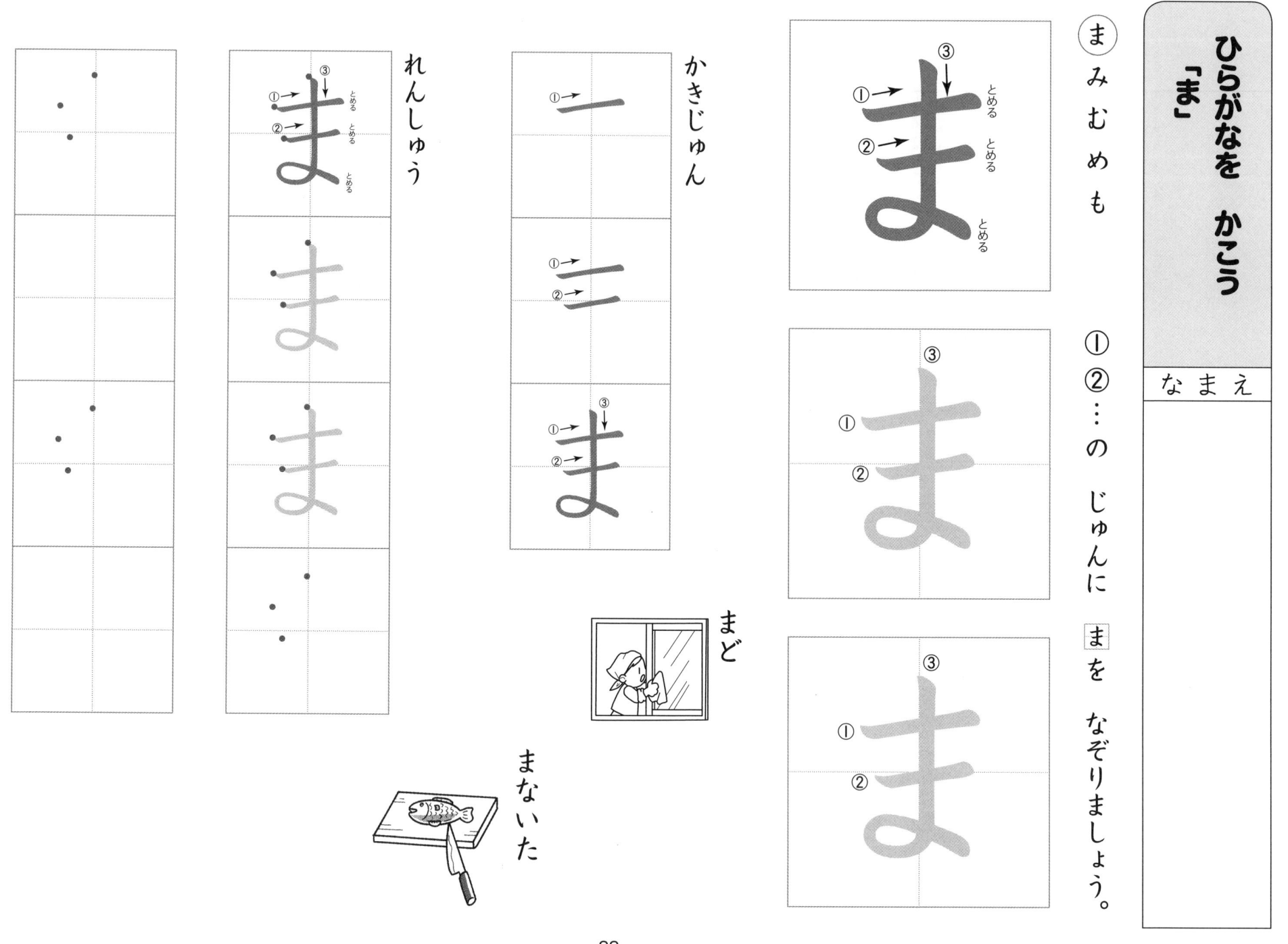

ひらがなを　かこう「ま」

なまえ

(ま) みむめも

①②…の　じゅんに　ま を　なぞりましょう。

とめる
とめる
とめる

かきじゅん

れんしゅう

まど

まないた

ひらがなを　かこう「み」

なまえ

まみむめも

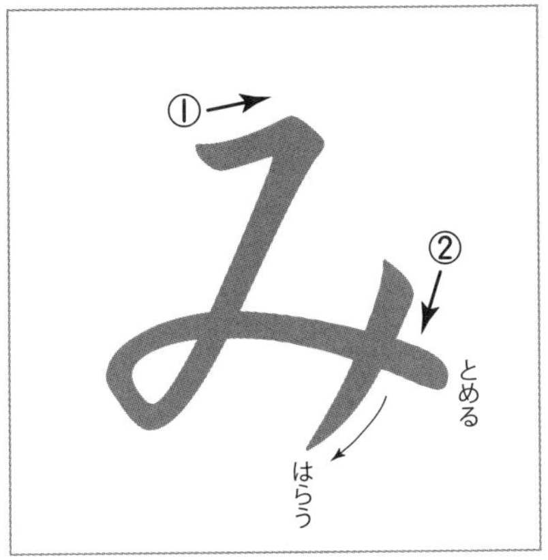

①②の　じゅんに　み　を　なぞりましょう。

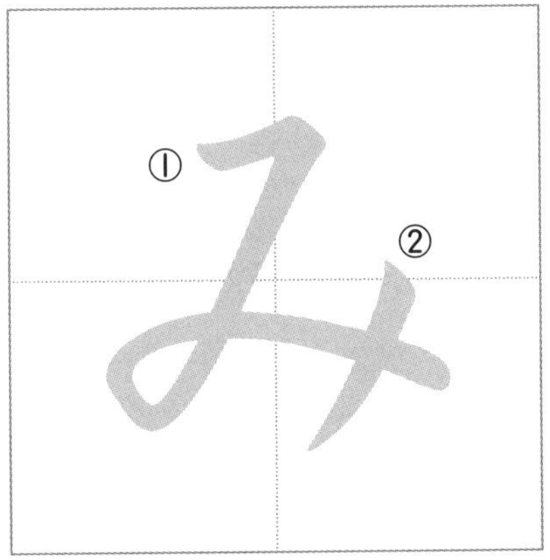

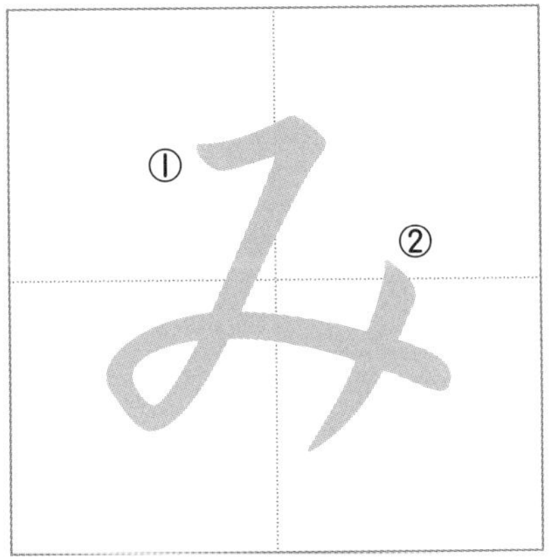

みみ

かきじゅん

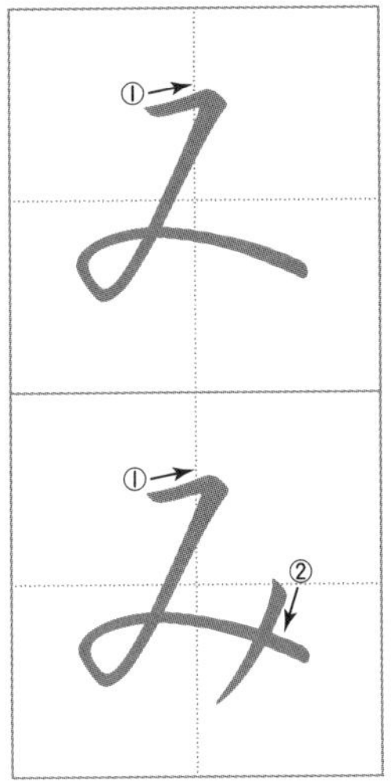

みつばち

れんしゅう

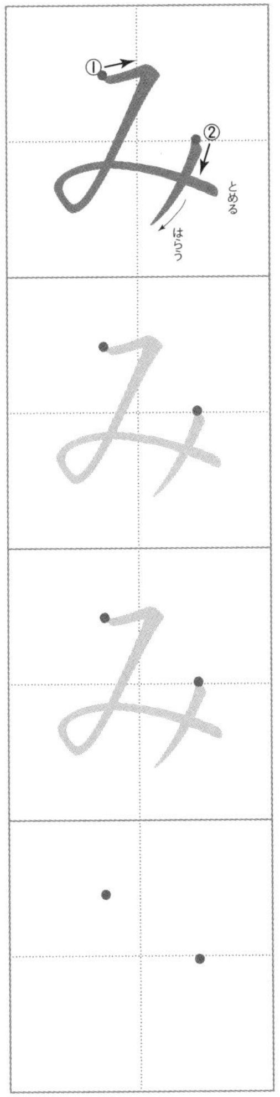

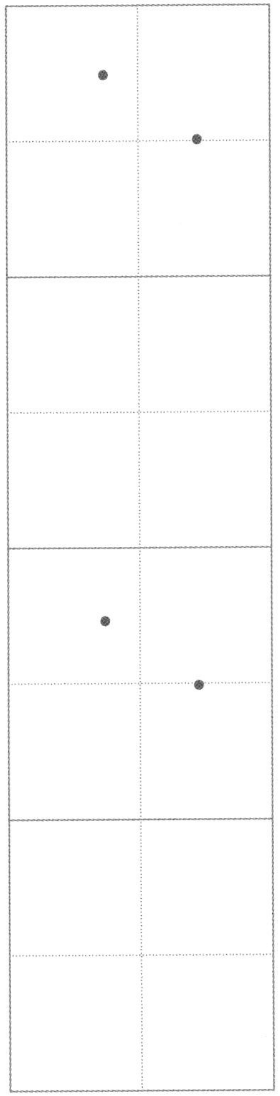

ひらがなを　かこう「む」

なまえ

ま　み　(む)　め　も

①②…の　じゅんに　む　を　なぞりましょう。

かきじゅん

れんしゅう

むしば

むしめがね

ひらがなを　かこう「め」

なまえ

まみむ(め)も

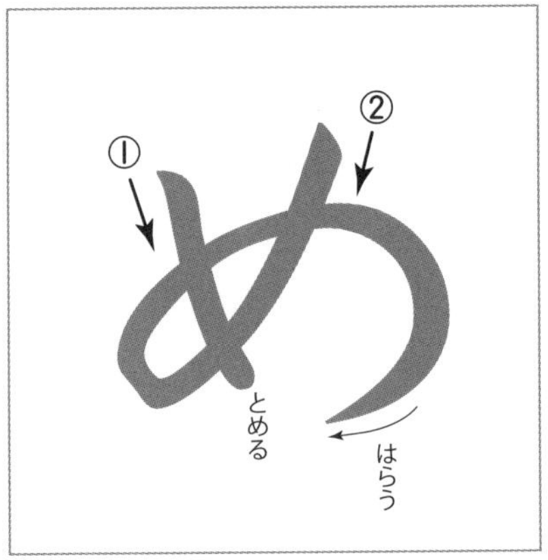

①②の　じゅんに　め　を　なぞりましょう。

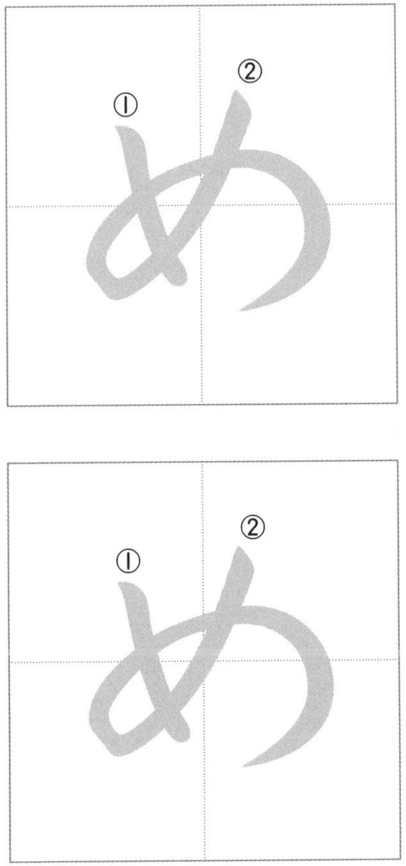

かきじゅん

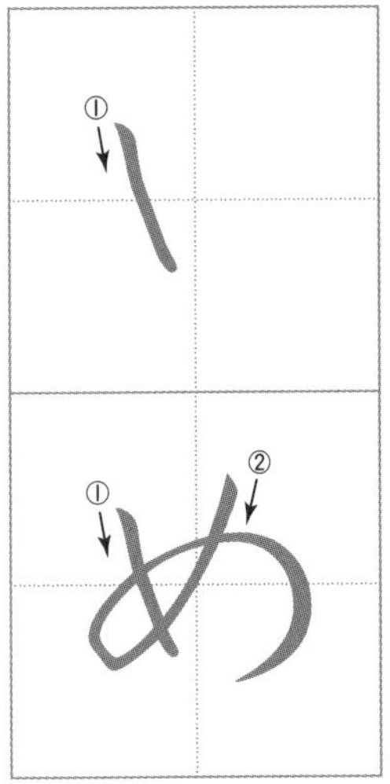

れんしゅう

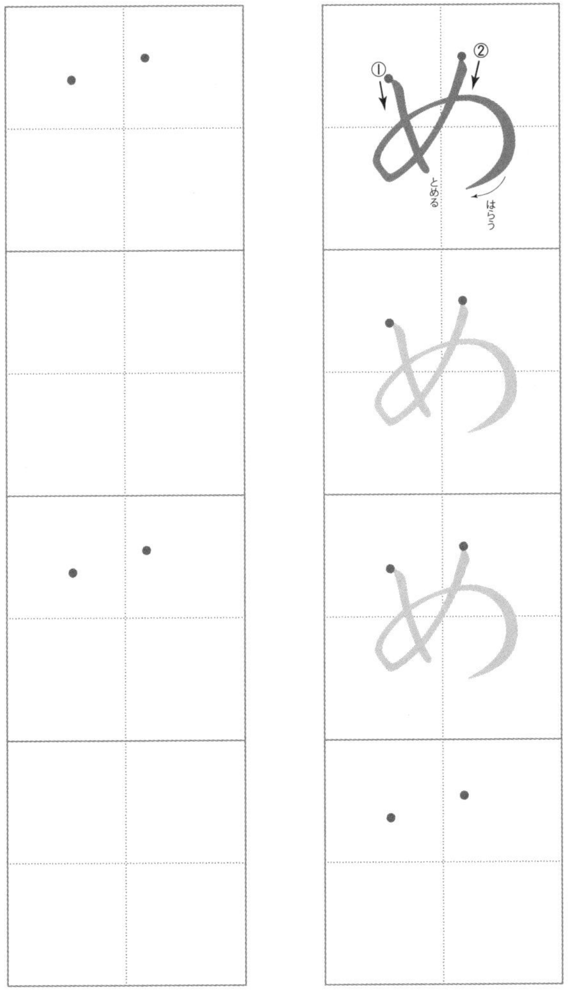

め

めがね

ひらがなを　かこう「も」

なまえ

まみむめ㋱

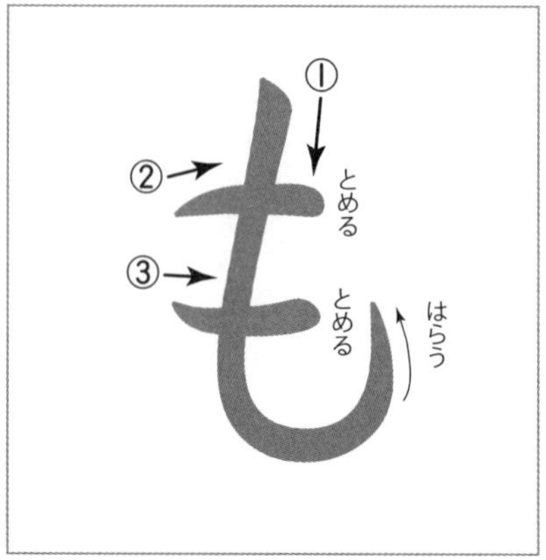

①②…の　じゅんに　も　を　なぞりましょう。

かきじゅん

れんしゅう

もも

もみじ

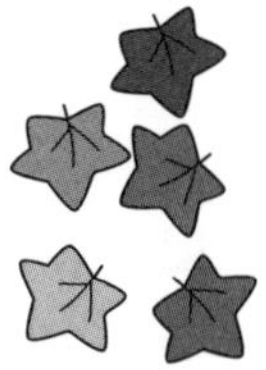

ひらがなを　かこう「や」

なまえ

や　い　ゆ　え　よ

はねる
はらう
とめる

①②…の　じゅんに　や　を　なぞりましょう。

かきじゅん

れんしゅう

はねる
はらう
とめる

やま

やね

ひらがなを　かこう「ゆ」

なまえ

や　い　ゆ　え　よ

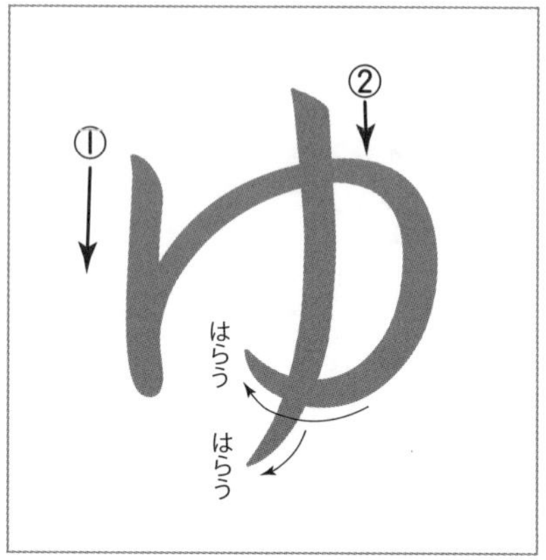

①②の　じゅんに　ゆ　を　なぞりましょう。

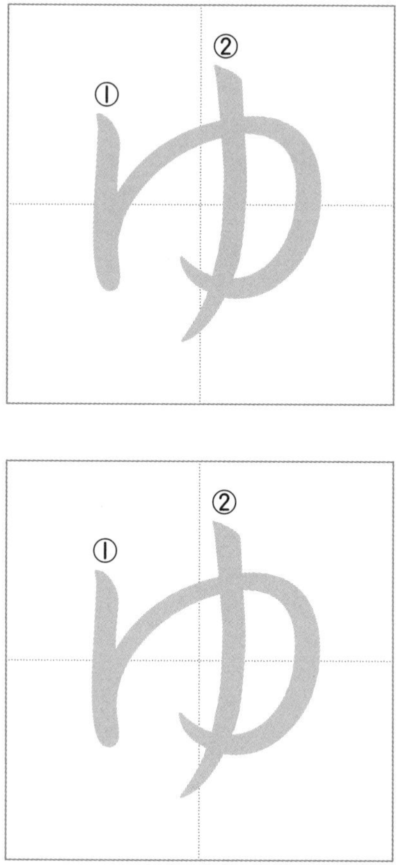

かきじゅん

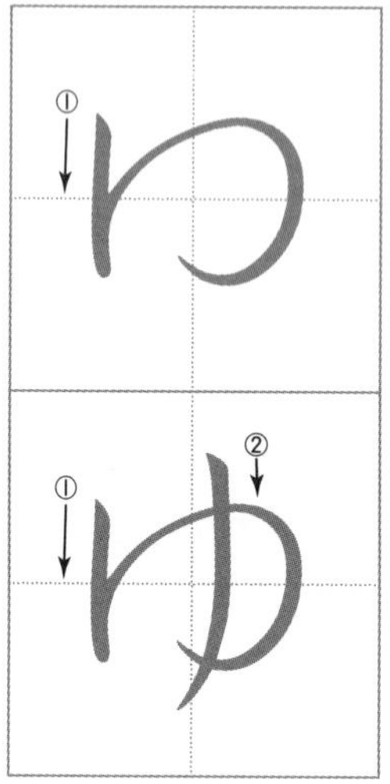

れんしゅう

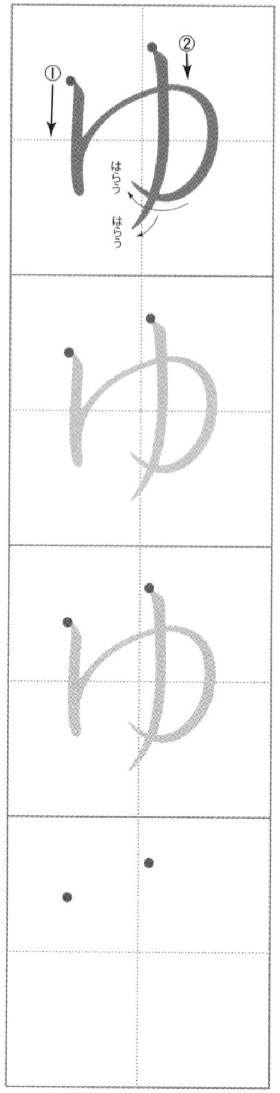

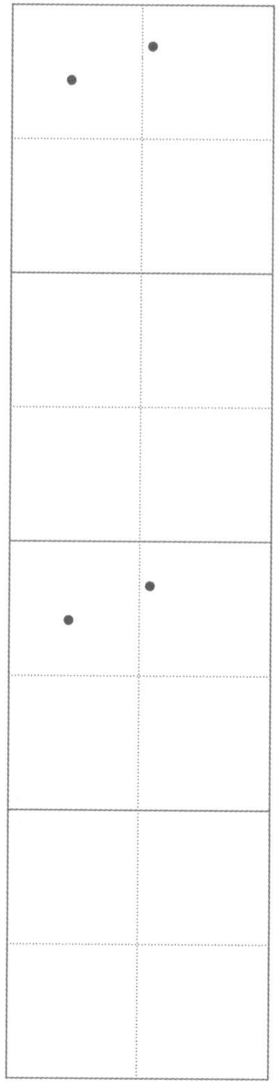

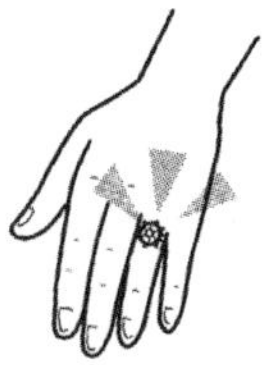

ゆびわ

ゆきだるま

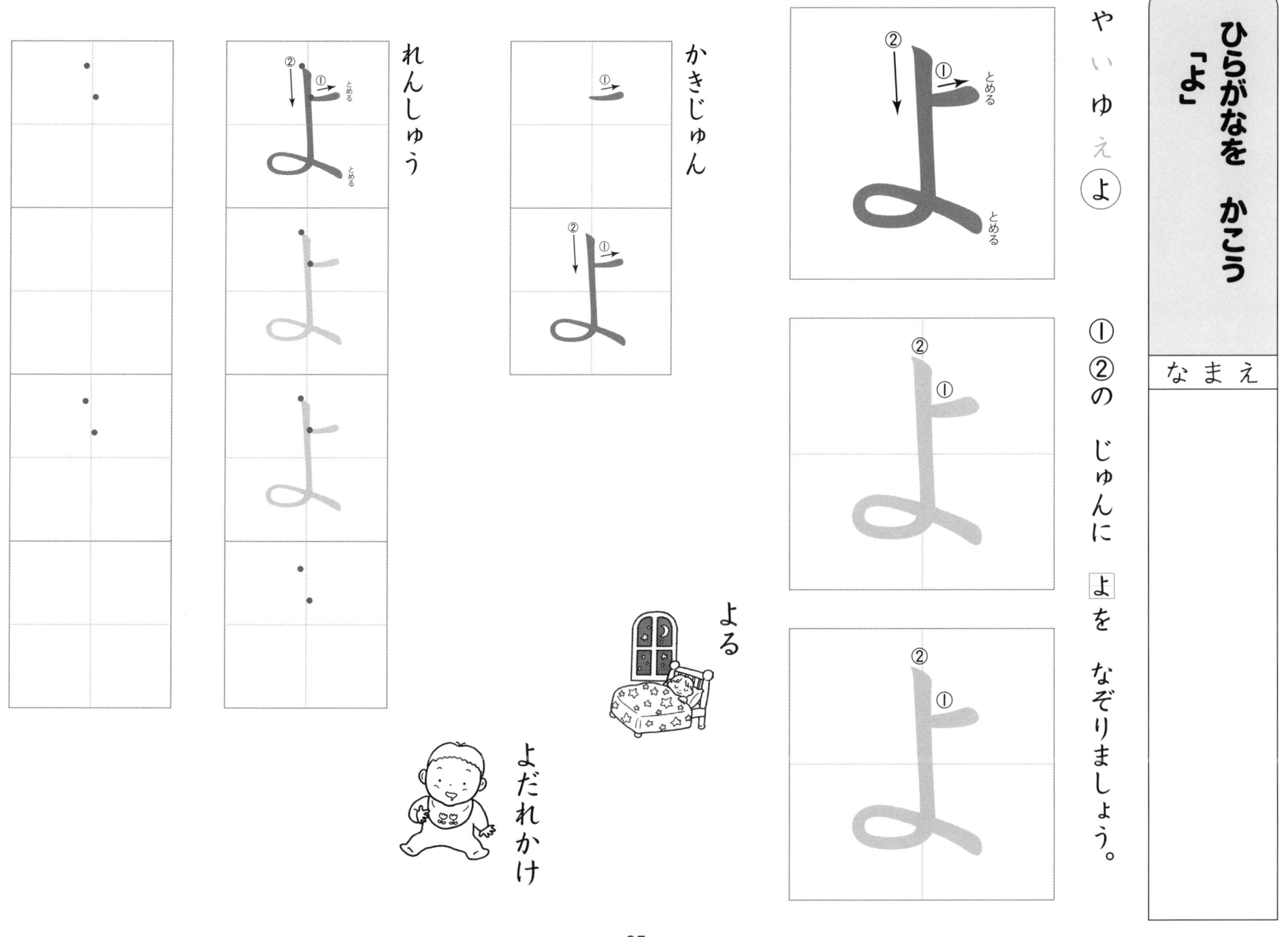

ひらがなを　かこう「よ」

なまえ

やいゆえ(よ)

①②の　じゅんに　よ　を　なぞりましょう。

よ（とめる）

かきじゅん

よる

れんしゅう

よだれかけ

ひらがなを　かこう「ら」

なまえ

ⓡ り る れ ろ

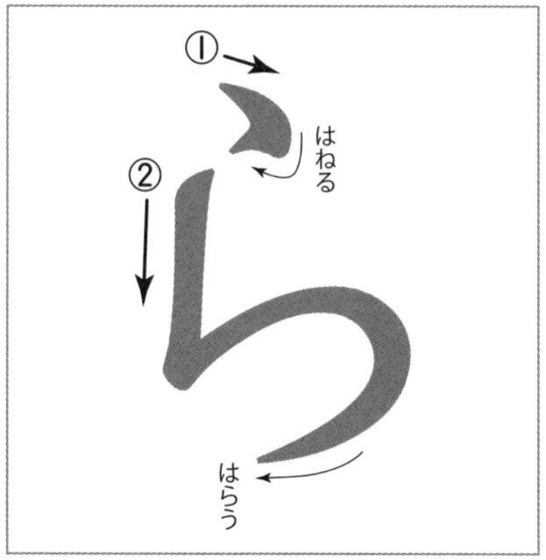

①②の　じゅんに　ら　を　なぞりましょう。

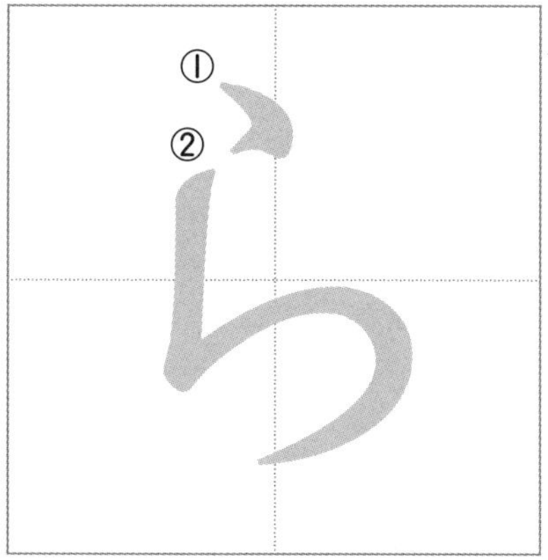

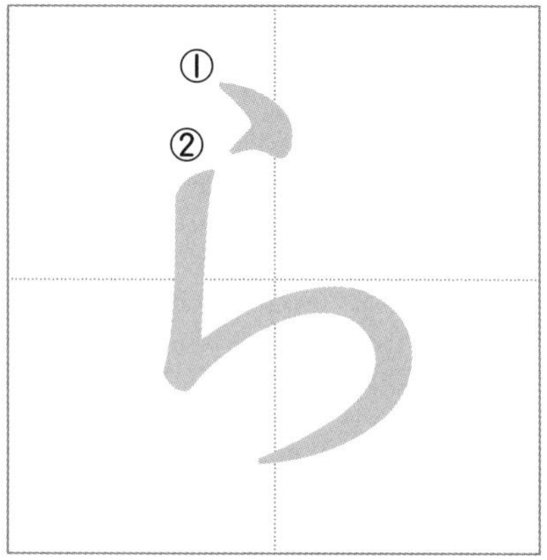

らくだ

らくがき

かきじゅん

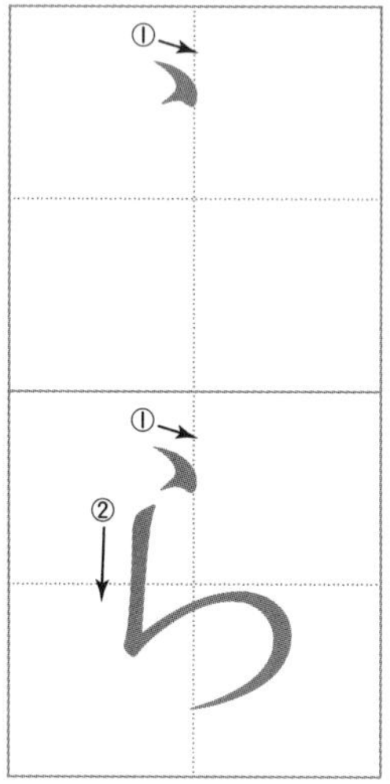

れんしゅう

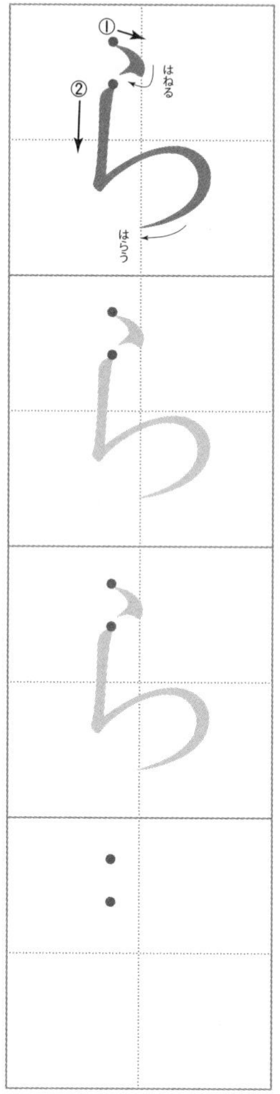

ひらがなを　かこう「り」

なまえ

ら り る れ ろ

①②の　じゅんに　りを　なぞりましょう。

はねる　はらう

かきじゅん

れんしゅう

はねる　はらう

りす

りんご

ひらがなを　かこう「る」

なまえ

らり(る)れろ

るを　なぞりましょう。

るすばん

かきじゅん

れんしゅう

ひらがなを　かこう「れ」

なまえ

らりる㋹ろ

とめる　はらう

①②の　じゅんに　れ　を　なぞりましょう。

かきじゅん

れんしゅう

とめる　はらう

れんげ

れんこん

ひらがなを　かこう「ろ」

なまえ

らりるれ㋺

ろ を　なぞりましょう。

ろば

ろくじ

かきじゅん

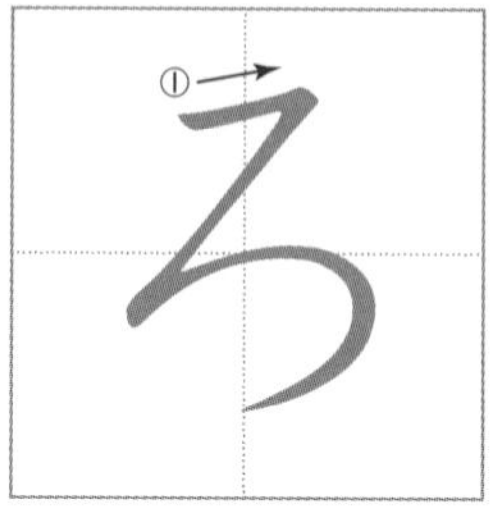

れんしゅう

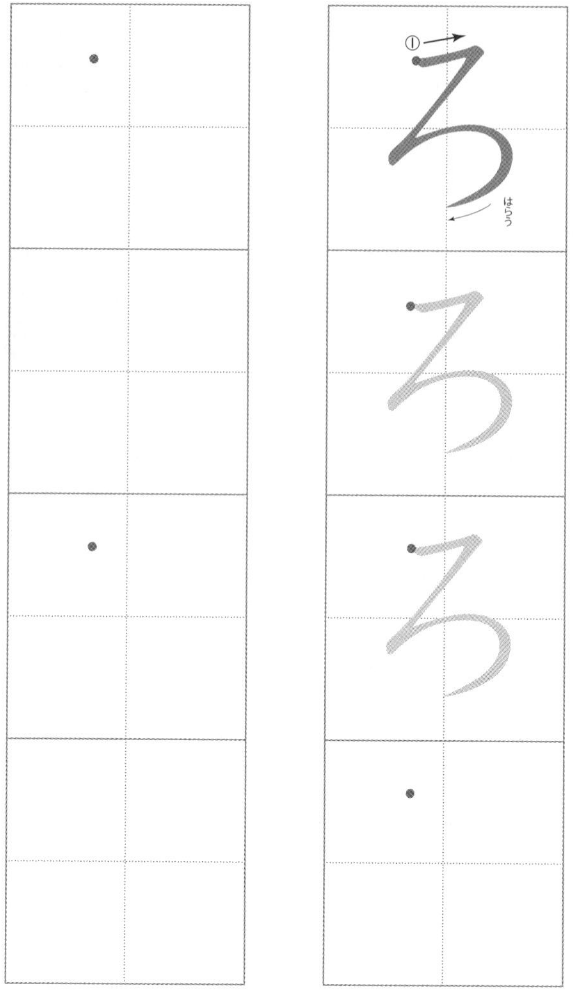

ひらがなを　かこう「わ」

なまえ

わ　い　う　え　を

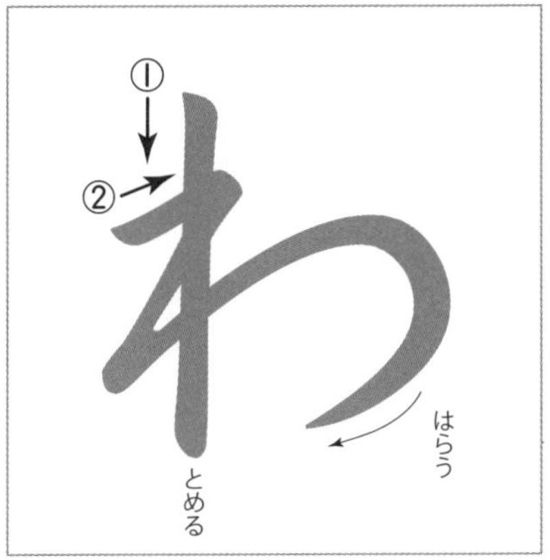

①②の　じゅんに　わを　なぞりましょう。

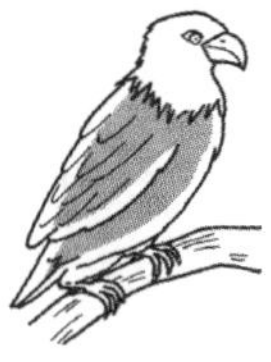

わし

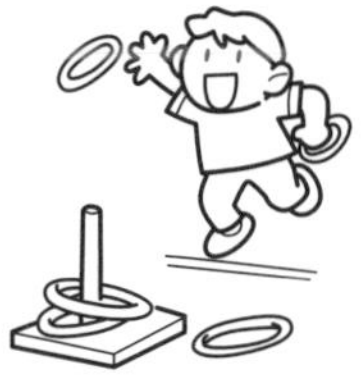

わなげ

かきじゅん

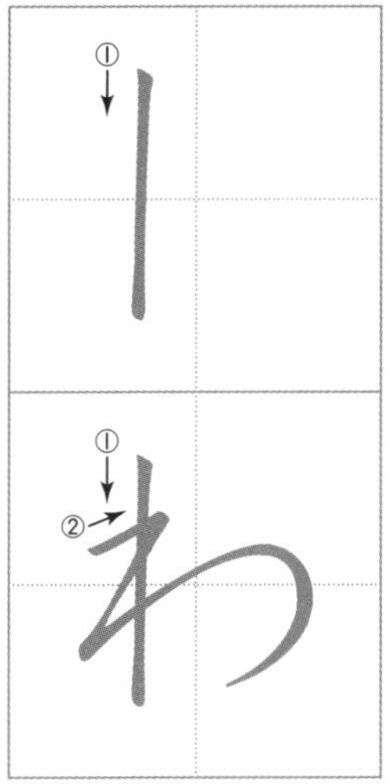

れんしゅう

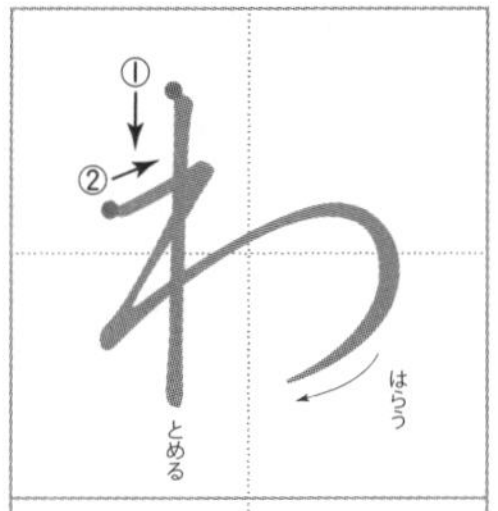

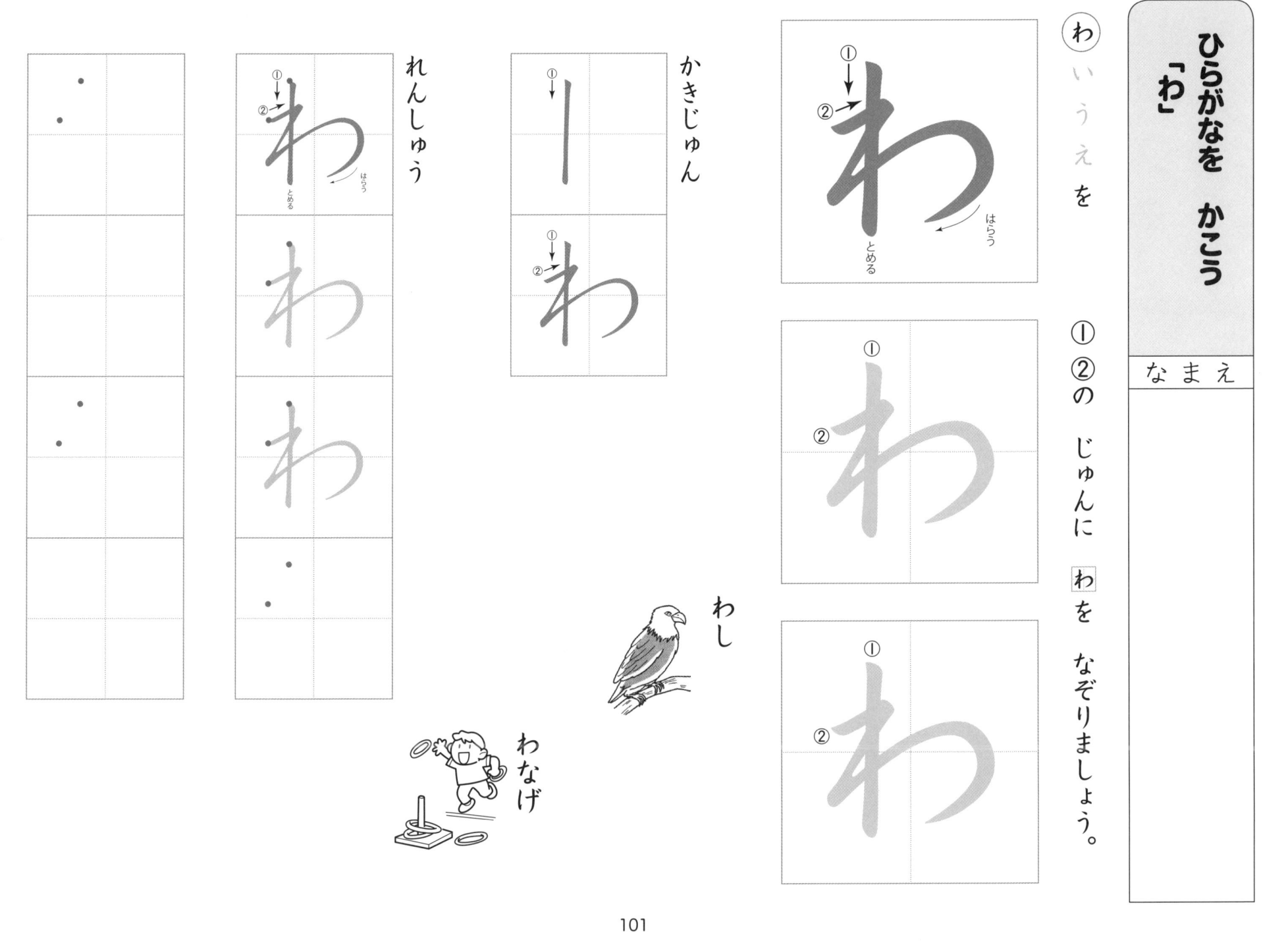

ひらがなを　かこう
「を」

なまえ

わ　い　う　え　(を)

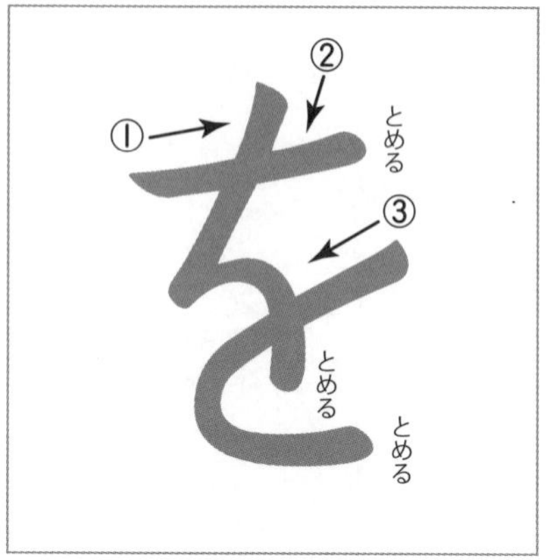

①②…の　じゅんに　[を]を　なぞりましょう。

かきじゅん

かおを　あらう

ほんを　よむ

れんしゅう

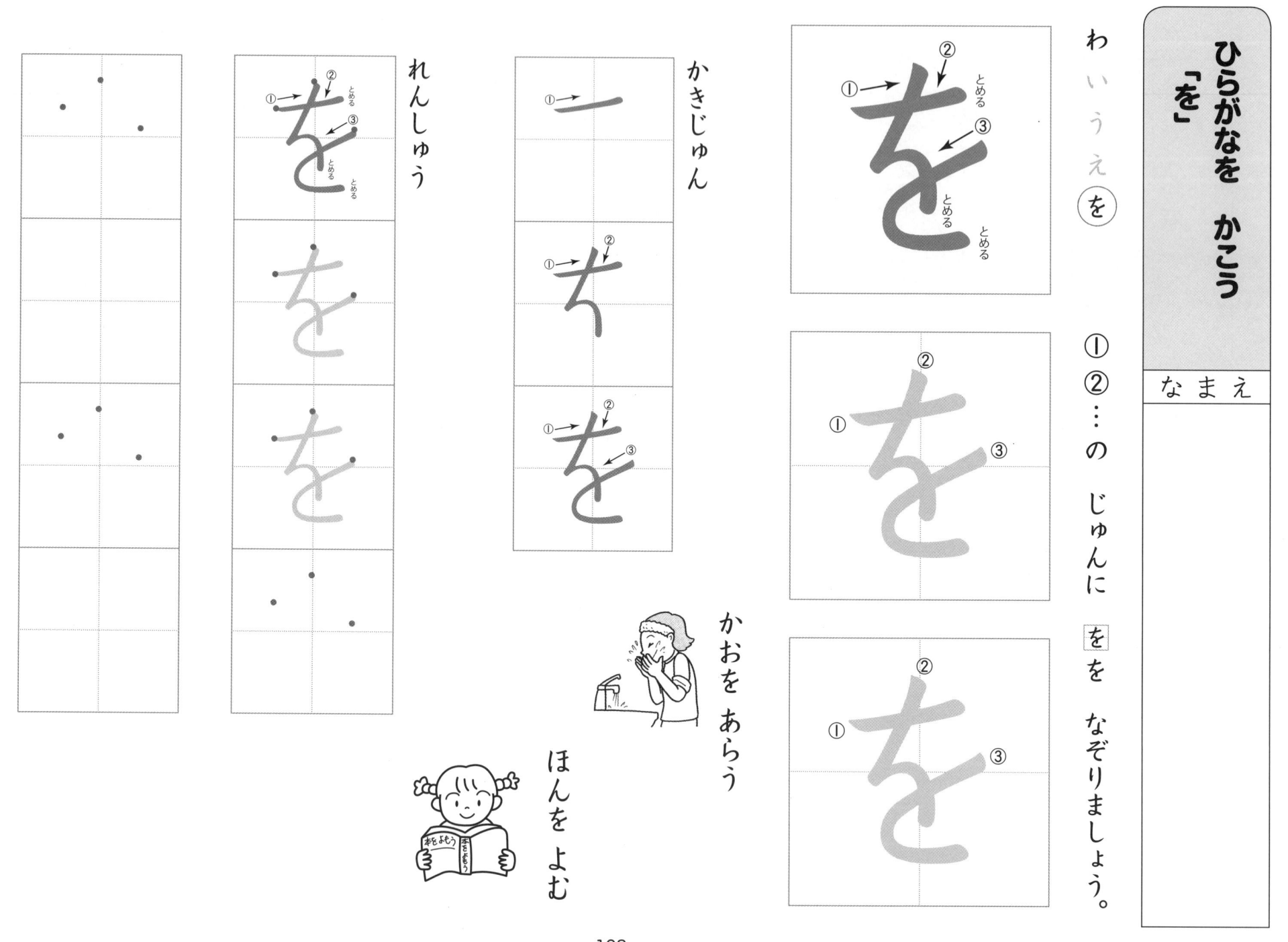

ひらがなを　かこう「ん」

なまえ

ん

ん　を　なぞりましょう。

かきじゅん

かばん

でんわ

れんしゅう

ひらがなを　かこう「あ・い・う・え・お」

なまえ

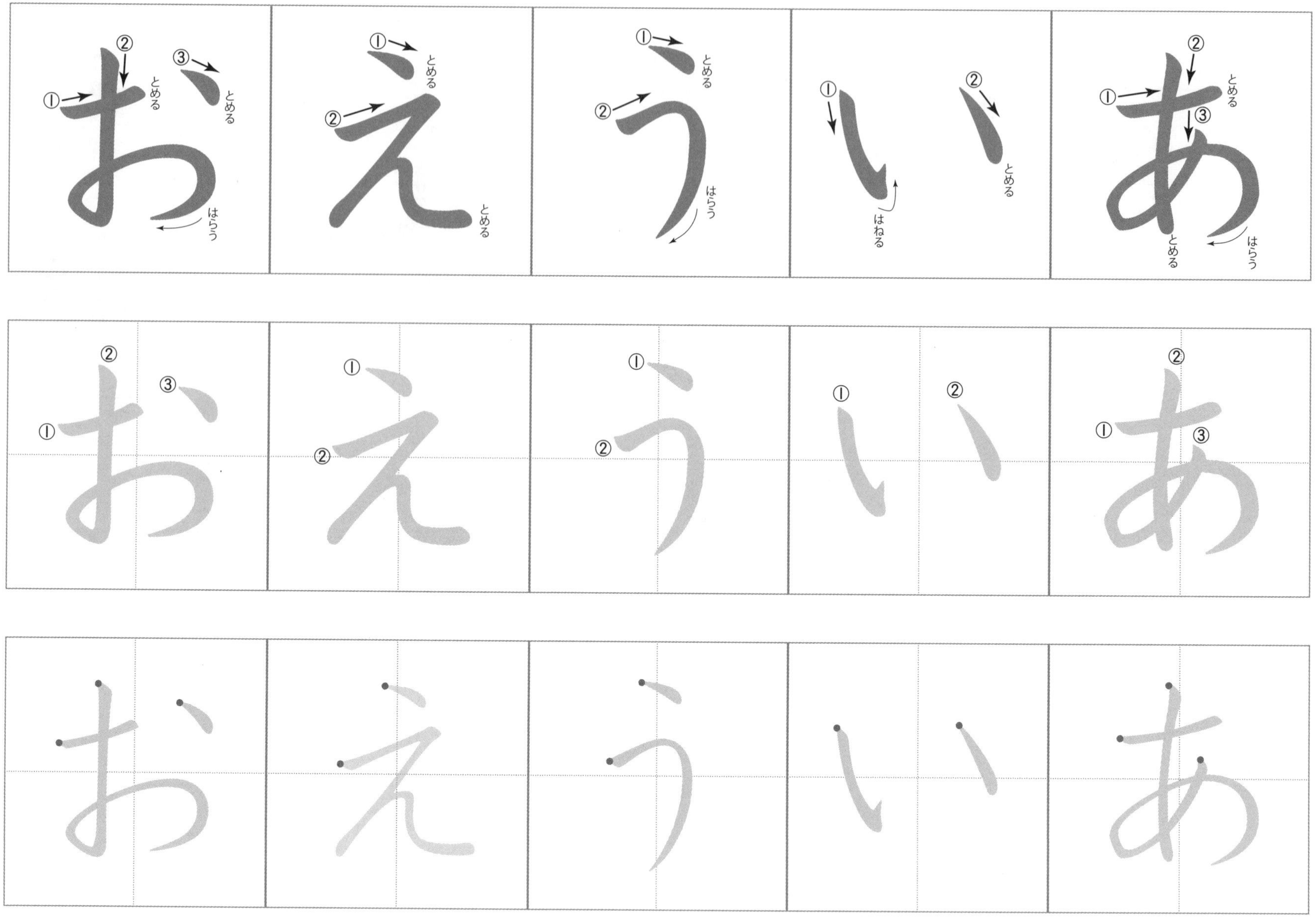

ひらがなを　かこう
「か・き・く・け・こ」

なまえ

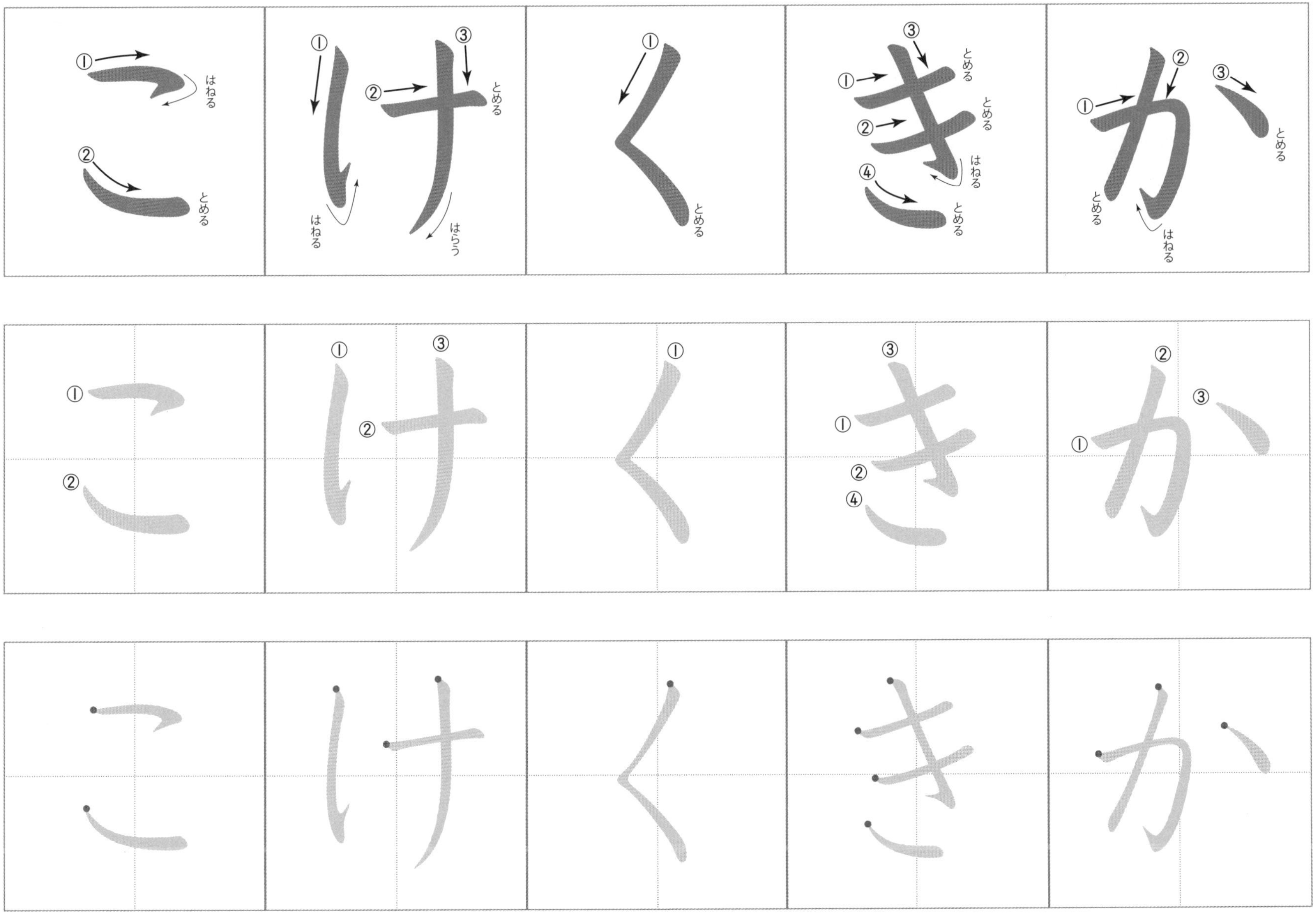

ひらがなを　かこう「さ・し・す・せ・そ」

なまえ

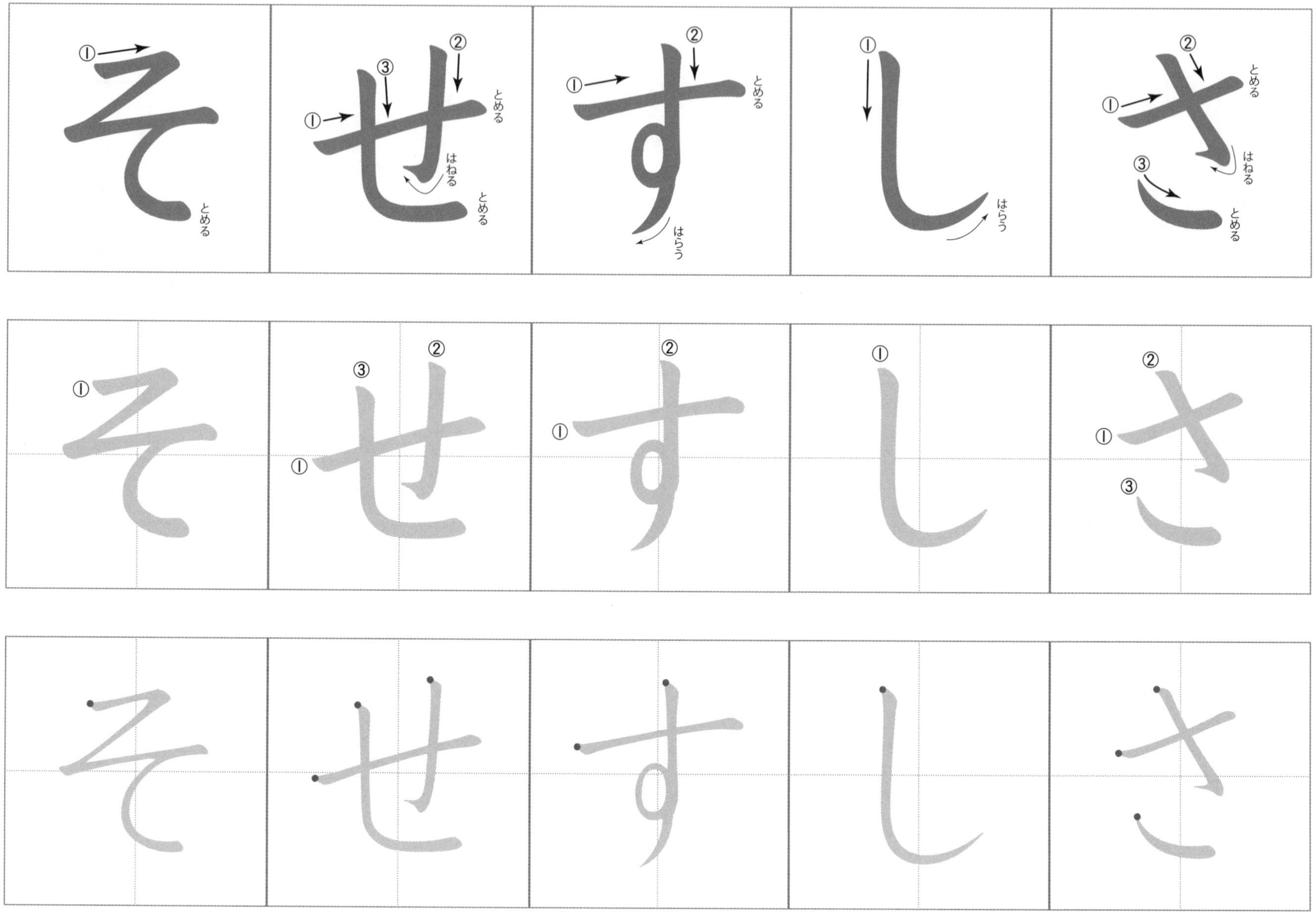

ひらがなを　かこう「た・ち・つ・て・と」

なまえ

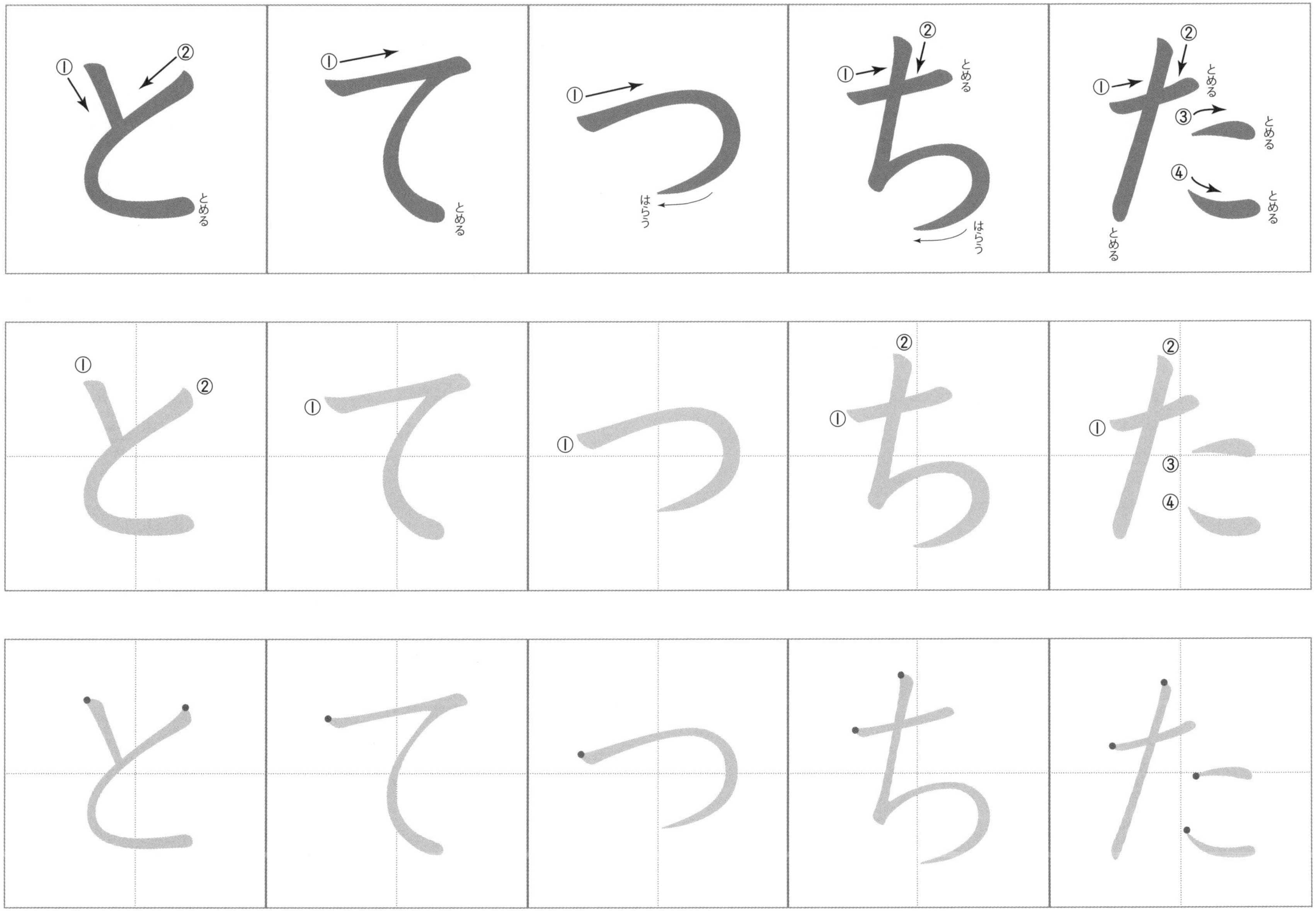

ひらがなを　かこう「な・に・ぬ・ね・の」

なまえ

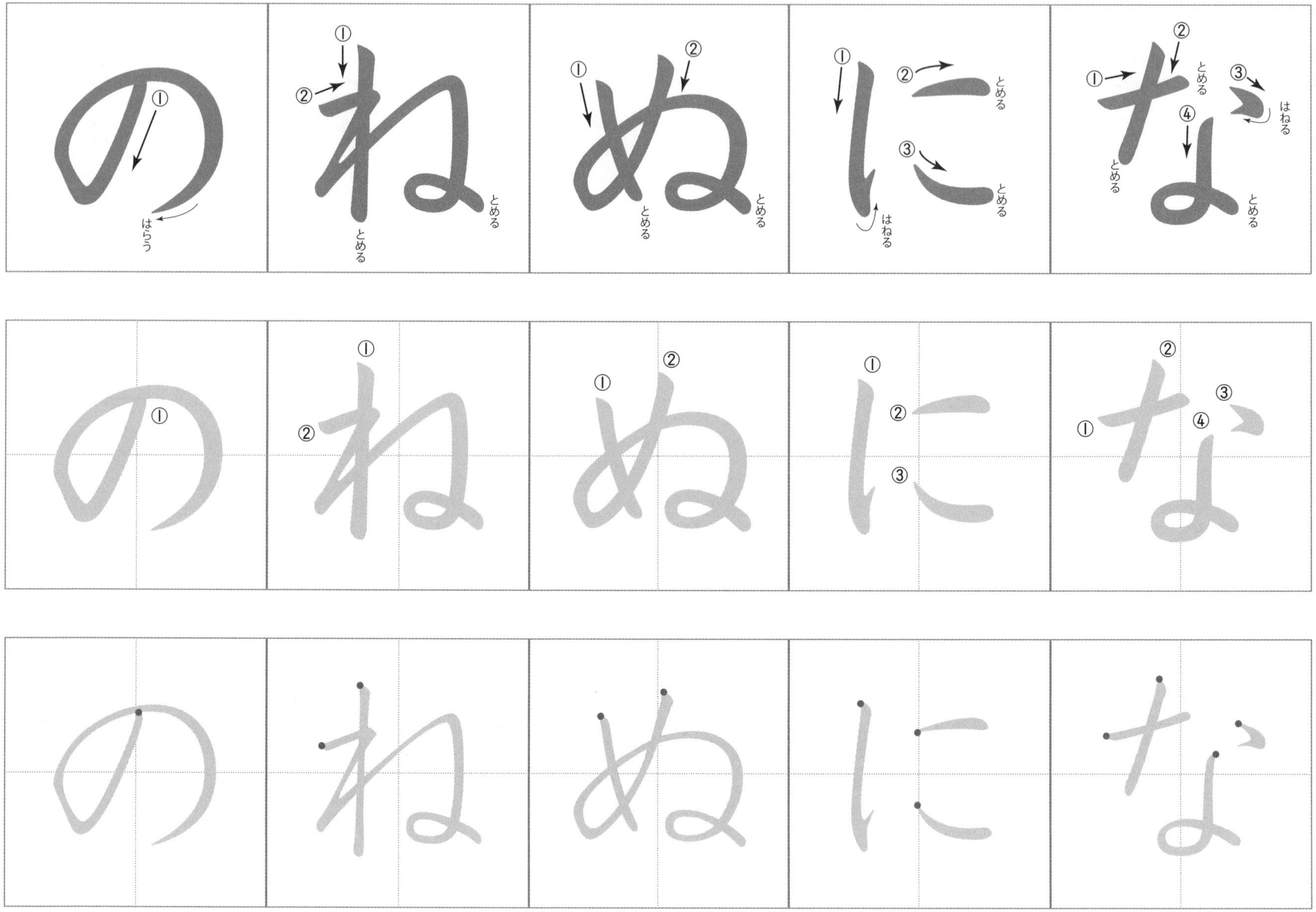

ひらがなを　かこう
「は・ひ・ふ・へ・ほ」

なまえ

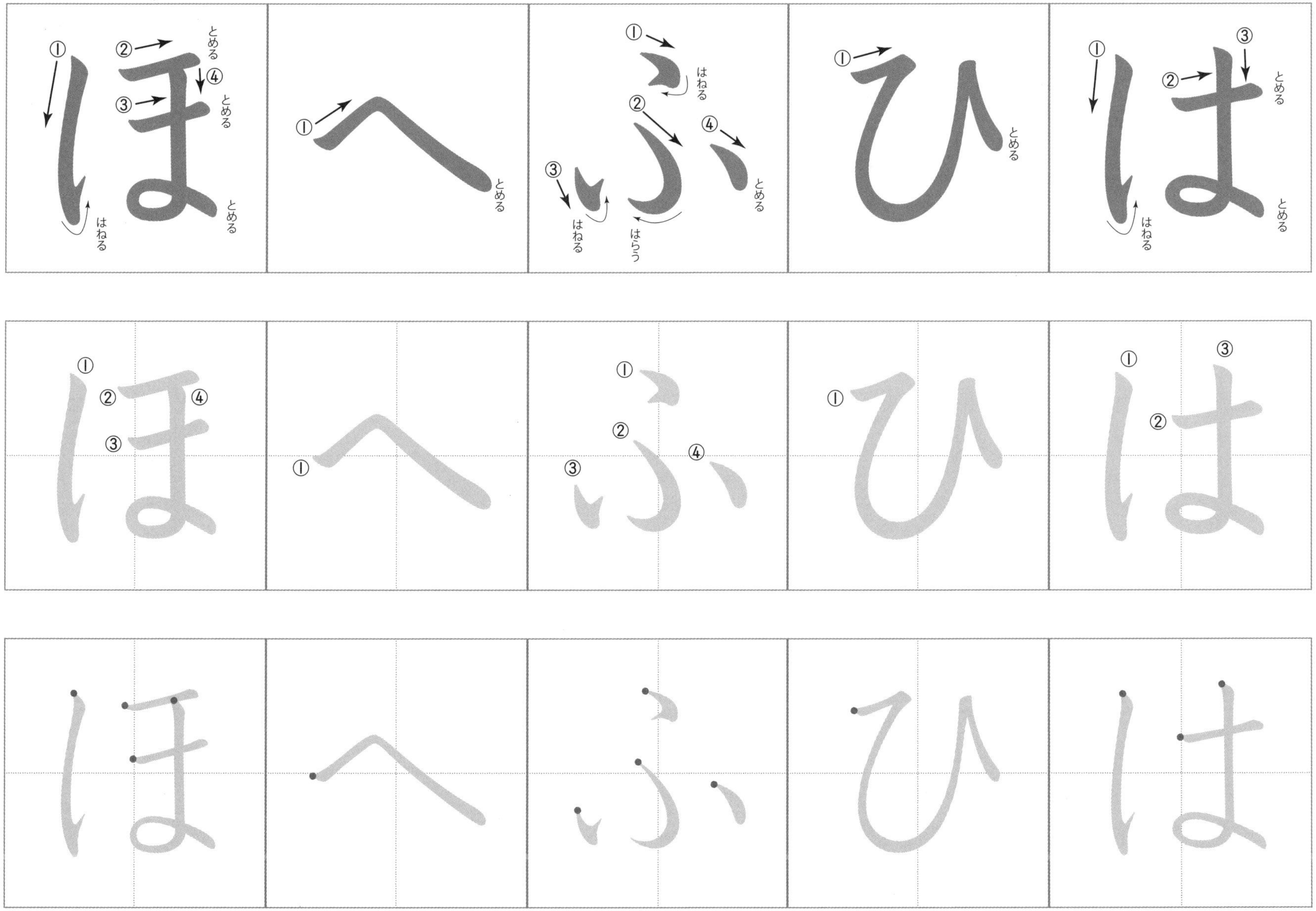

ひらがなを　かこう
「ま・み・む・め・も」

なまえ

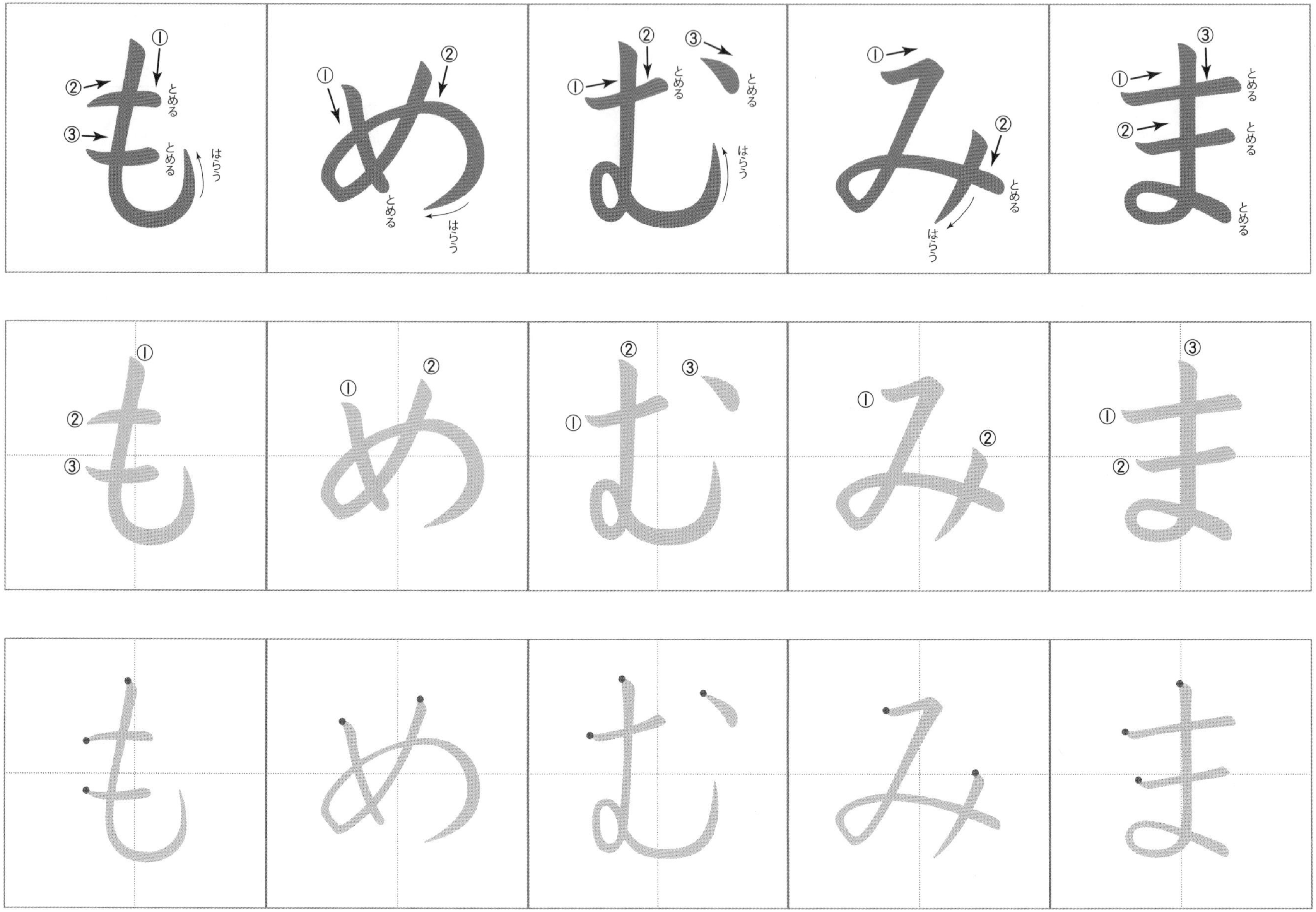

ひらがなを　かこう
「や・ゆ・よ」

なまえ

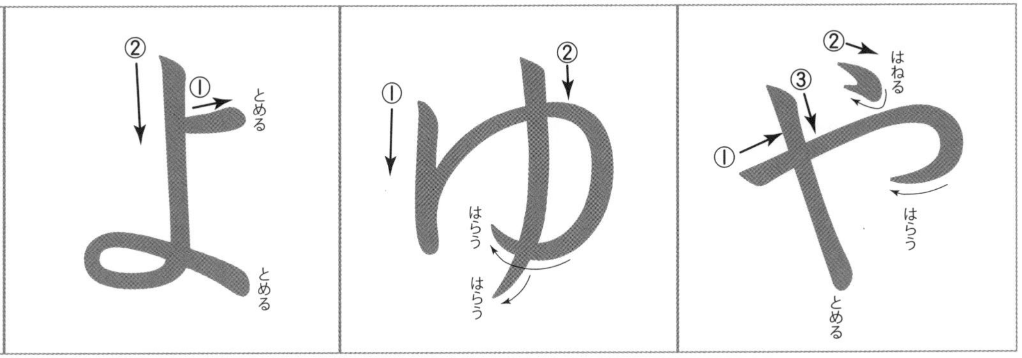

や　ゆ　よ

や　ゆ　よ

ひらがなを　かこう
「ら・り・る・れ・ろ」

なまえ

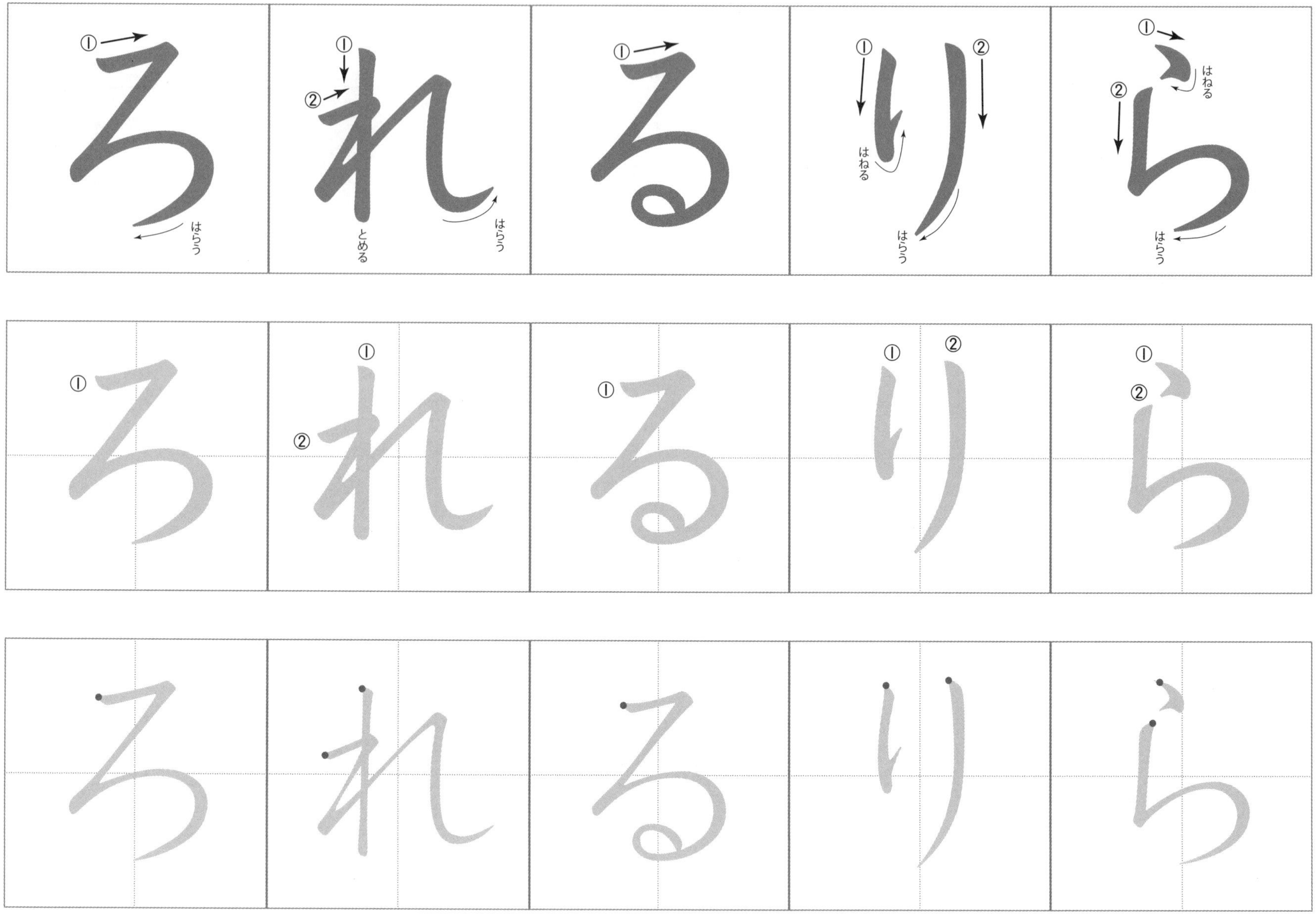

ひらがなを　かこう
「わ・を・ん」

なまえ

ひらがなを　かこう「が・ぎ・ぐ・げ・ご」

なまえ

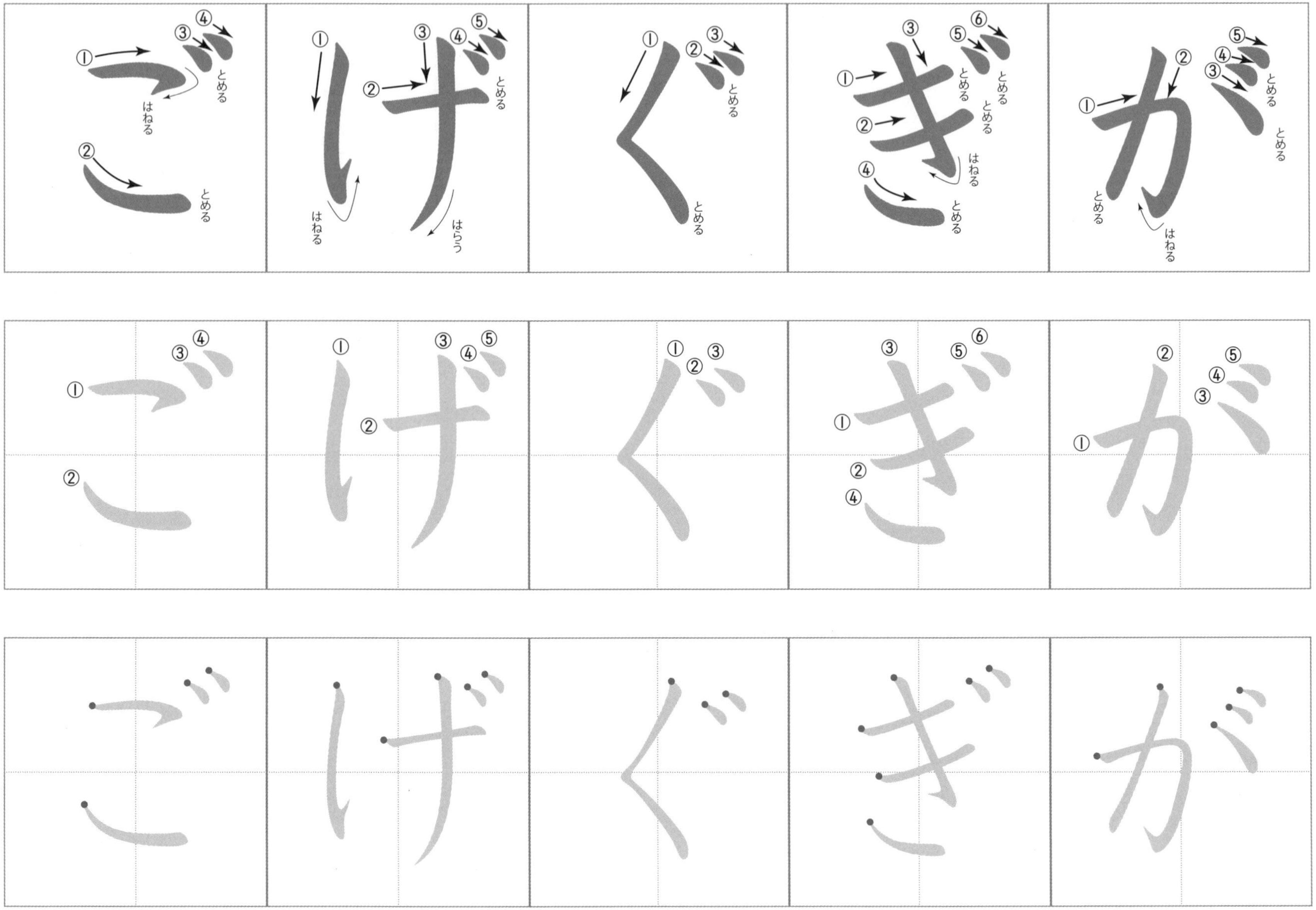

ひらがなを　かこう
「ざ・じ・ず・ぜ・ぞ」

なまえ

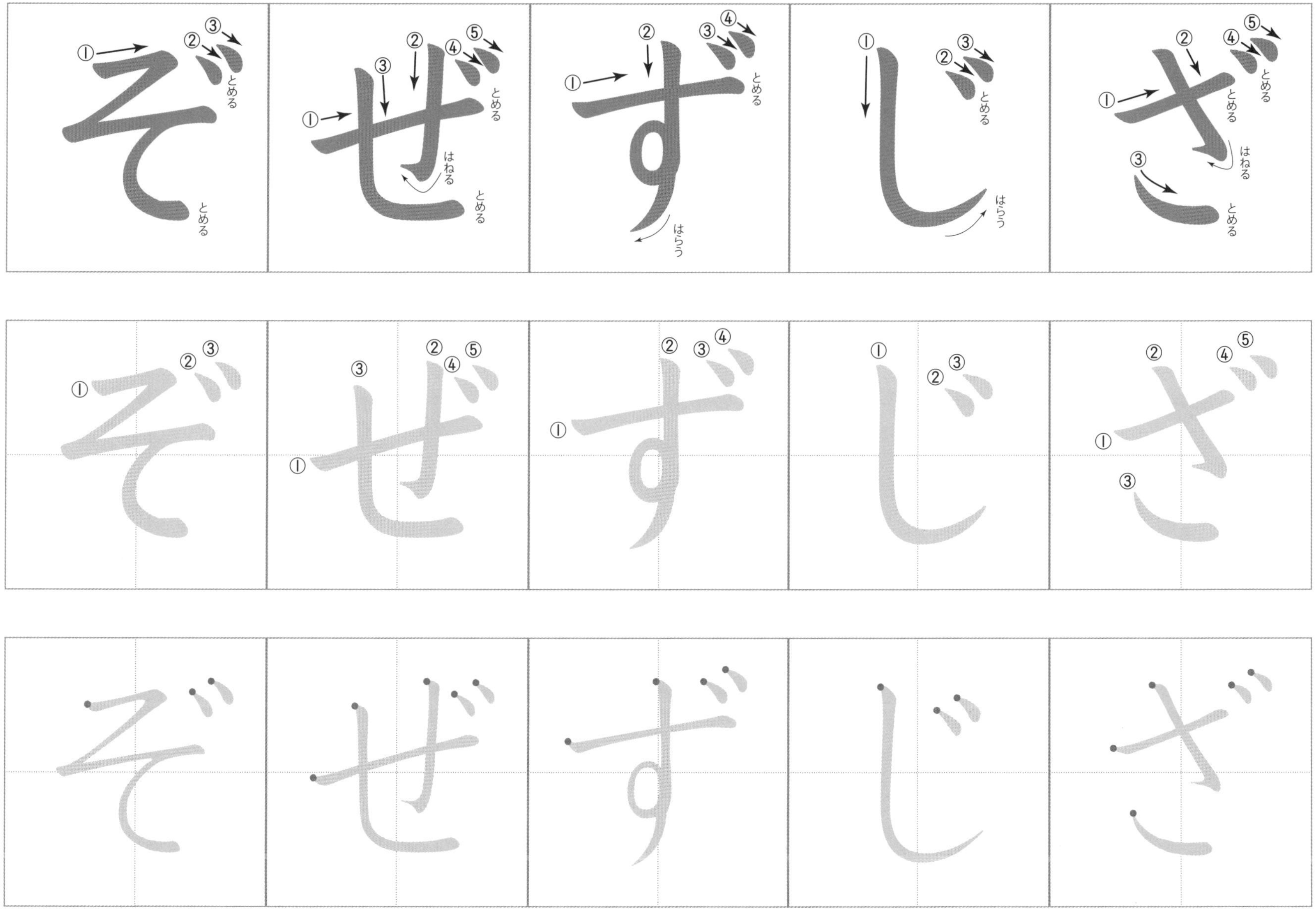

ひらがなを　かこう「だ・ぢ・づ・で・ど」

なまえ

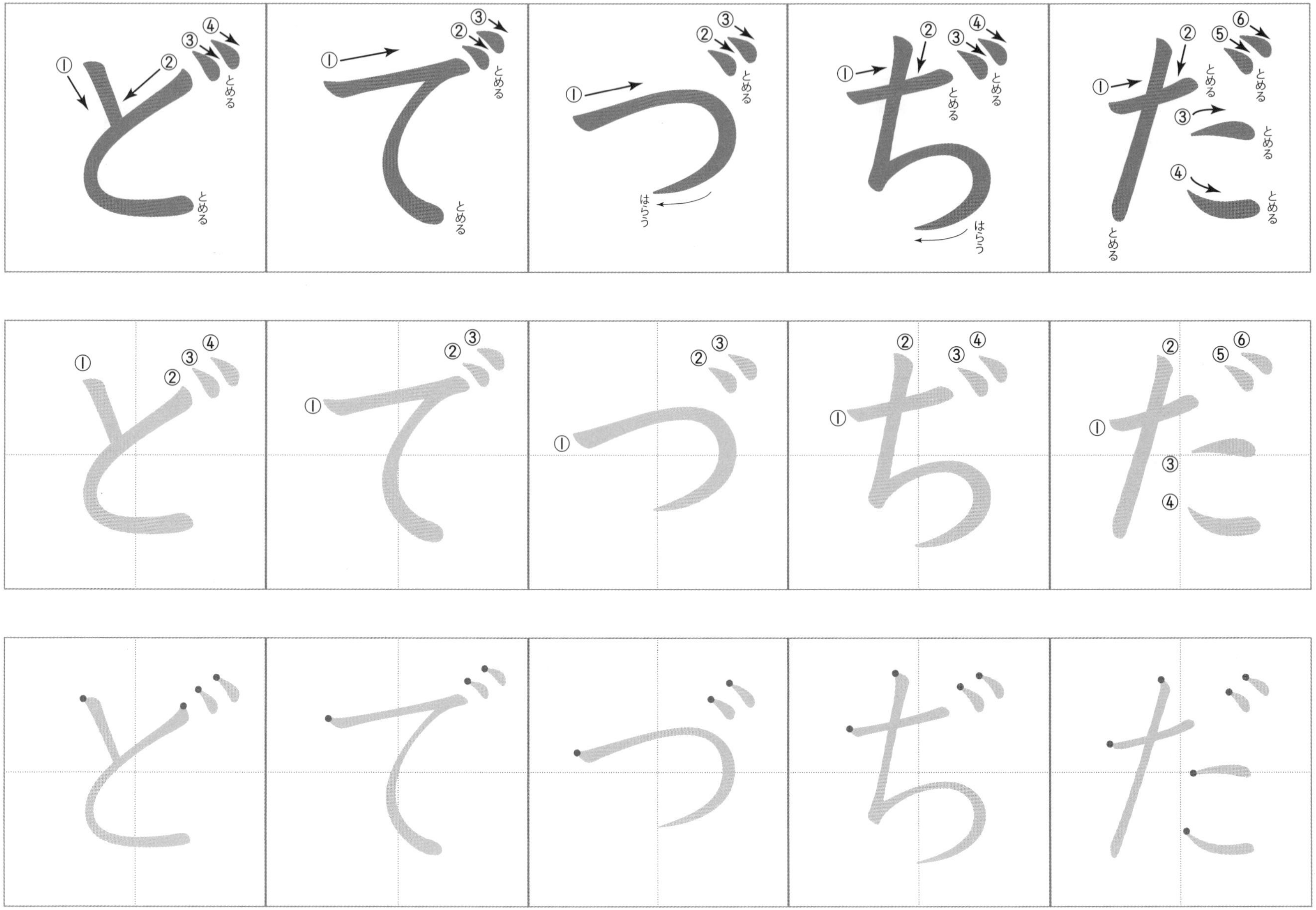

ひらがなを　かこう「ば・び・ぶ・べ・ぼ」

なまえ

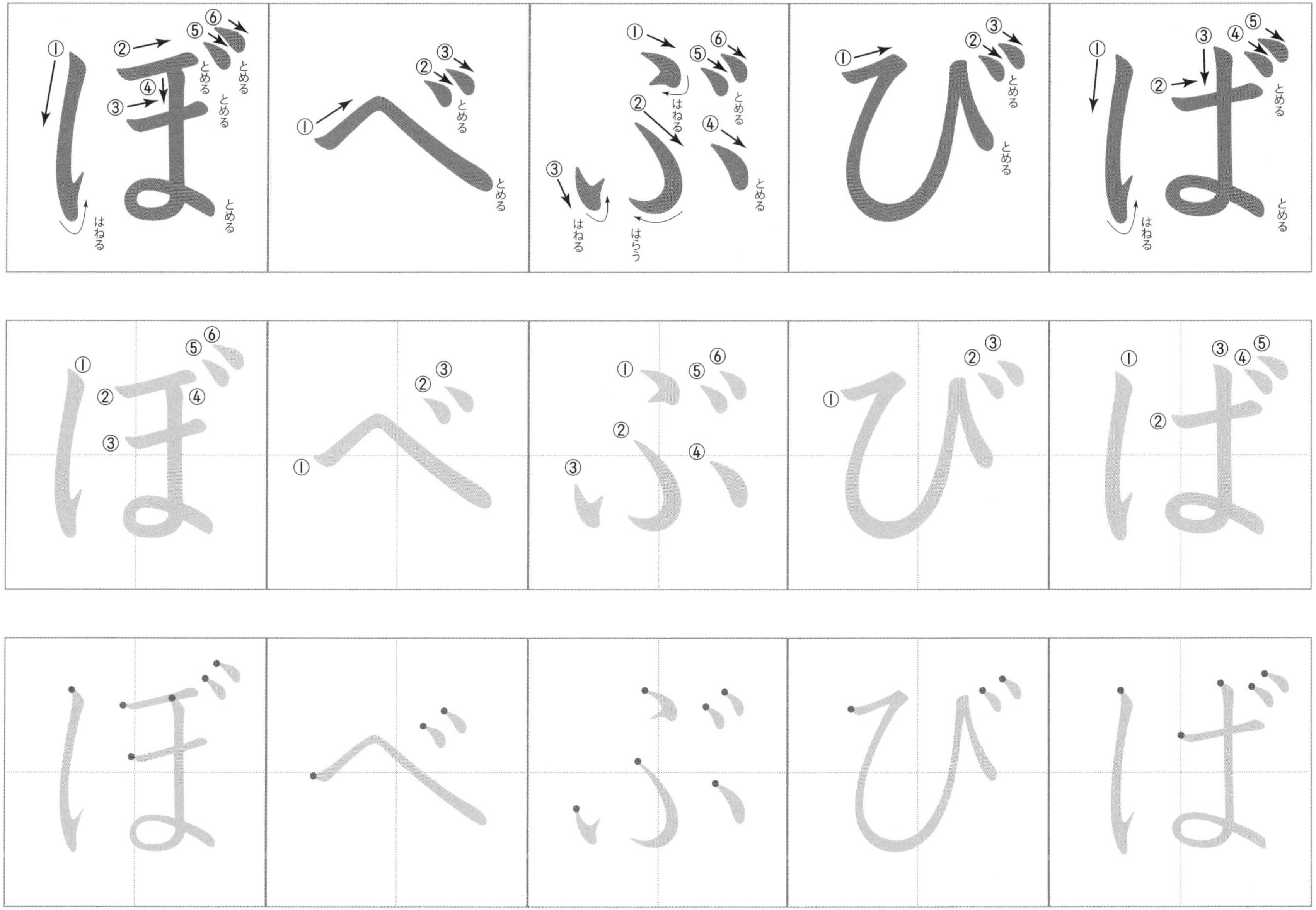

ひらがなを　かこう
「ぱ・ぴ・ぷ・ぺ・ぽ」

なまえ

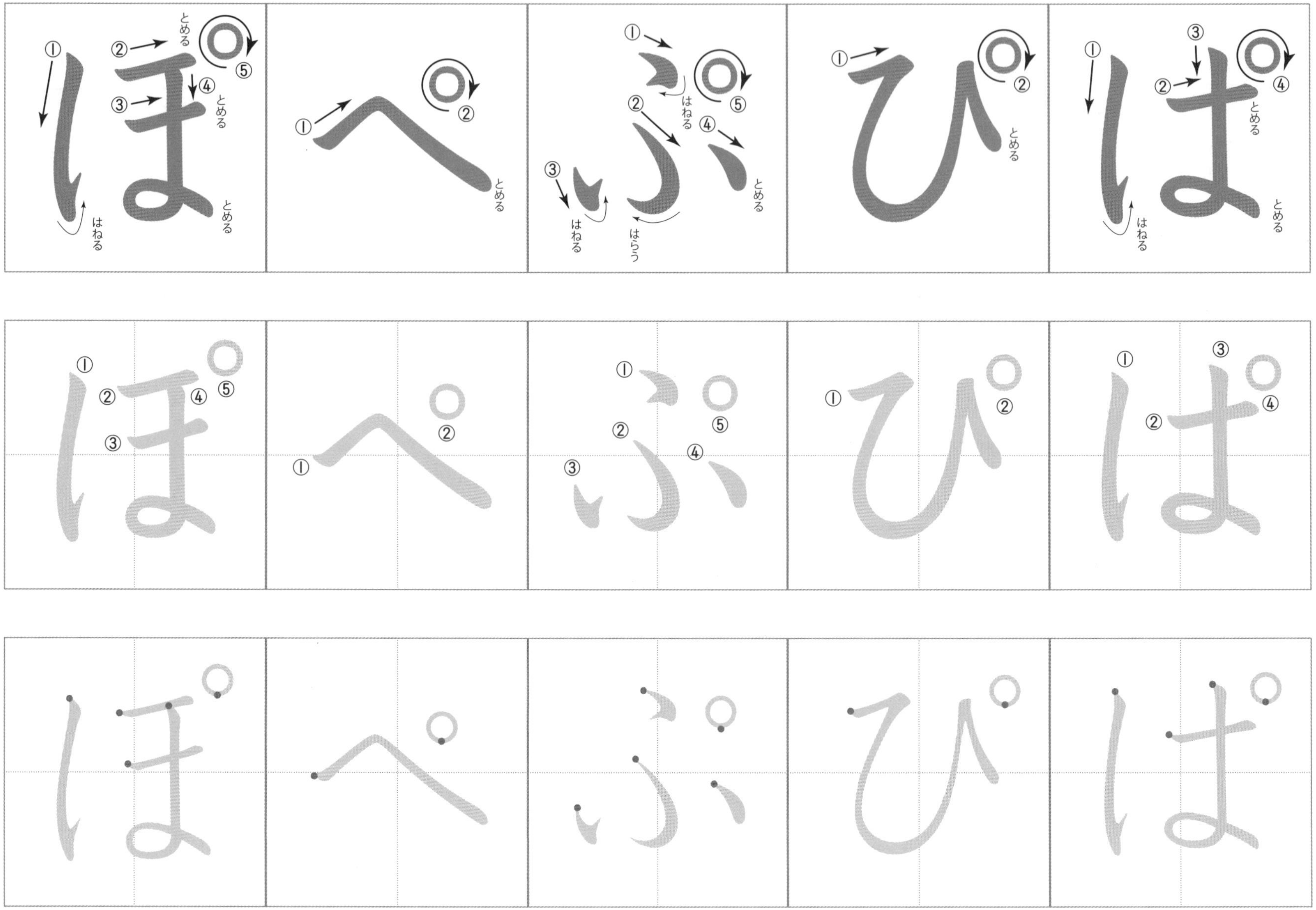

ことばあそび　しりとり④
ことばを　かこう

なまえ

えに　あう　ことばを　かいて　しりとりを　しましょう。

（１）

う

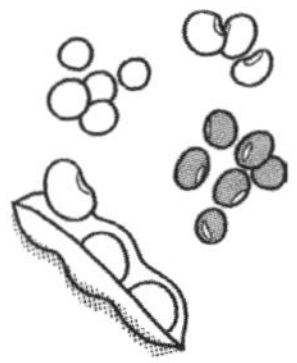

ま

め

（２）

え

き

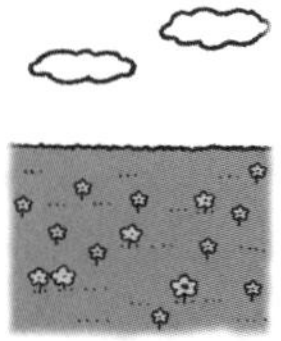

の

ことばあそび　しりとり　⑤

ことばを　かこう

なまえ

えに　あう　ことばを　かいて　しりとりを　しましょう。

ことばあそび　しりとり ⑥
ことばを　かこう

なまえ

えに　あう　ことばを　かいて　しりとりを　しましょう。

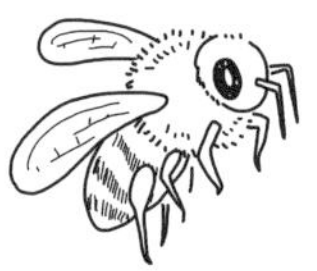

は

ちわ

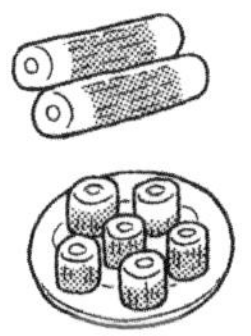

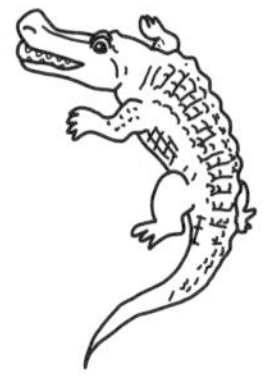

に

わ

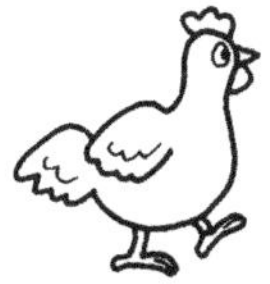

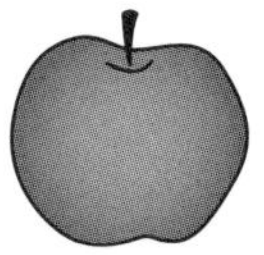

ご

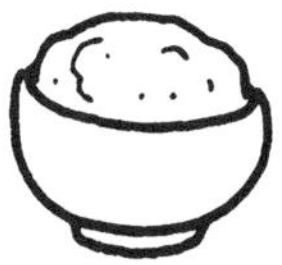

は

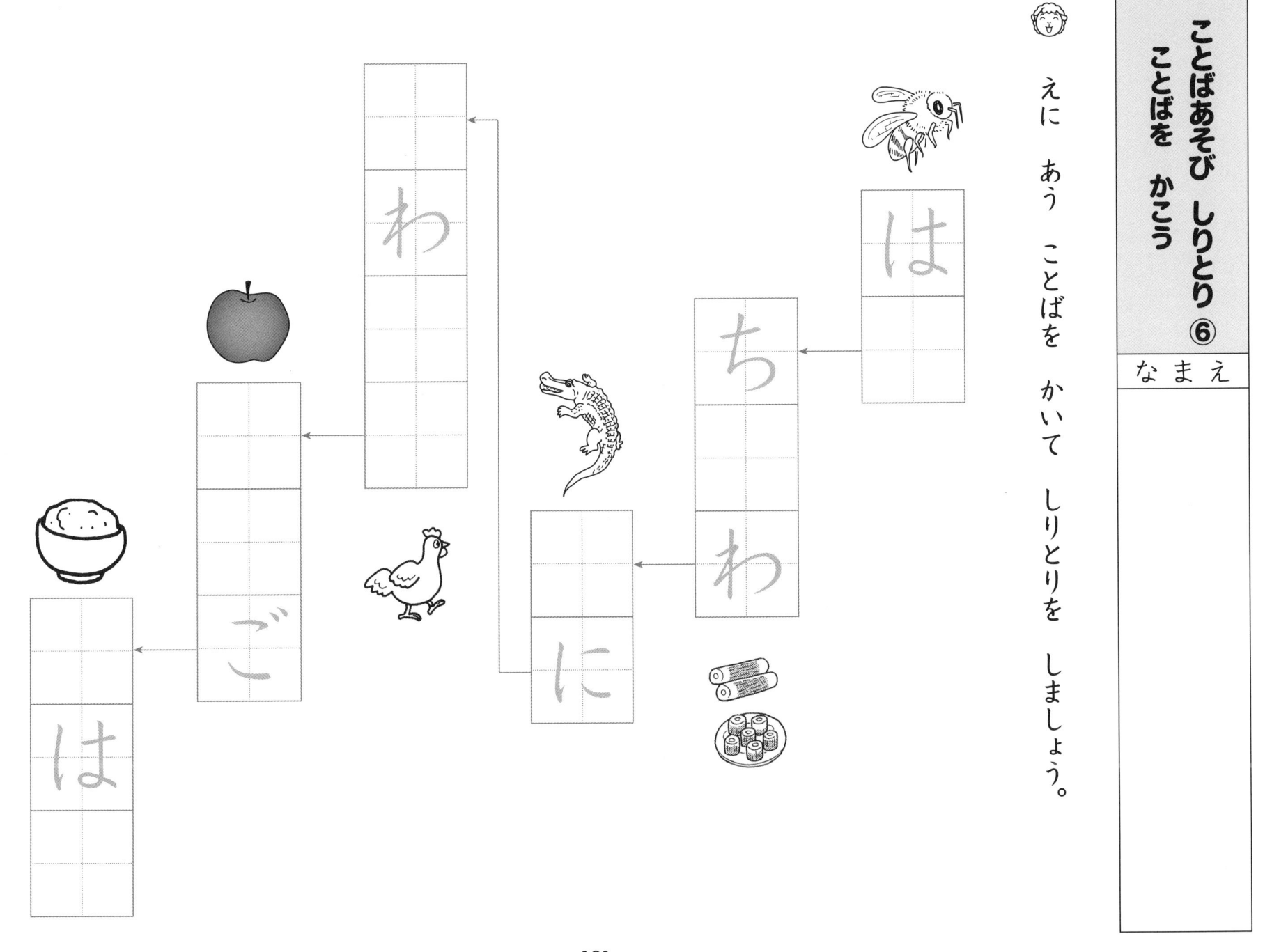

ことばあそび　しりとり ⑦
ことばを　かこう

なまえ

しりとりに　なる　ように　したの　えの　ことばを　かきましょう。

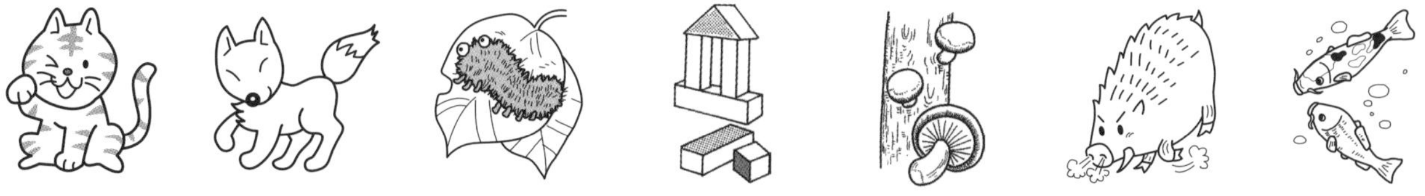

つ　ね　こ　し　け

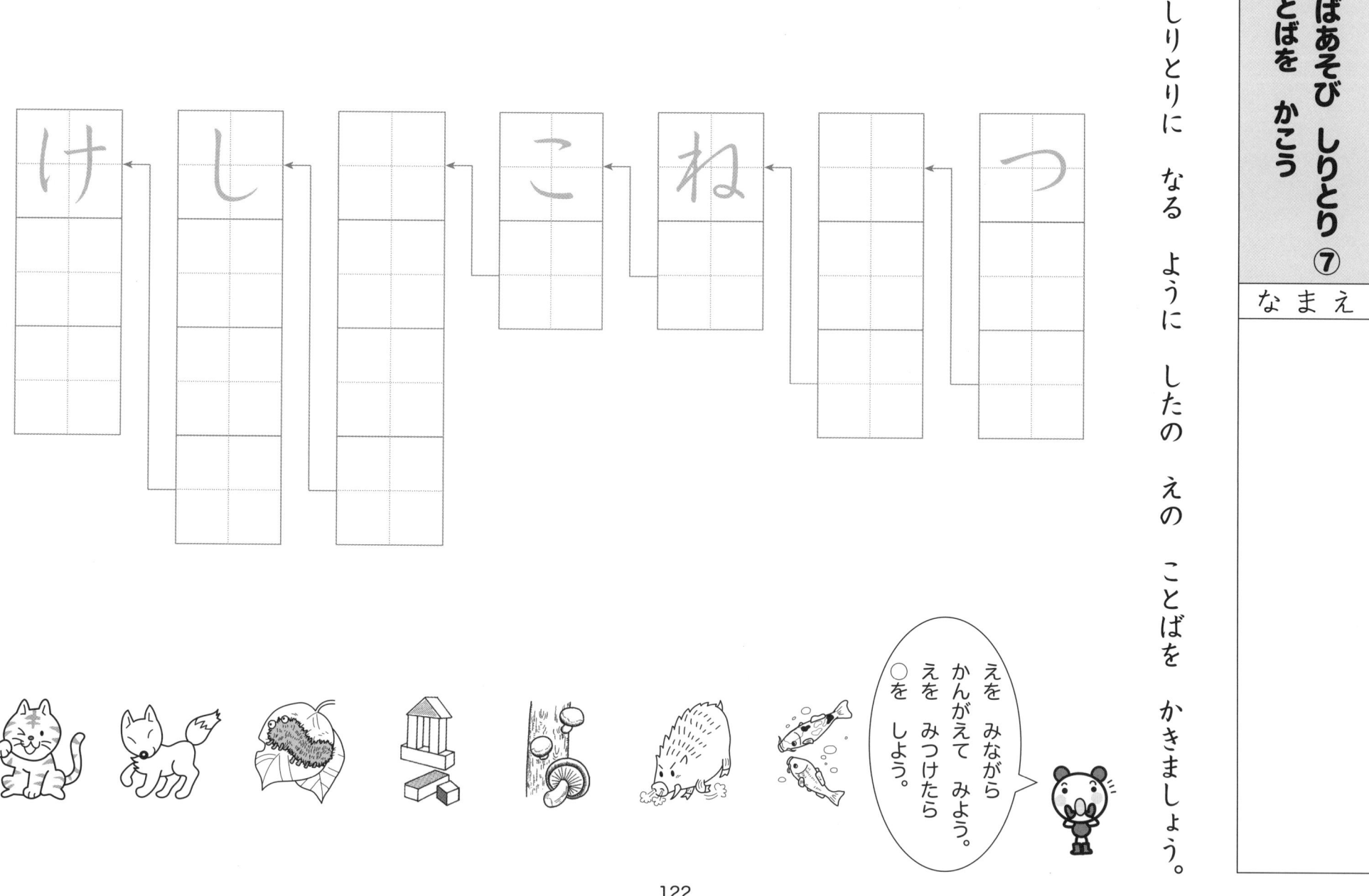

ことばあそび　しりとり⑧
ことばを　かこう

なまえ

しりとりに　なる　ように　したの　えの　ことばを　かきましょう。

あ → □ → す → か → □ → な → し

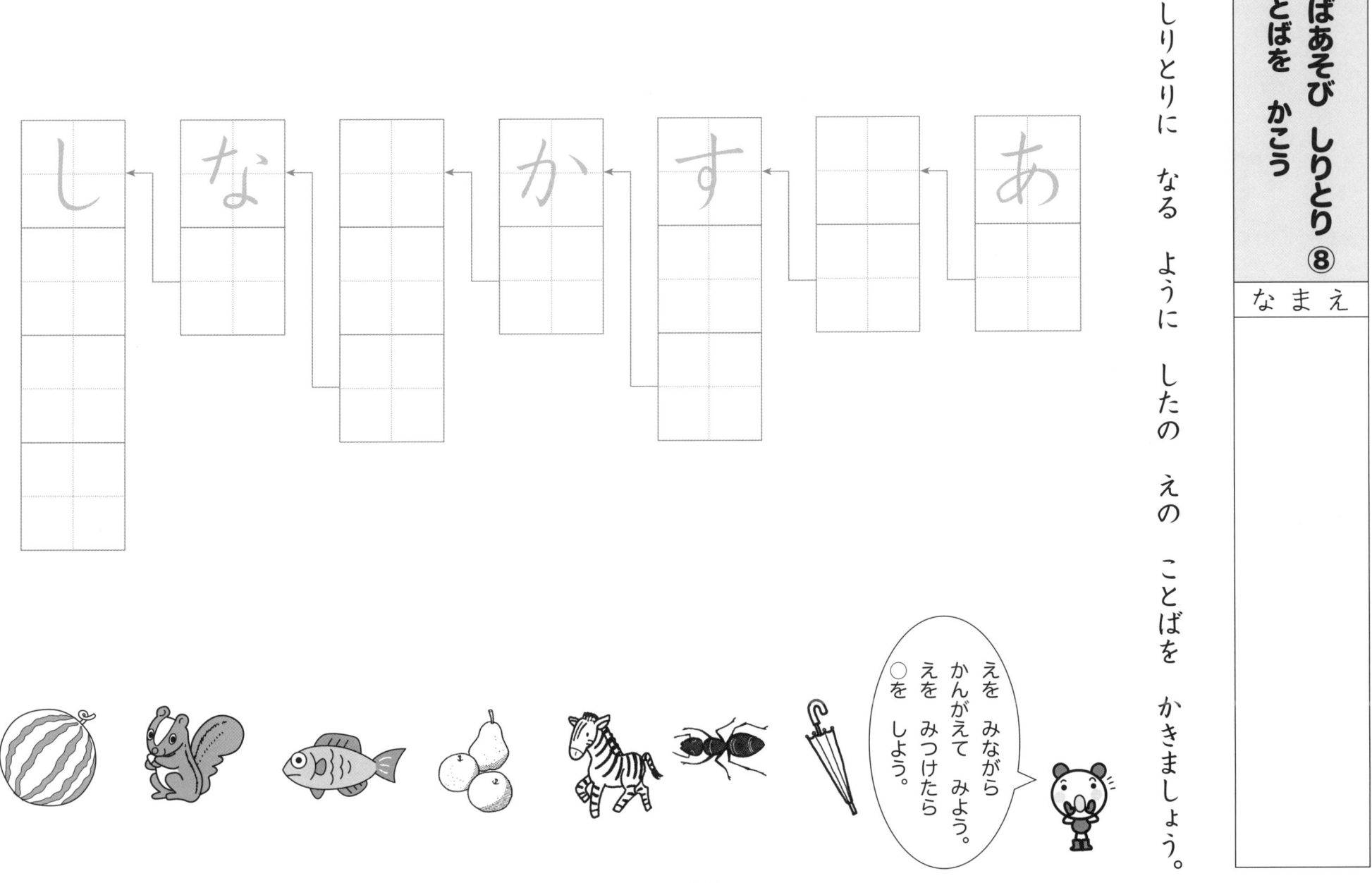

ことばあそび
もじを　つなごう　①

なまえ

えを　みて　□に　あてはまる　ひらがなを　かきましょう。

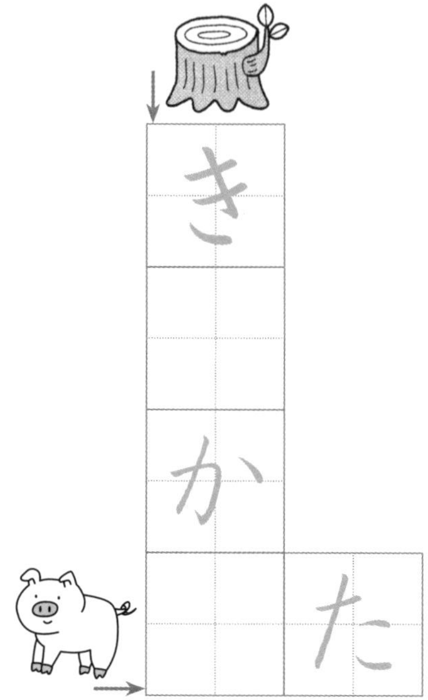

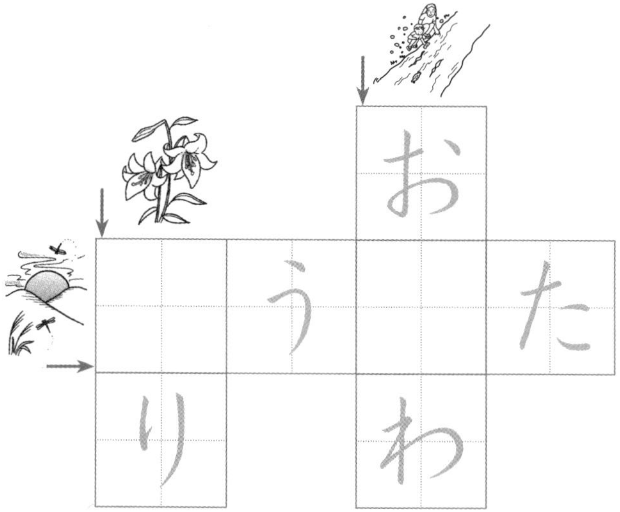

ことばあそび もじを つなごう ②

なまえ

えを みて □ に あてはまる ひらがなを かきましょう。

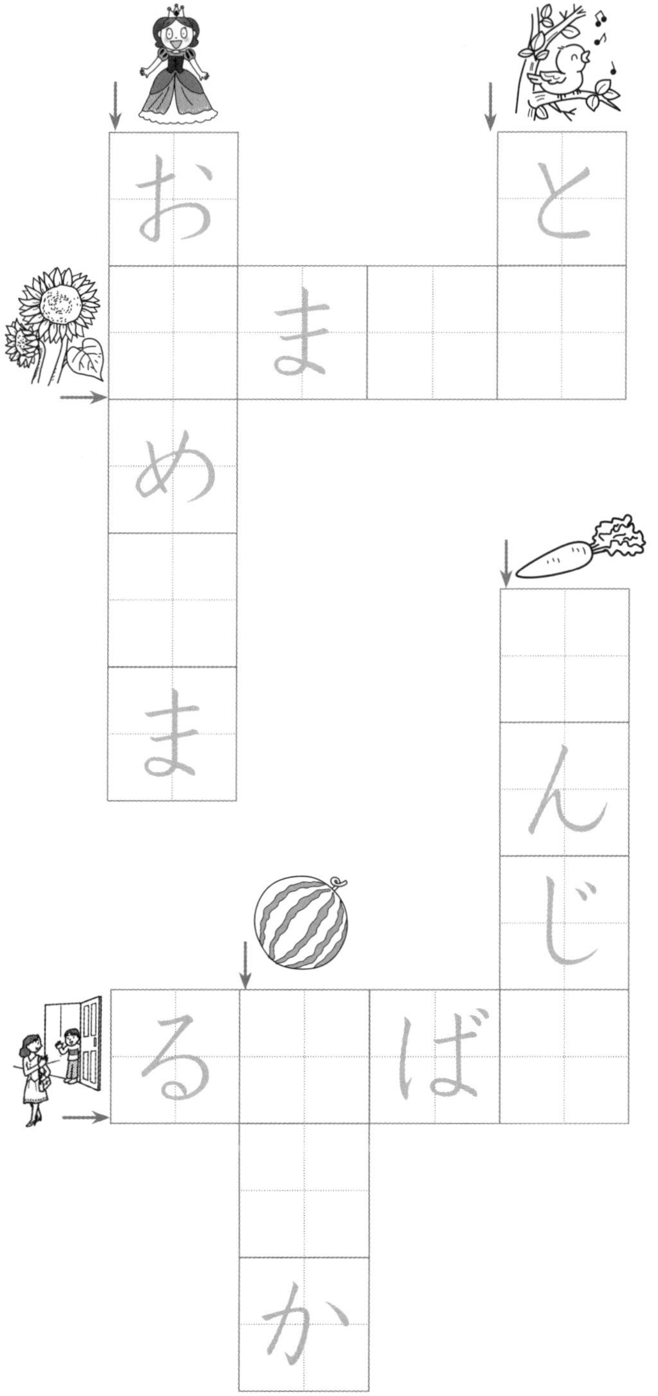

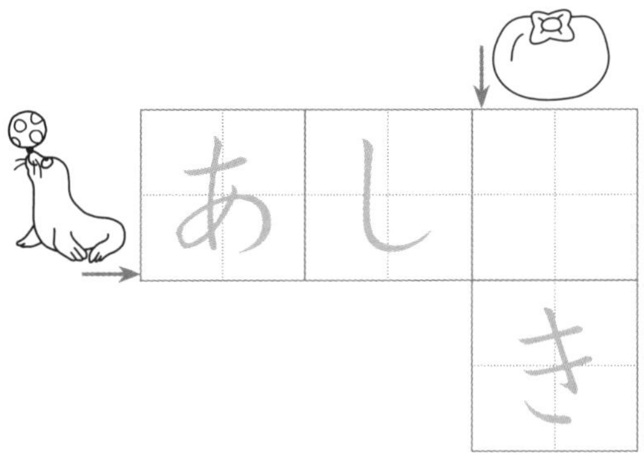

ことばあそび
もじを　つなごう ③

なまえ

えを　みて　□に　あてはまる　ひらがなを　かきましょう。

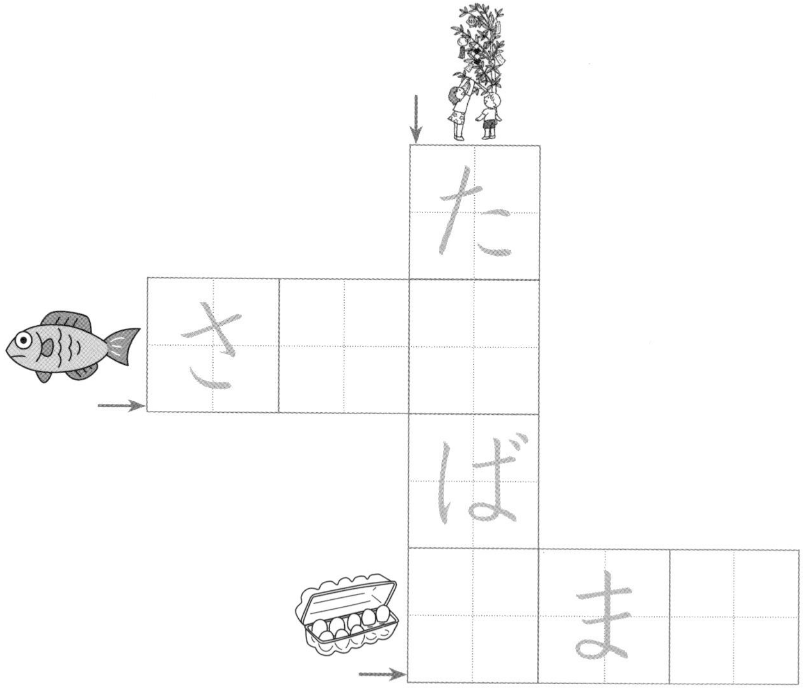

ことばあそび
もじを つなごう ④

なまえ

えを みて □に あてはまる ひらがなを かきましょう。

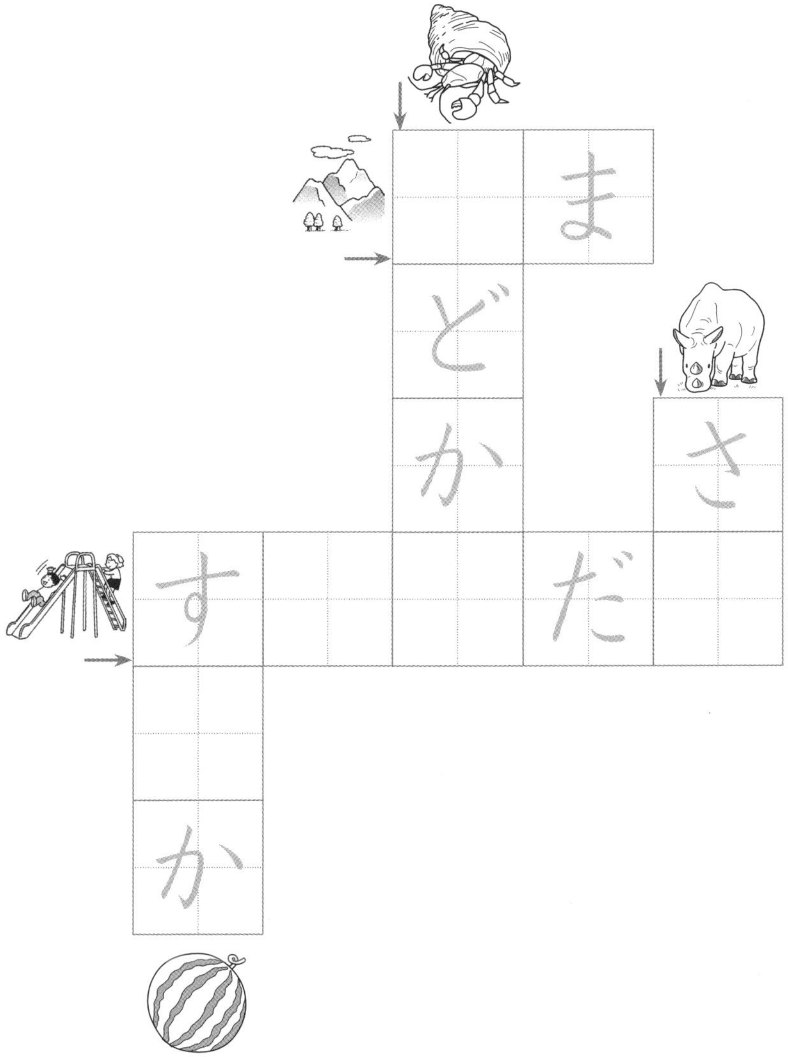

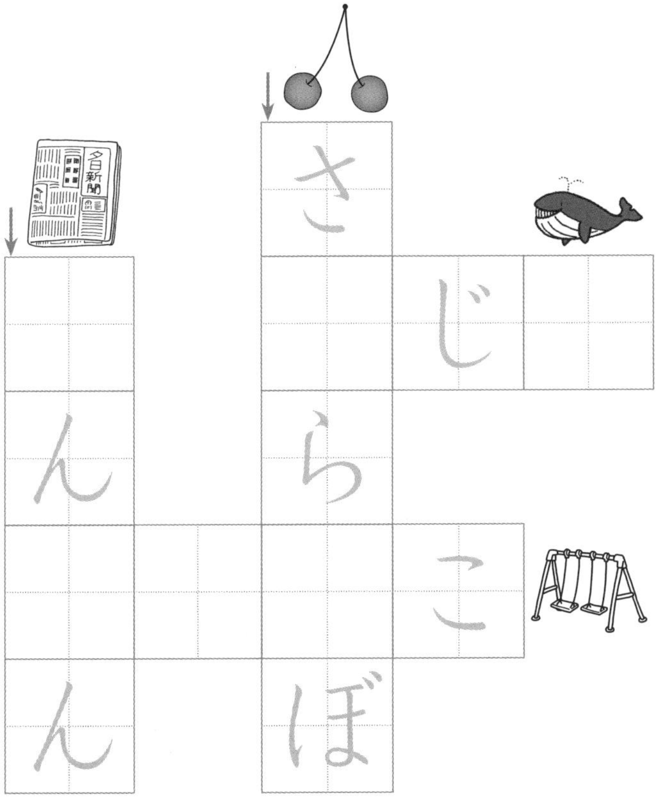

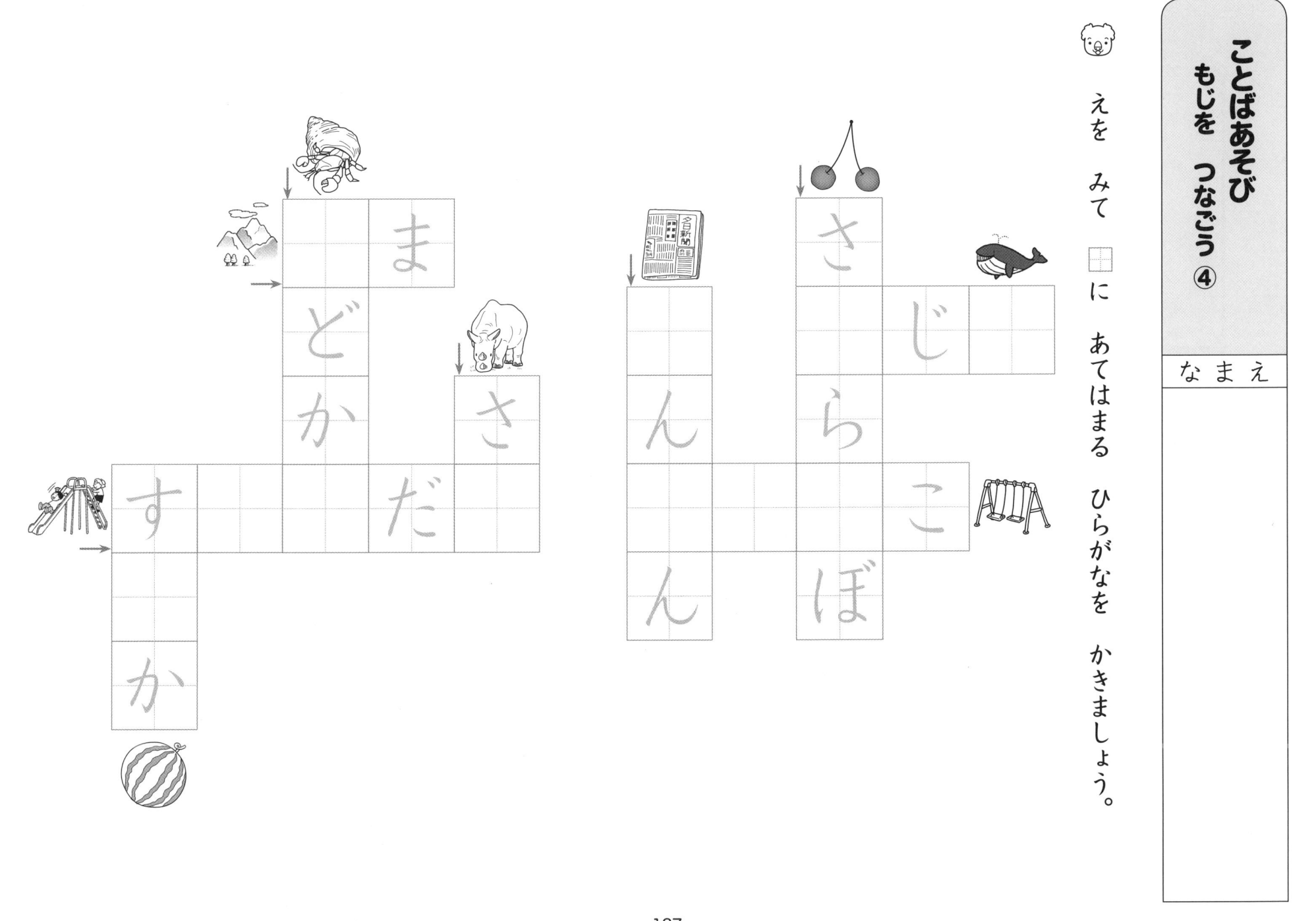

ことばあそび よんで えに ○を しよう ①

なまえ

つぎの ことばを よみましょう。 よめたら □ の なかと、ことばに あう えに ○を しましょう。

ほん

いす

うま

なべ

ゆき

かに

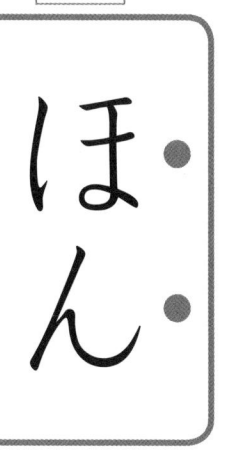

ことばあそび よんで えに ○を しよう ②

なまえ

つぎの ことばを よみましょう。 よめたら □の なかと、ことばに あう えに ○を しましょう。

○ ねこ

□ ぶた

□ やま

□ せみ

□ さる

□ かご

ことばあそび よんで えに ○を しよう ③

なまえ

つぎの ことばを よみましょう。よめたら □ の なかと、ことばに あう えに ○を しましょう。

○ はなび

□ ぬりえ

□ がくふ

□ ぱんだ

□ さんぽ

□ まゆげ

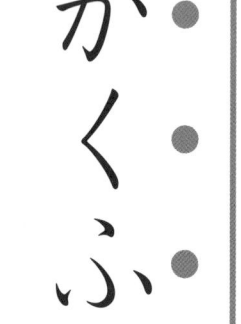

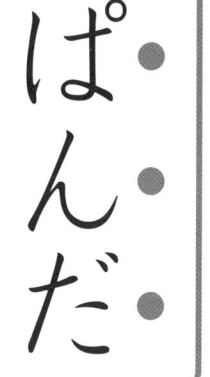

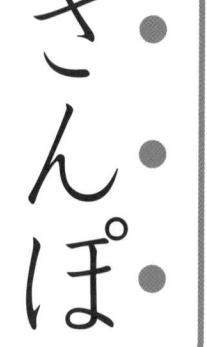

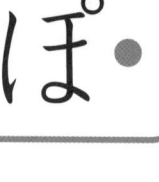

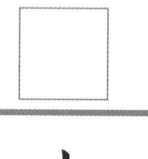

ことばあそび よんで えに ○を しよう ④

なまえ

つぎの ことばを よみましょう。 よめたら □の なかと、ことばに あう えに ○を しましょう。

○ おにぎり

□ そらまめ

□ めぐすり

□ みかづき

□ あさがお

□ ざぶとん

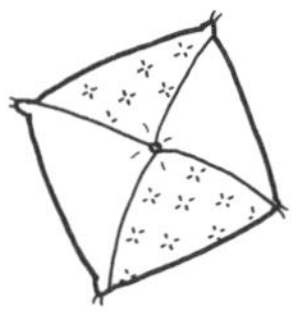

ことばあそび よんで えに ○を しよう ⑤

なまえ

つぎの ことばを よみましょう。 よめたら □ の なかと、ことばに あう えに ○を しましょう。

○ ながぐつ

□ ひまわり

□ わりばし

□ ふでばこ

□ かきぞめ

□ ぺんぎん

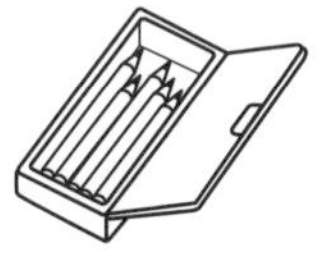

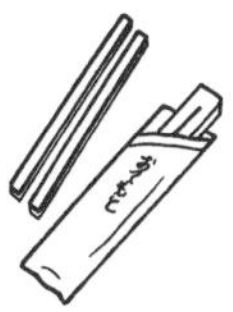

ことばあそび
よんで えに ○を しよう ⑥

なまえ

つぎの ことばを よみましょう。 よめたら □ の なかと、ことばに あう えに ○を しましょう。

○ えんぴつ

□ らくがき

□ あおむし

□ ぜんざい

□ てぶくろ

□ れんこん

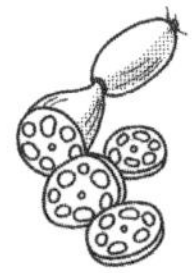

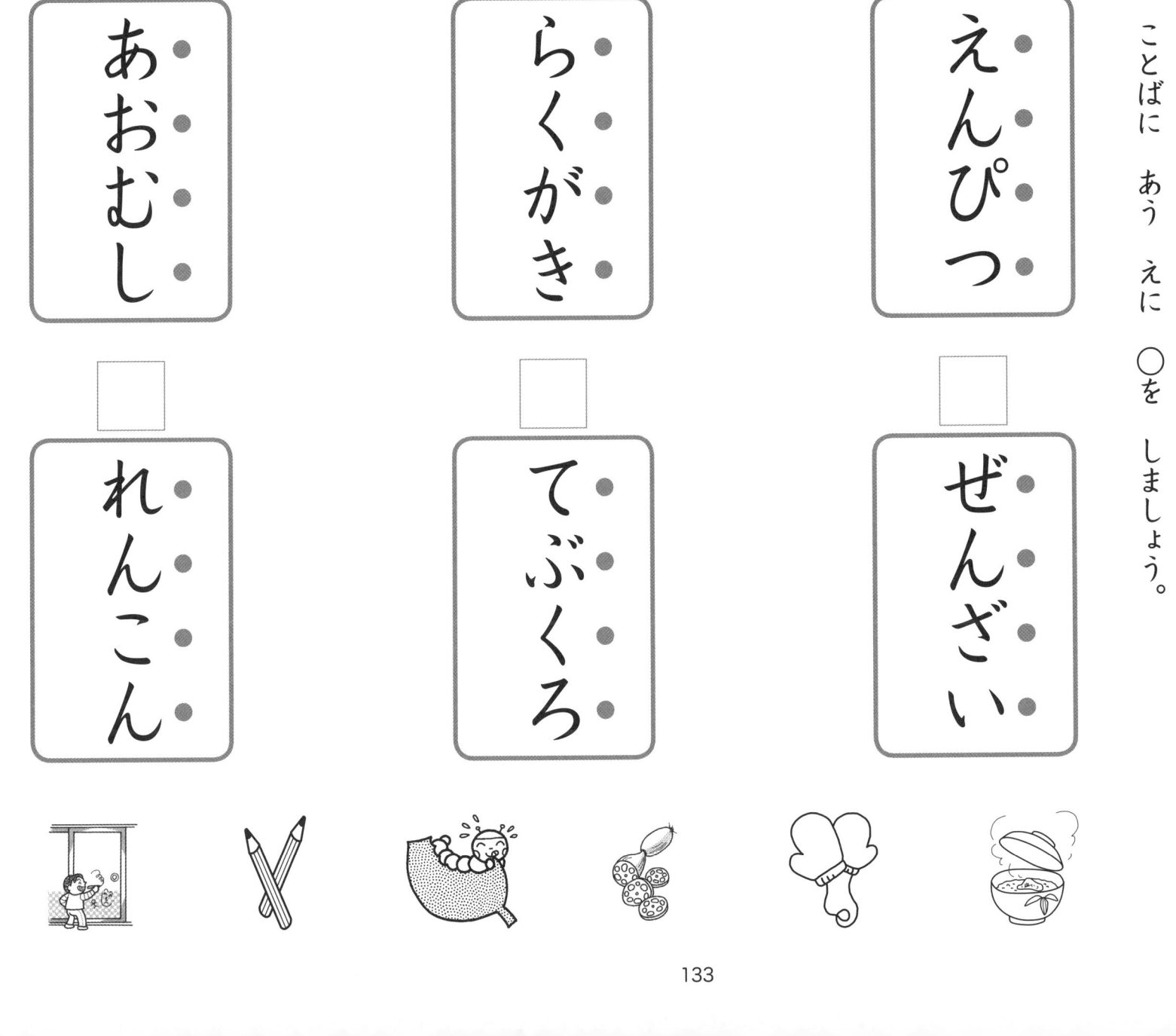

ことばあそび
よんで えに ○を しよう ⑦

なまえ

つぎの ことばを よみましょう。 よめたら □の なかと、
ことばに あう えに ○を しましょう。

○ ろば

□ へそ

□ とんぼ

□ てじな

□ のど

□ たまねぎ

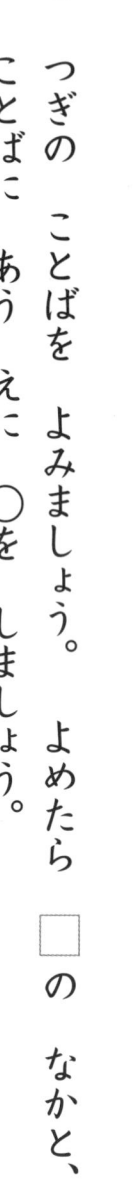

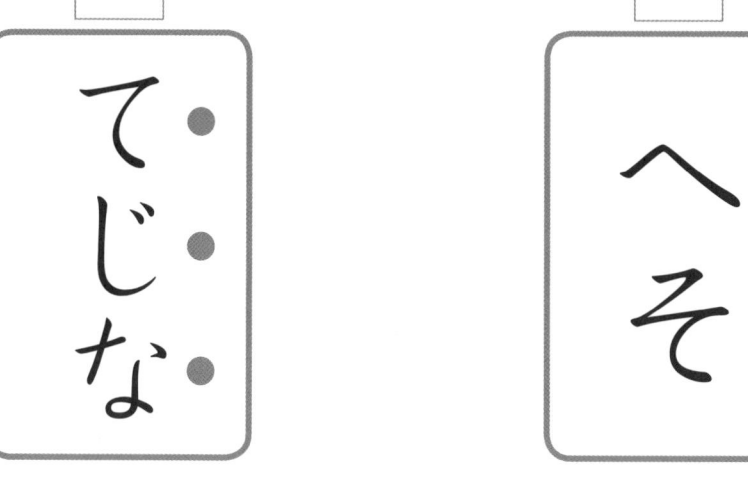

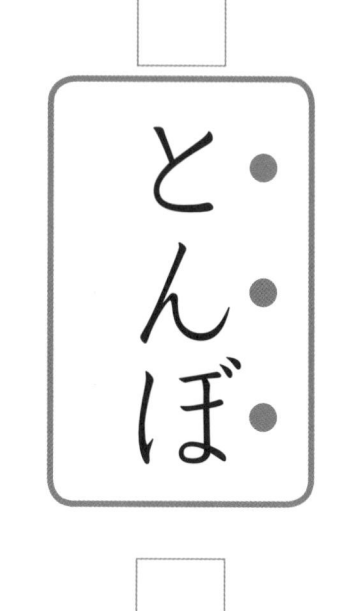

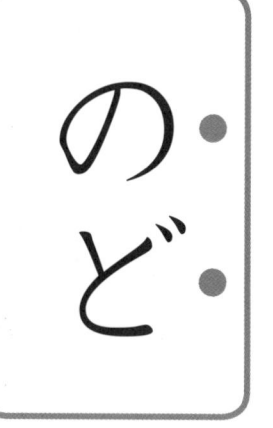

ことばあそび
よんで えに ○を しよう ⑧

なまえ

つぎの ことばを よみましょう。 よめたら □ の なかと、
ことばに あう えに ○を しましょう。

○ おんぷ

□ ちず

□ ひも

□ はなぢ

□ けしごむ

□ よみせ

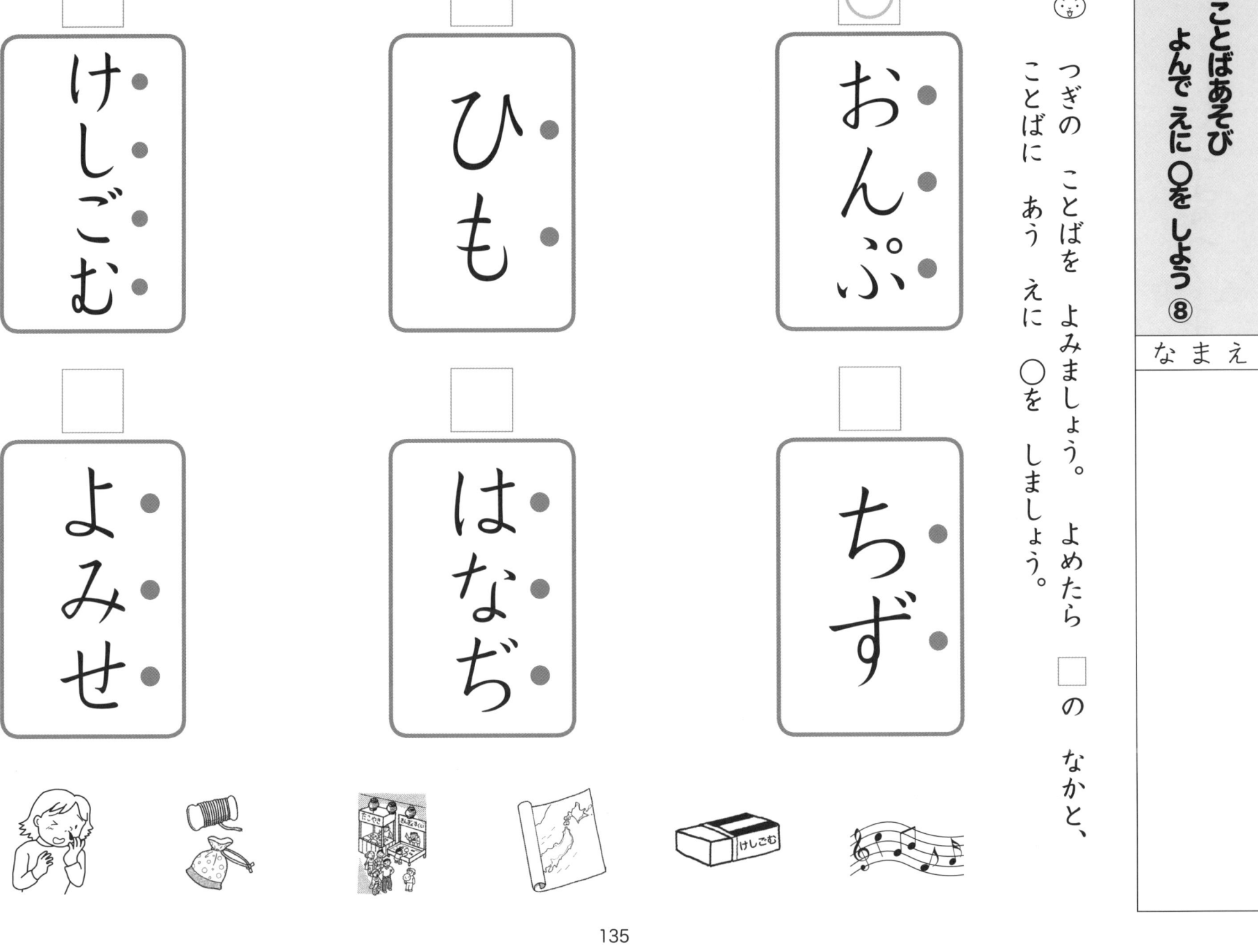

ことばあそび
せんで つなごう①

なまえ

ことばに あう えを えらんで せんで つなぎましょう。

とら

らいおん

らくだ

さる

きりん

くま

しまうま

ことばあそび　せんで　つなごう②

なまえ

ことばに　あう　えを　えらんで　せんで　つなぎましょう。

たこ

えび

ひとで

かに

いか

くじら

うに

ことばあそび　せんで　つなごう③

なまえ

ことばに　あう　えを　えらんで　せんで　つなぎましょう。

- いす
- つくえ
- ほん
- えんぴつ
- とびばこ
- こくばん
- はさみ

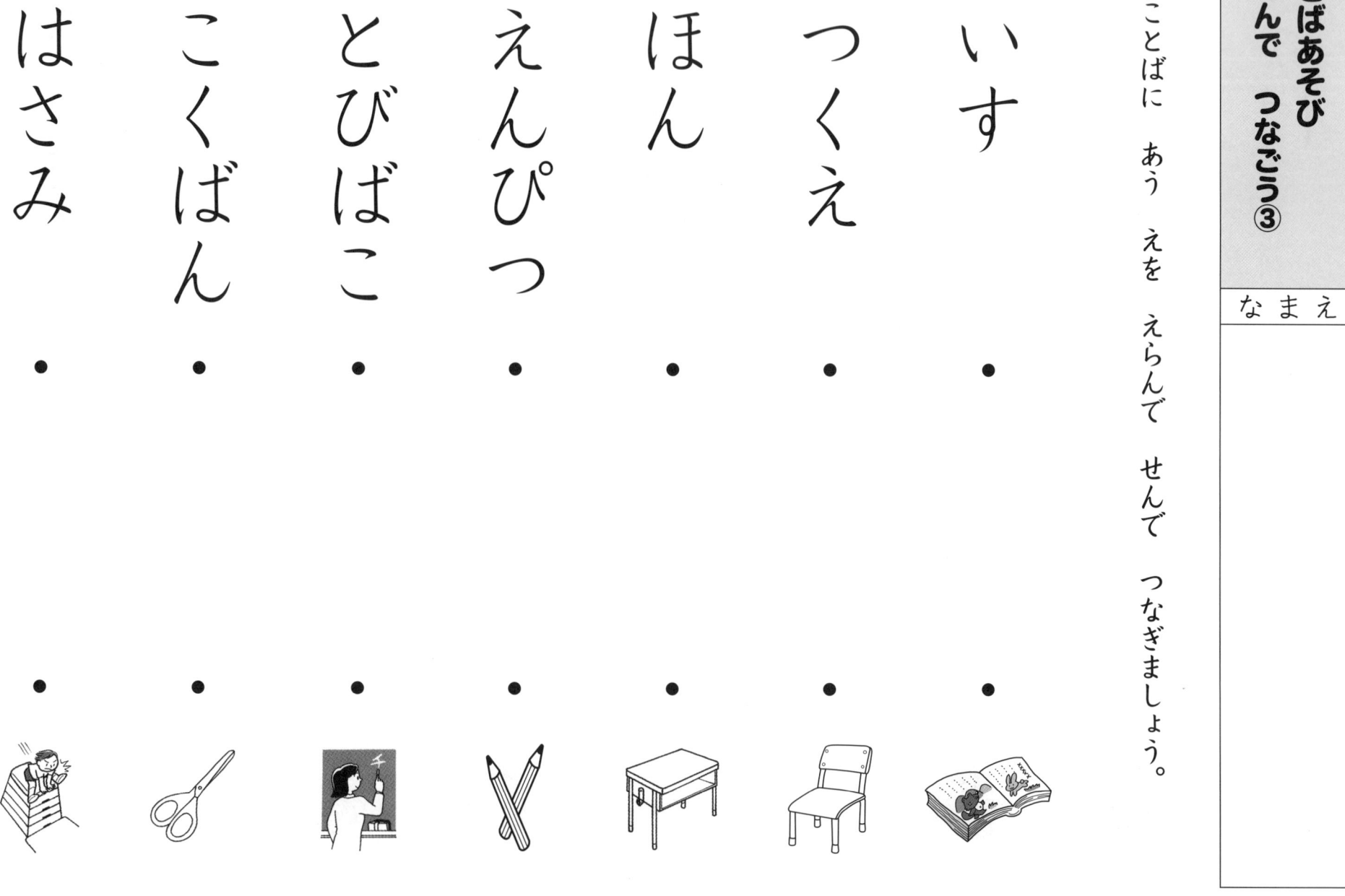

たたしい　ことばを　えらぼう①
「ど」と「ろ」

なまえ

えを　みて　ただしい　ことばに　◯を　しましょう。

①

まろ
まど

②

どくじ
ろくじ

③

うろん
うどん

④

しろくま
しどくま

⑤
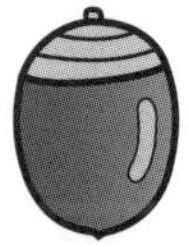
ろんぐり
どんぐり
どんくり

⑥

ねんろ
ねど
ねんど

⑦

ふど
ふろ
ふうろ

⑧

ほくど
ほぐろ
ほくろ

ただしい　ことばを　えらぼう②
「ど」と「ろ」

なまえ

えを　みて　ただしい　ことばに　◯を　しましょう。

①

のど
のろ

②

ころも
こども

③
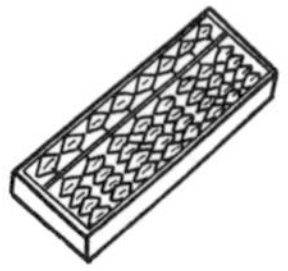

そろばん
そどばん

④

どらやき
ろらやき

⑤

どどあそび
ろどあそび
どろあそび

⑥
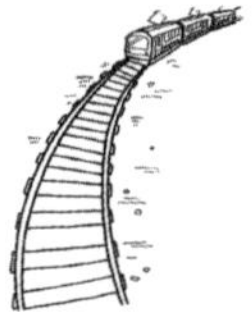

せんど
せんろ
せろ

⑦

てぶくと
てぶくど
てぶくろ

⑧
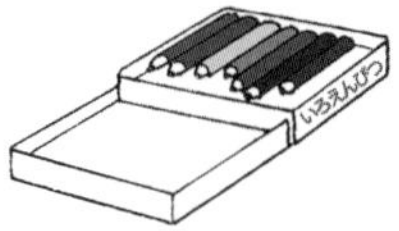

いどえんぴつ
いろえんぴつ
いのえんぴつ

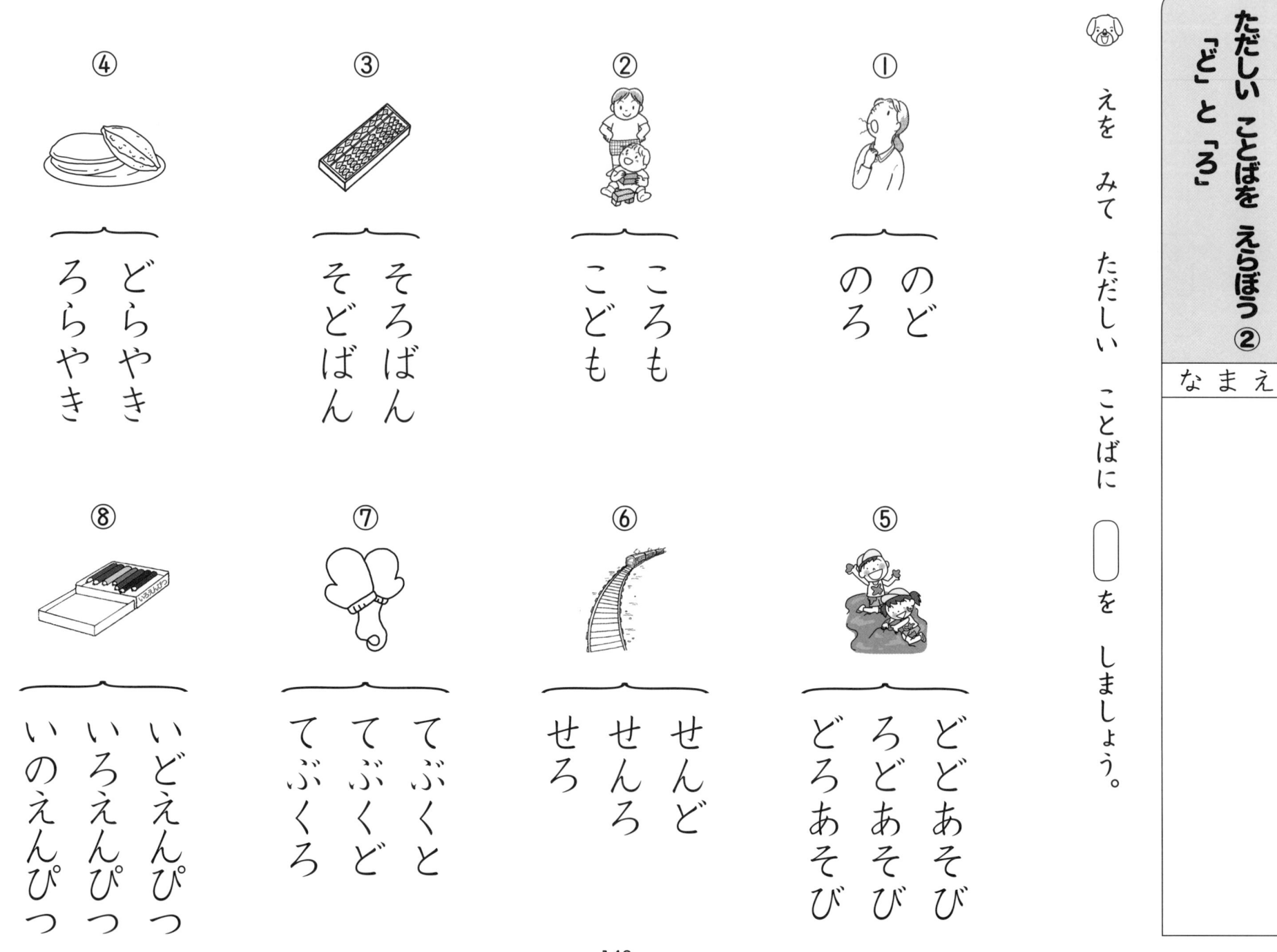

ただしい ことばを えらぼう ③ 「で」と「れ」

なまえ

えを みて ただしい ことばに ◯ を しましょう。

①

れんわ
でんわ

②

おれん
おでん

③

はで
はれ

④

それ
そで

⑤

でんこん
れんこん
れこん

⑥

れんき
てんき
でんき

⑦

てんち
でんち
れんち

⑧

れんげ
でんげ
れげ

ただしい ことばを えらぼう ④
「で」と「れ」

なまえ

えを みて ただしい ことばに ▢ を しましょう。

①

ふれ
ふで

②

れもん
でもん

③

うで
うれ

④

むかれ
むかで

⑤

でんが
れんが
てんが

⑥

かくでんぼ
かくれぼ
かくれんぼ

⑦

れんれんむし
でんでんむし
でんれんむし

⑧
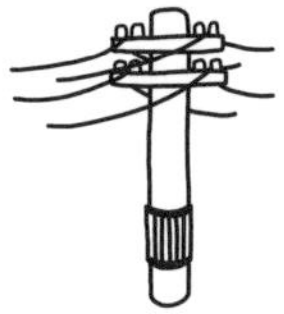
れんしんばしら
でんしんばしだ
でんしんばしら

ただしい ことばを えらぼう ⑤
「ぎ」と「じ」

なまえ

えを みて ただしい ことばに ◯ を しましょう。

①
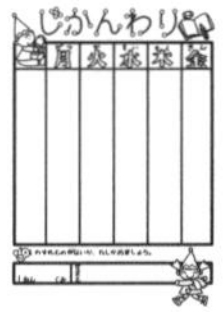

ぎかんわり
じかんわり

②

ぎしん
じしん

③

たまねぎ
たまねじ

④

くぎ
くじ

⑤

のこじり
のこきり
のこぎり

⑥

くぎびき
くじびき
くじひき

⑦

やぎ
やき
やじ

⑧

かし
かじ
かぎ

ただしい ことばを えらぼう⑥ 「ぎ」と「じ」

なまえ

えを みて ただしい ことばに ◯を しましょう。

①

みじて
みぎて

②

かぎ
かじ

③

よもぎ
よもじ

④

てぎな
てじな

⑤

くぎら
くじら
くちら

⑥

ひつし
ひつぎ
ひつじ

⑦
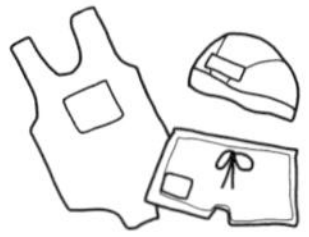

みじき
みずじ
みずぎ

⑧

ひいじ
ひじ
ひぎ

ただしい ことばを えらぼう ⑦
「だ」と「ら」

なまえ

えを みて ただしい ことばに ◯ を しましょう。

①

さくだ
さくら

②

だるま
らるま

③

もくだ
もぐら

④

からん
かだん

⑤

らくら
だくら
らくだ

⑥

けんだま
けだま
けんらま

⑦

だくがき
らくかき
らくがき

⑧

えらまめ
えだまめ
えたまめ

ただしい ことばを えらぼう ⑧
「だ」と「ら」

なまえ

えを みて ただしい ことばに ◯を しましょう。

①

らんご
だんご

②

らいこん
だいこん

③

からす
かだす

④

くだげ
くらげ

⑤

こあだ
こあら
こらあ

⑥

そら
そだ
ぞだ

⑦
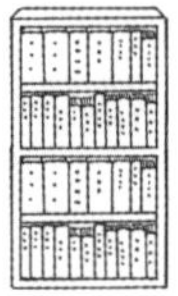

ほんらな
ほんたな
ほんだな

⑧

なふら
なふだ
なふた

かけるかな「ど」と「ろ」①

なまえ

えを　みて　ひらがなで　ことばを　かきましょう。
あいて　いる　□には　ど　か　ろ　を　いれましょう。

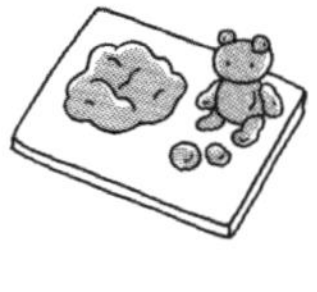

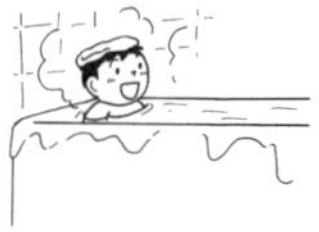

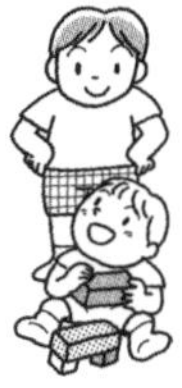

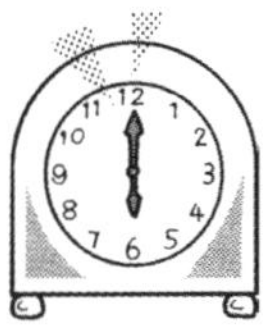

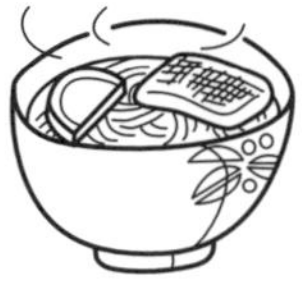

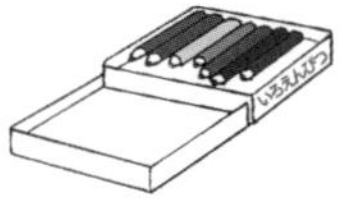

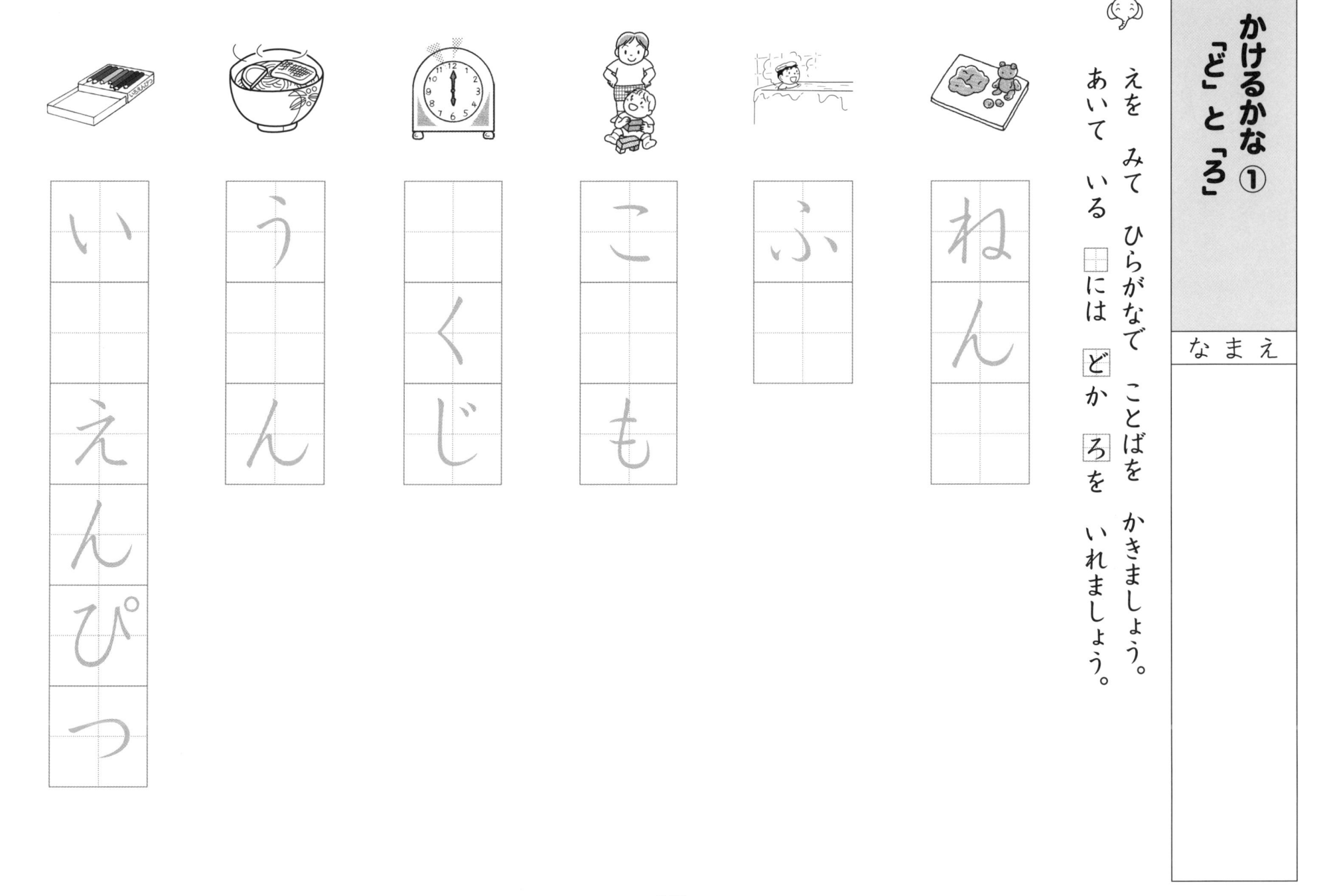

かけるかな② 「ど」と「ろ」

なまえ

えを　みて　ひらがなで　ことばを　かきましょう。
あいて　いる　□には　ど　か　ろ　を　いれましょう。

ま□

てぶく□

□んぐり

の□

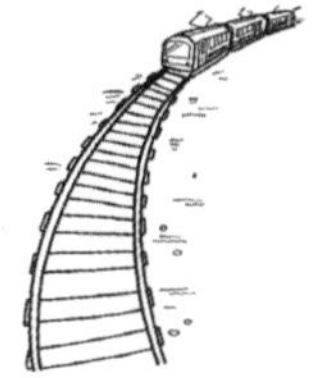

せん□

ほく□

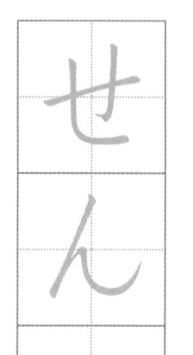

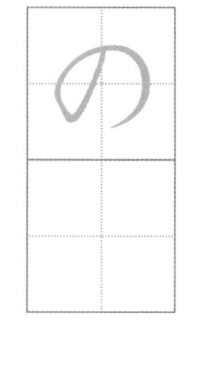

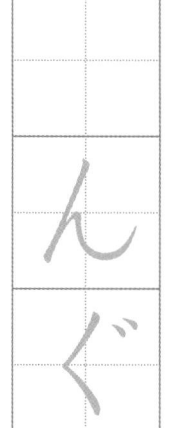

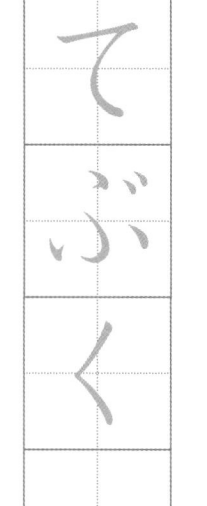

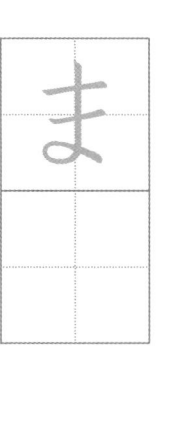

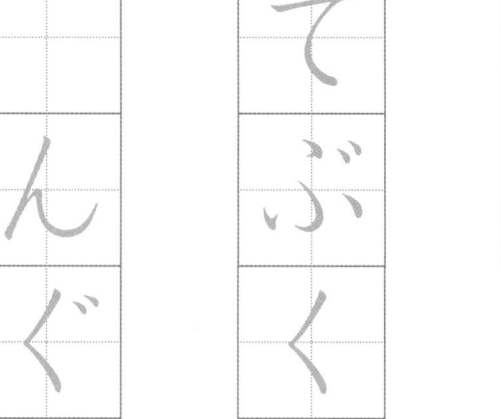

かけるかな「で」と「れ」③

なまえ

えを　みて　ひらがなで　ことばを　かきましょう。
あいて　いる　□には　で　か　れ　を　いれましょう。

ふ□

むか□

□もん

う□

□ん□んむし

か□□んぼ

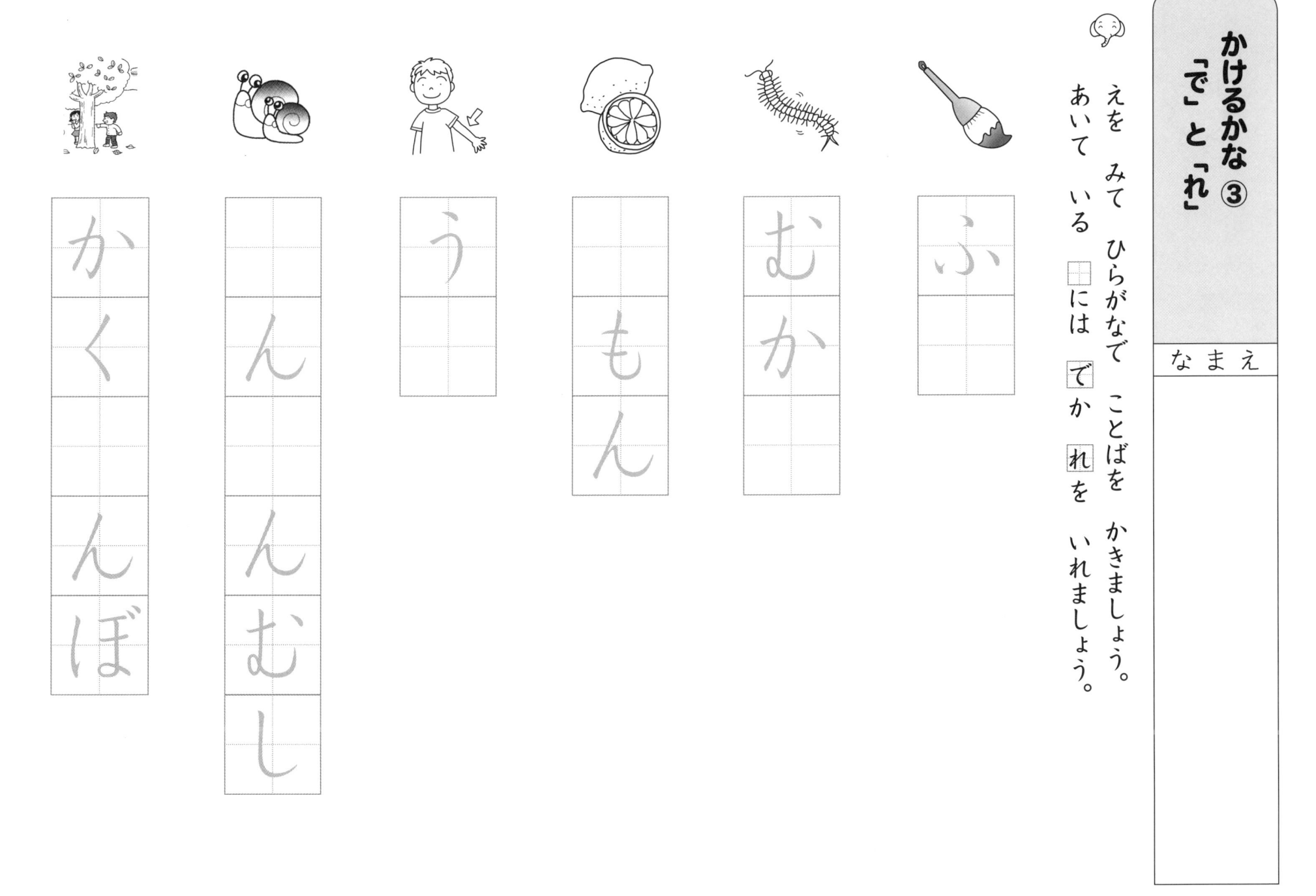

かけるかな④
「で」と「れ」

えを　みて　ひらがなで　ことばを　かきましょう。
あいて　いる　□には　で　か　れ　を　いれましょう。

□んわ

□んこん

□んき

お□ん

そ□

は□

なまえ

かけるかな「ぎ」と「じ」⑤

なまえ

えを　みて　ひらがなで　ことばを　かきましょう。
あいて　いる　□には　ぎか　じを　いれましょう。

く□

□しん

ひ□

て□な

たまね□

く□ら

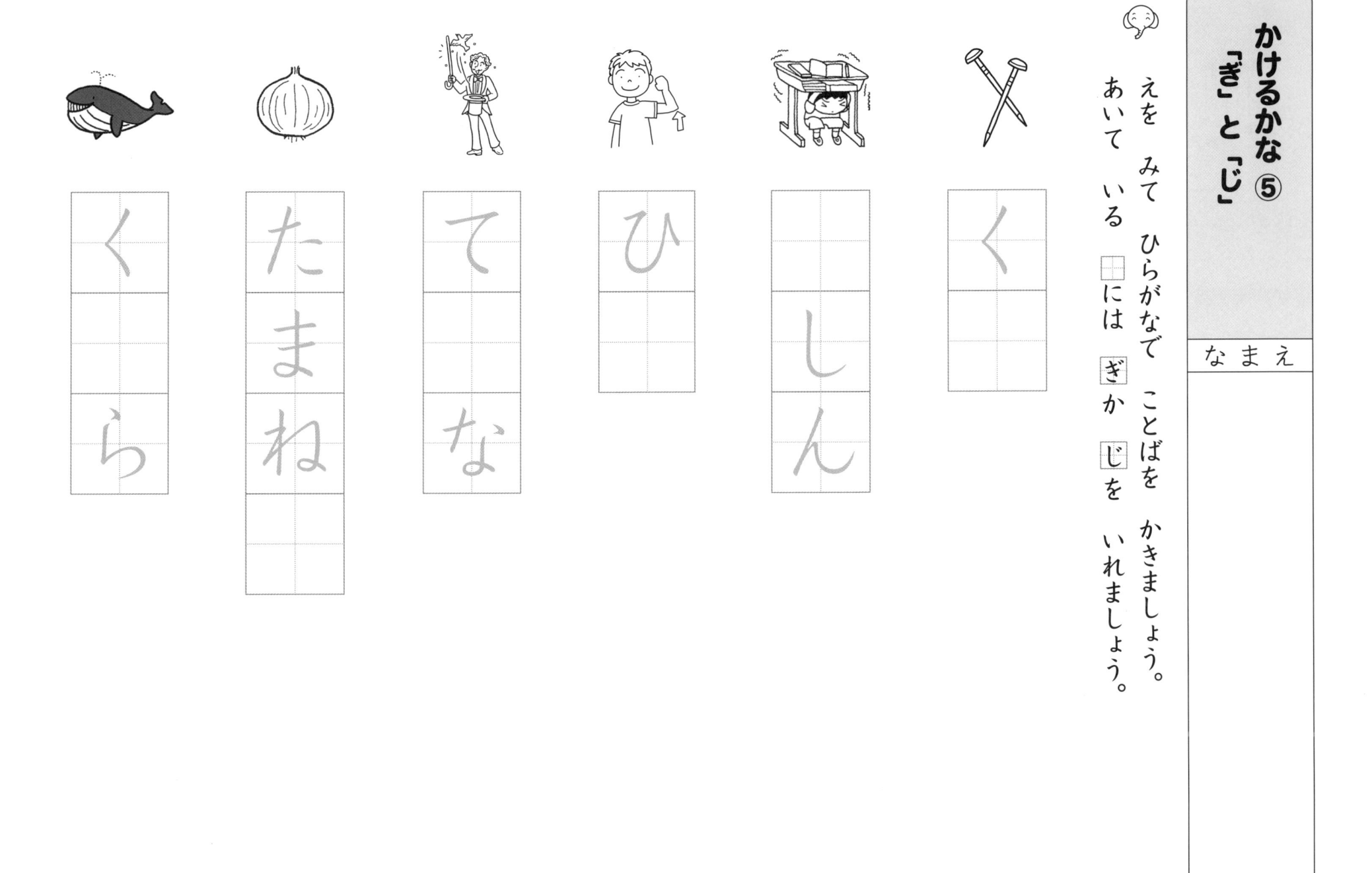

かけるかな⑥「ぎ」と「じ」

えを　みて　ひらがなで　ことばを　かきましょう。
あいて　いる　□には　ぎか　じを　いれましょう。

のこ□り

ひつ□

み□て

か□

く□びき

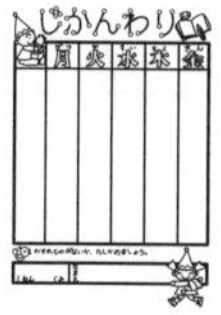

□かんわり

かけるかな ⑦ 「だ」と「ら」

なまえ

えを　みて　ひらがなで　ことばを　かきましょう。
あいて　いる　□には　だか　らを　いれましょう。

□るま

もぐ□

えまめ

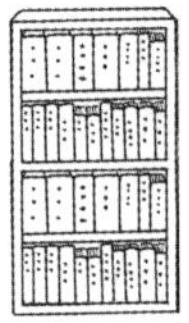

ほんな

□くがき

けん□ま

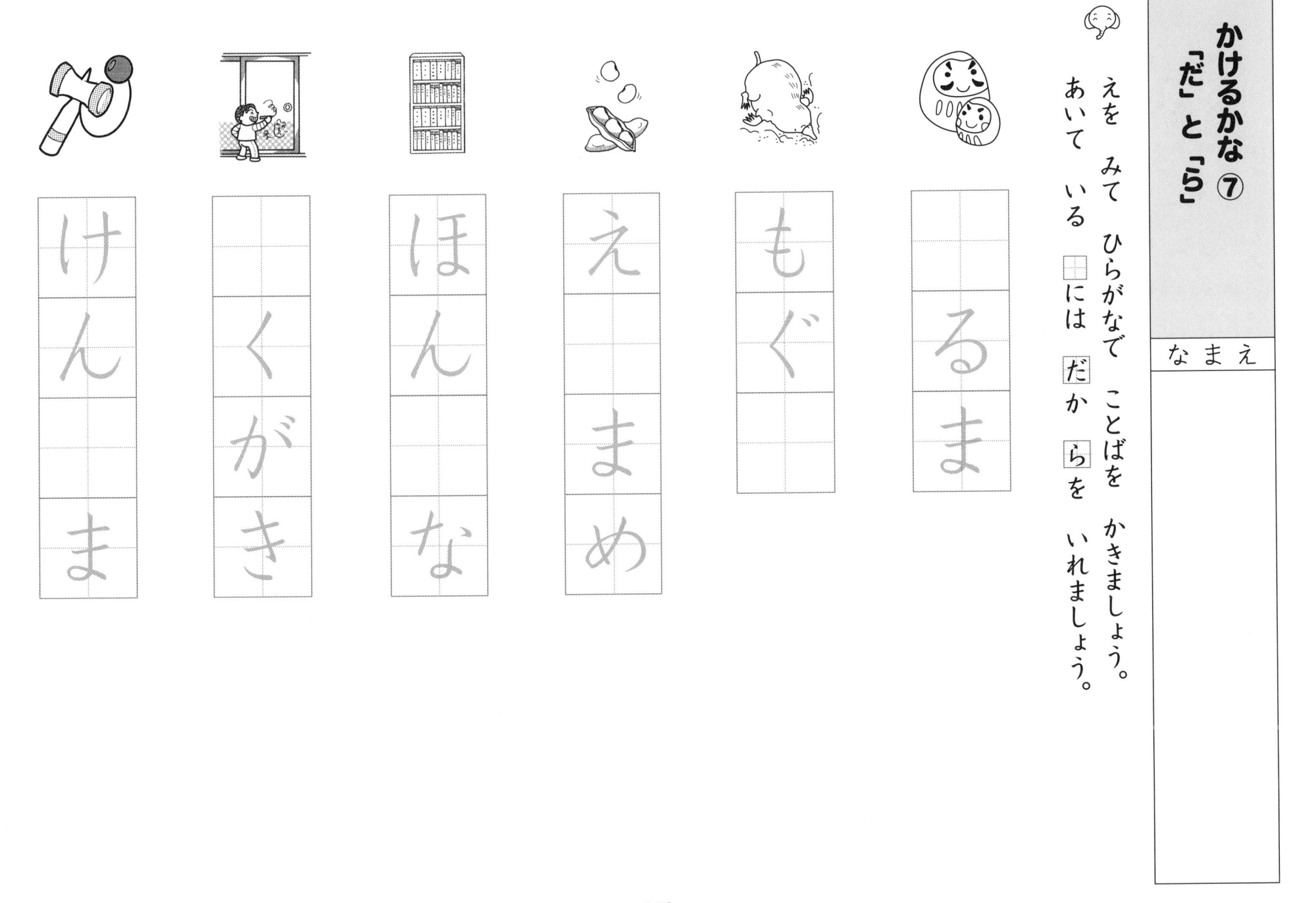

かけるかな「だ」と「ら」⑧

なまえ

えを　みて　ひらがなで　ことばを　かきましょう。
あいて　いる　□には　だか　らを　いれましょう。

さく□

く□げ

なふ□

□いこん

か□す

□く□

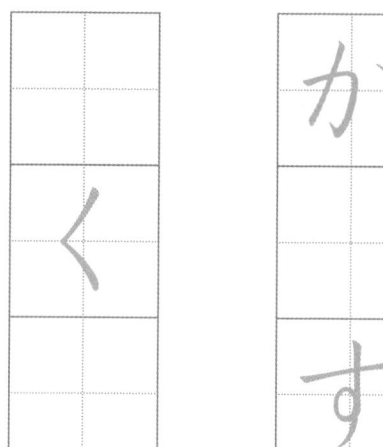

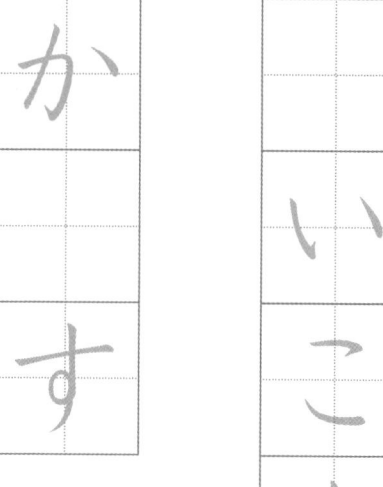

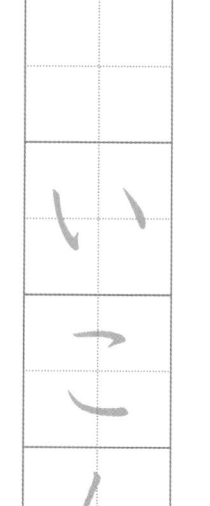

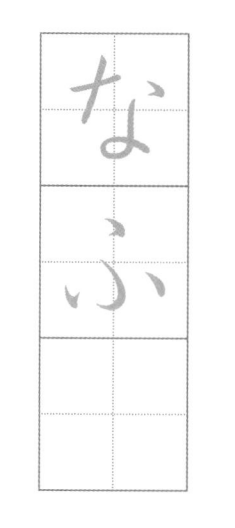

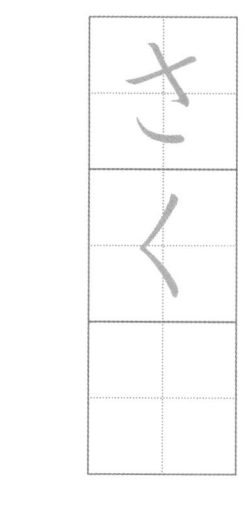

あわせことば ①

なまえ

つぎの　ふたつの　ことばを　あわせると　どんな　ことばに　なりますか。

① ほん ＋ はこ
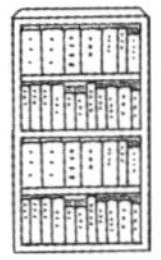

② くつ ＋ はこ

③ ごみ ＋ はこ

④ ふで ＋ はこ
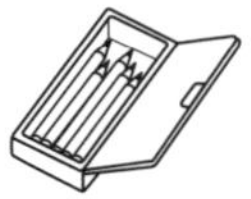

⑤ くすり ＋ はこ
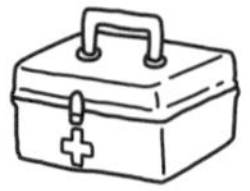

⑥ べんとう ＋ はこ

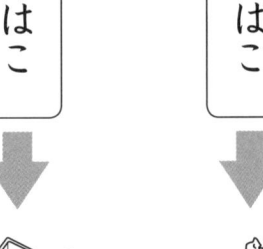

あわせことば ②

なまえ

つぎの　ふたつの　ことばを　あわせると　どんな　ことばに　なりますか。

(1)

① め　＋　くすり

② かぜ　＋　くすり

③ こな　＋　くすり

(2)

① あおい　＋　そら

② くもり　＋　そら

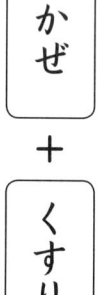

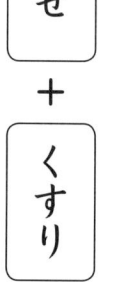

あわせことば ③

なまえ

つぎの　ふたつの　ことばを　あわせると　どんな　ことばに　なりますか。

(1)

① うで ＋ とけい

② はしら ＋ とけい

③ すな ＋ とけい

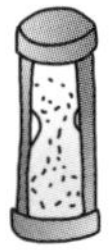

(2)

① うんどう ＋ くつ

② ながい ＋ くつ

③ あめ ＋ くつ

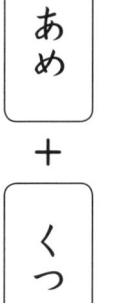

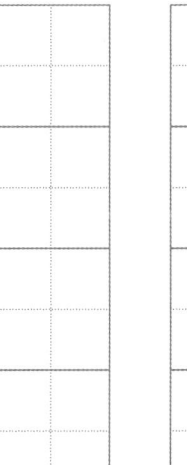

にて いる ひらがな「あ」「お」・「あ」「め」①

なまえ

(1) じの かたちに きを つけて かきましょう。

① あ と お

あ あ

お お

② あ と め

あ あ

め め

(2) ただしい ほうに ○を つけましょう。

（　）おめ
（　）あめ

（　）あに
（　）おに

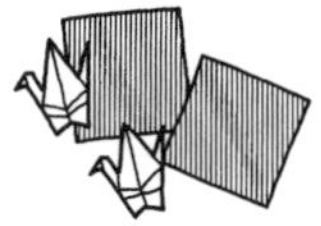

（　）おりがみ
（　）ありがみ

（　）めたま
（　）あたま

（　）めがね
（　）あがね

（　）おあん
（　）おめん

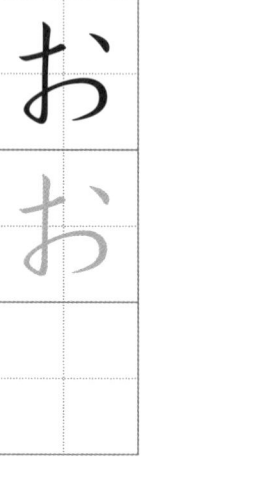

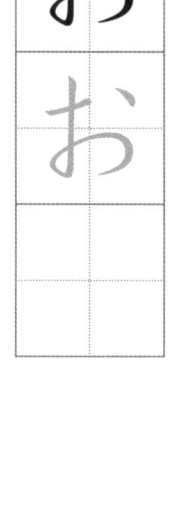

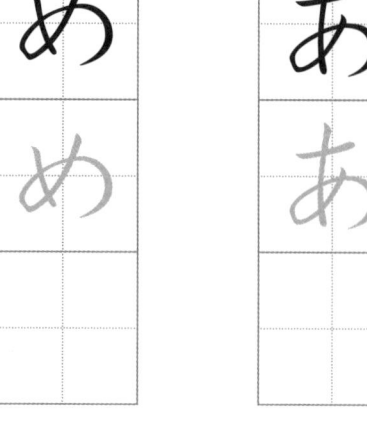

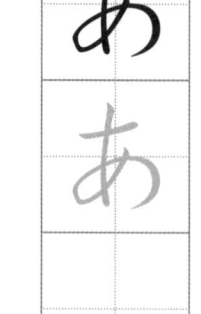

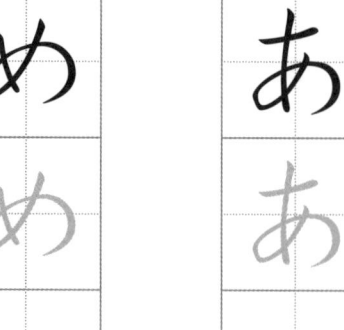

にて いる ひらがな ②
「い」「こ」・「い」「り」

なまえ

(1) じの かたちに きを つけて かきましょう。

① い と こ

い い

こ こ

② い と り

い い

り り

(2) ただしい ほうに ○を つけましょう。

（ ）こし
（ ）いし

（ ）いぬ
（ ）こぬ

（ ）いこのぼり
（ ）こいのぼり

（ ）いちご
（ ）りちご

（ ）りえ
（ ）いえ

（ ）といかご
（ ）とりかご

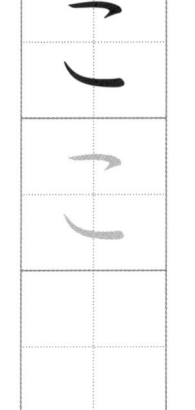

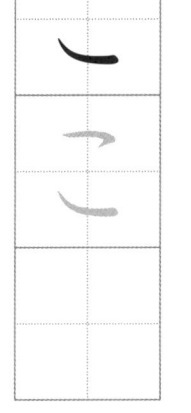

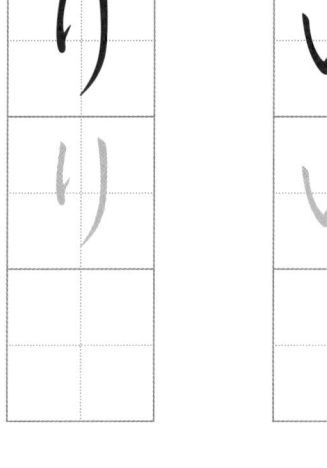

にて　いる　ひらがな　③
「く」「へ」・「き」「さ」

なまえ

(1) じの　かたちに　きを　つけて　かきましょう。

① く　と　へ

く　く

へ　へ

② き　と　さ

き　き

さ　さ

(2) ただしい　ほうに　○を　つけましょう。

（　）くま
（　）へま

（　）まへら
（　）まくら

（　）くんじ
（　）へんじ

（　）さのこ
（　）きのこ

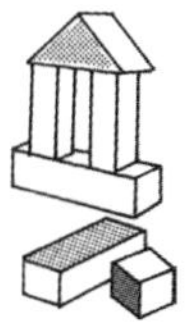

（　）つみき
（　）つみさ

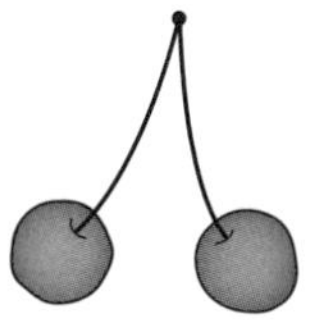

（　）さくらんぼ
（　）きくらんぼ

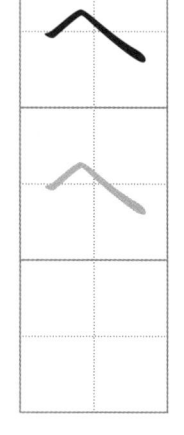

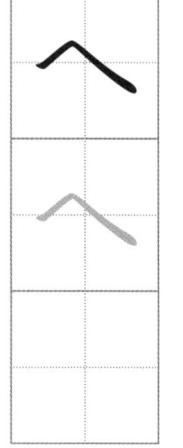

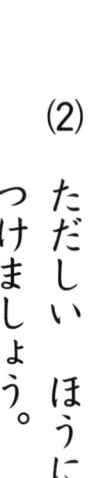

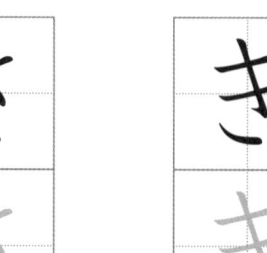

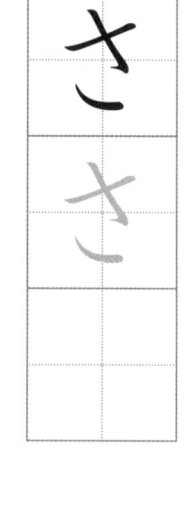

にて いる ひらがな ④
「け」「は」・「は」「ほ」

なまえ

(1) じの かたちに きを つけて かきましょう。

① け と は

けけ

はは

② は と ほ

はは

ほほ

(2) ただしい ほうに ◯を つけましょう。

（ ）けしごむ
（ ）はしごむ

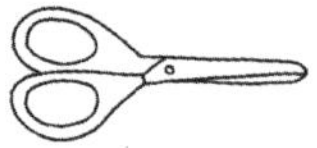

（ ）けさみ
（ ）はさみ

（ ）おばは
（ ）おばけ

（ ）ほと
（ ）はと

（ ）えほん
（ ）えはん

（ ）はけんしつ
（ ）ほけんしつ

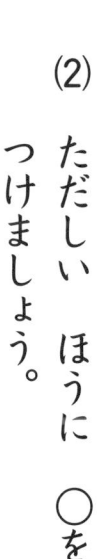

にて いる ひらがな⑤ 「そ」「て」・「そ」「ろ」

なまえ

(1) じの かたちに きを つけて かきましょう。

① そ と て

そ そ
て て

② そ と ろ

そ そ
ろ ろ

(2) ただしい ほうに ○を つけましょう。

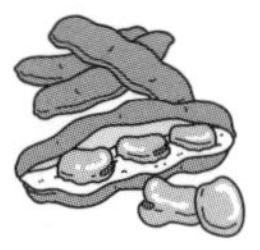

（　）そらまめ
（　）てらまめ

（　）てじな
（　）そじな

（　）そぶくろ
（　）てぶくろ

（　）ろり
（　）そり

（　）しろくま
（　）しそくま

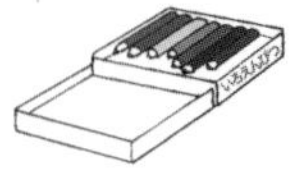

（　）いそえんぴつ
（　）いろえんぴつ

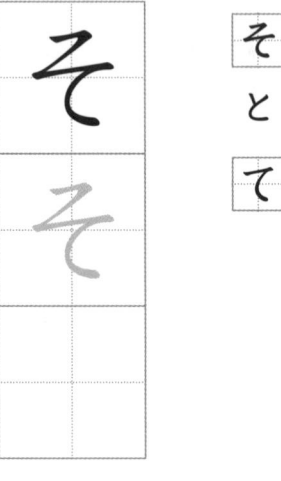

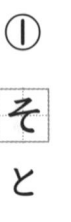

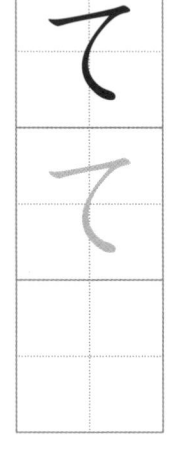

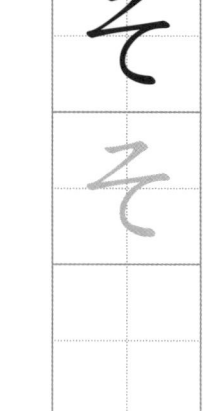

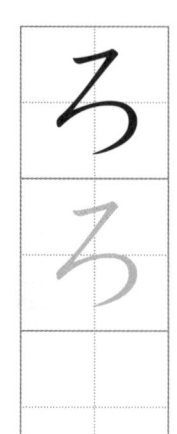

にて いる ひらがな ⑥
「ね」「わ」・「ね」「れ」

なまえ

(1) じの かたちに きを つけて かきましょう。

① ね と わ

ね ね

わ わ

② ね と れ

ね ね

れ れ

(2) ただしい ほうに ○を つけましょう。

（ ）ねこ （ ）わこ

（ ）ねなげ （ ）わなげ

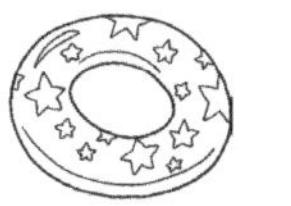

（ ）うきね （ ）うきわ

（ ）れんど （ ）ねんど

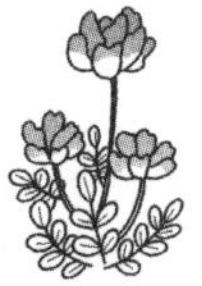

（ ）れんげ （ ）ねんげ

（ ）れんこん （ ）ねんこん

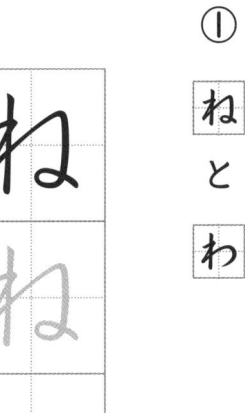

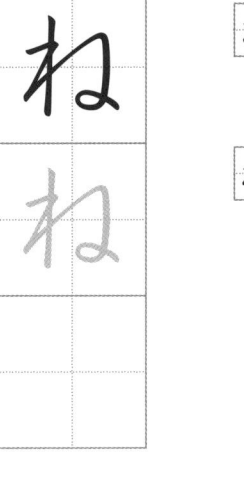

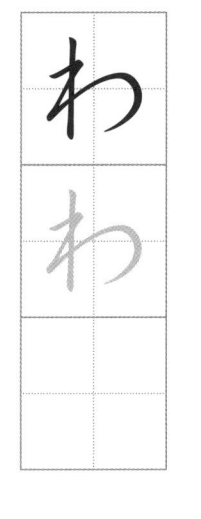

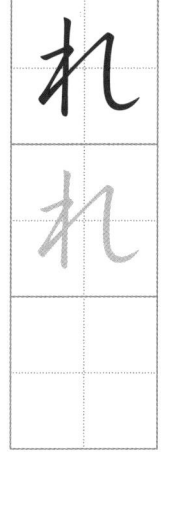

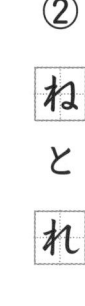

にて いる ひらがな ⑦ 「れ」「わ」・「た」「に」

なまえ

(1) じの かたちに きを つけて かきましょう。

① れ と わ

れ れ

わ わ

② た と に

た た

に に

(2) ただしい ほうに ○を つけましょう。

( ) はわ
( ) はれ

( ) わたがし
( ) れたがし

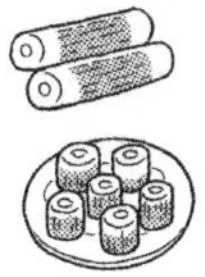

( ) ちくれ
( ) ちくわ

( ) たけのこ
( ) にけのこ

( ) たんじん
( ) にんじん

( ) かに
( ) かた

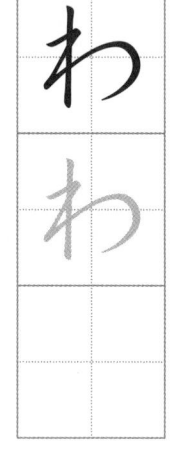

にて いる ひらがな ⑧
「ら」「ろ」・「る」「ろ」

なまえ

(1) じの かたちに きを つけて かきましょう。

① ら と ろ

ら ら

ろ ろ

② る と ろ

る る

ろ ろ

(2) ただしい ほうに ○を つけましょう。

（　）ろくだ
（　）らくだ

（　）てんぷろ
（　）てんぷら

（　）ふろ
（　）ふら

（　）るすばん
（　）ろすばん

（　）くるま
（　）くろま

（　）るくじ
（　）ろくじ

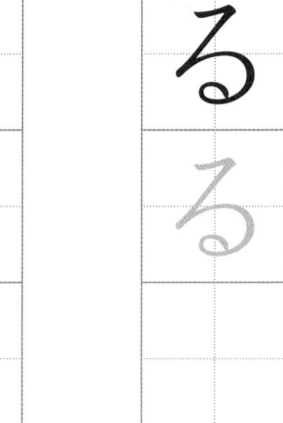

にて いる ひらがな ⑨ 「ま」「よ」・「ま」「も」

なまえ

(1) じの かたちに きを つけて かきましょう。

① ま と よ

ま ま

よ よ

② ま と も

ま ま

も も

(2) ただしい ほうに ○を つけましょう。

（ ） よど
（ ） まど

（ ） こま
（ ） こよ

（ ） よだれかけ
（ ） まだれかけ

（ ） なつまつり
（ ） なつもつり

（ ） まま
（ ） もも

（ ） まぐら
（ ） もぐら

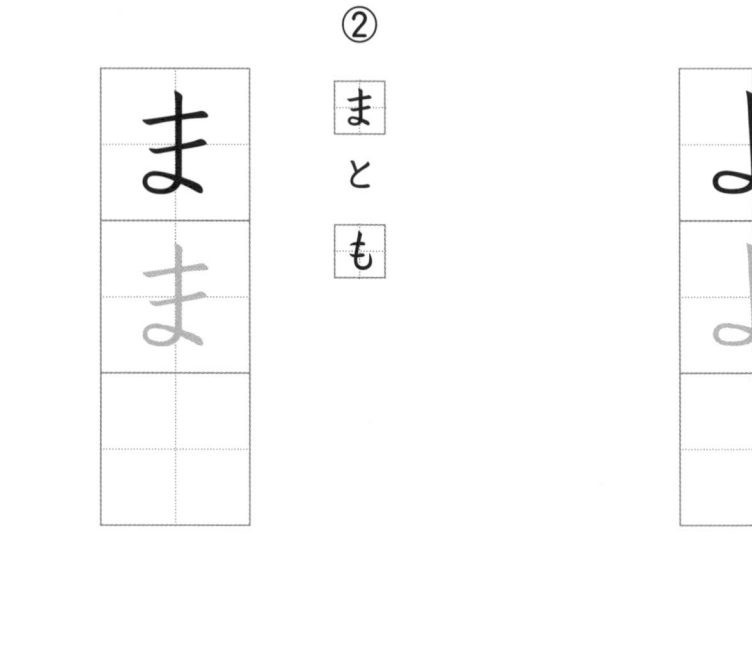

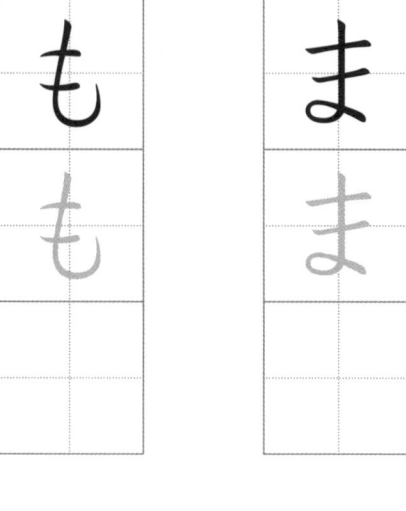

にて いる ひらがな ⑩
「の」「め」・「ぬ」「め」

なまえ

(1) じの かたちに きを つけて かきましょう。

① の と め

の の

め め

② ぬ と め

ぬ ぬ

め め

(2) ただしい ほうに ○を つけましょう。

（　）めこぎり
（　）のこぎり

（　）あまめがわ
（　）あまのがわ

（　）めぐすり
（　）のぐすり

（　）ぬりえ
（　）めりえ

（　）ぬだまやき
（　）めだまやき

（　）つぬ
（　）つめ

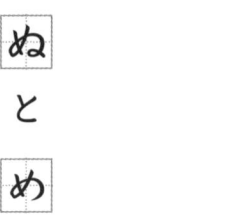

ことばあそび おなじ おんの ことば ①

なまえ

ことばに あう えを うえと したから えらんで せんで つなぎましょう。

たこ

のり

あめ

はし

ことばあそび
おなじ　おんの　ことば ②

なまえ

ことばに　あう　えを　うえと　したから　えらんで　せんで　つなぎましょう。

くも

はな

かき

はち

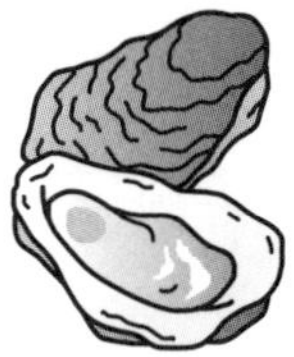

※ この解答は１つの例です。児童の多様な考えに寄り添って○つけをして下さい。

45頁

おとの　かず①

おとの　かずだけ　○を　ぬりましょう。

なまえ

らいおん	●●●●○
いちご	●●●○○
けしごむ	●●●●○
くつ	●●○○○
あり	●●○○○
ランドセル	●●●●●
メロン	●●●○○
ねんど	●●●○○
たこやき	●●●●○
うみ	●●○○○

45

46頁

おとの　かず②

おとの　かずだけ　○を　ぬりましょう。

なまえ

ハンドル	●●●●○
かまきり	●●●●○
くち	●●○○○
ピアノ	●●●○○
えのぐ	●●●○○
ぬいぐるみ	●●●●●
おにぎり	●●●●○
コンセント	●●●●●
ハンカチ	●●●●○
バナナ	●●●○○

46

47頁

おとの　かず③

おとの　かずだけ　○を　ぬりましょう。

なまえ

めだまやき	●●●●●
とんぼ	●●●○○
あさがお	●●●●○
ざりがに	●●●●○
いるか	●●●○○
せつぶん	●●●●○
えほん	●●●○○
もも	●●○○○
タイヤ	●●●○○
みみ	●●○○○

47

48頁

おとの　かず④

おとの　かずだけ　○を　ぬりましょう。

なまえ

れんが	●●●○○
てんぷら	●●●●○
こいのぼり	●●●●●
おに	●●○○○
あひる	●●●○○
せんたくき	●●●●●
きつつき	●●●●○
ふでばこ	●●●●○
め	●○○○○
くじら	●●●○○

48

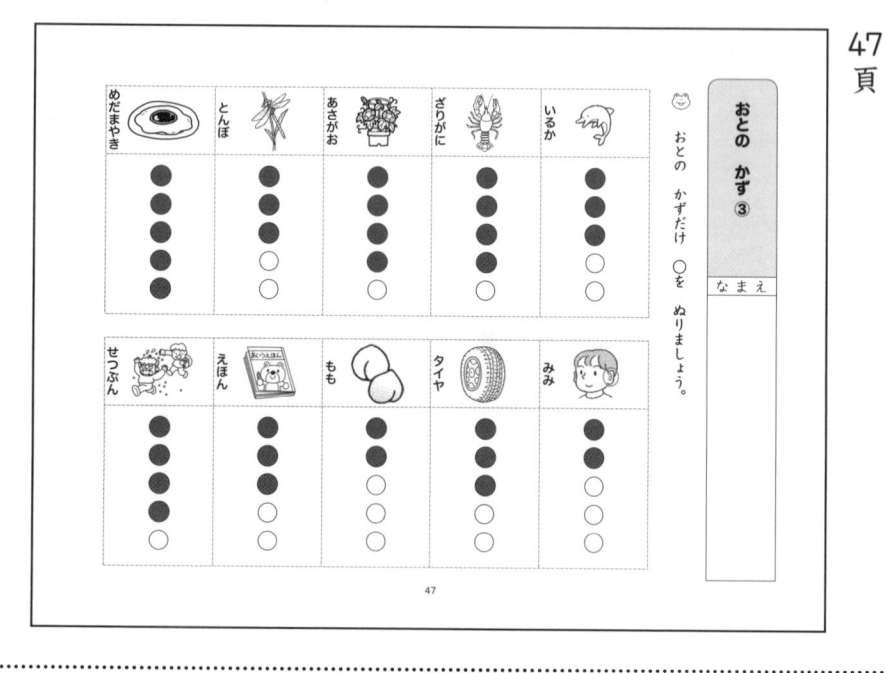

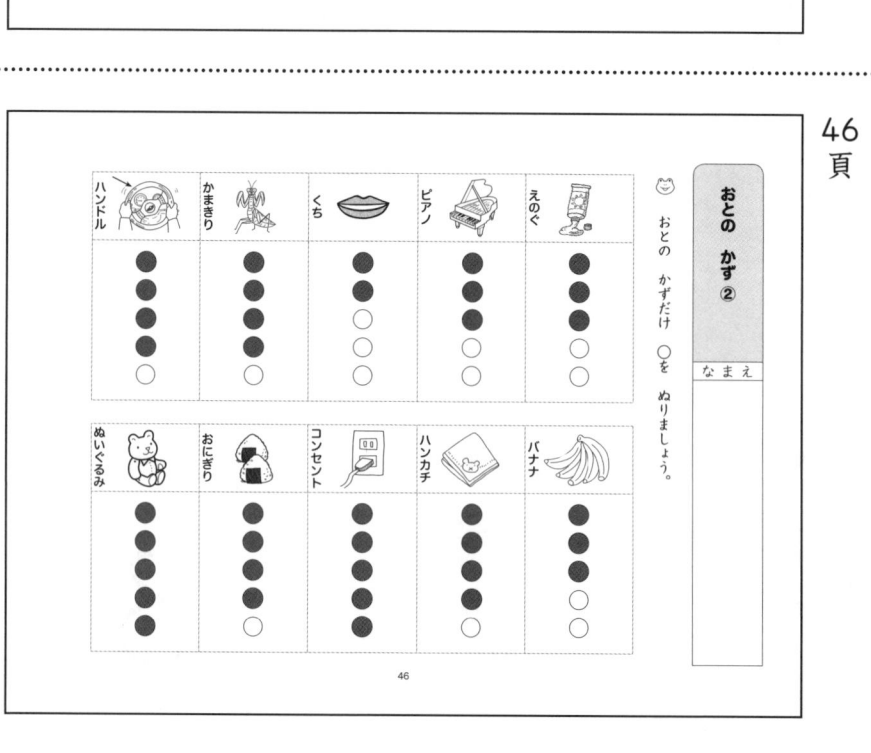

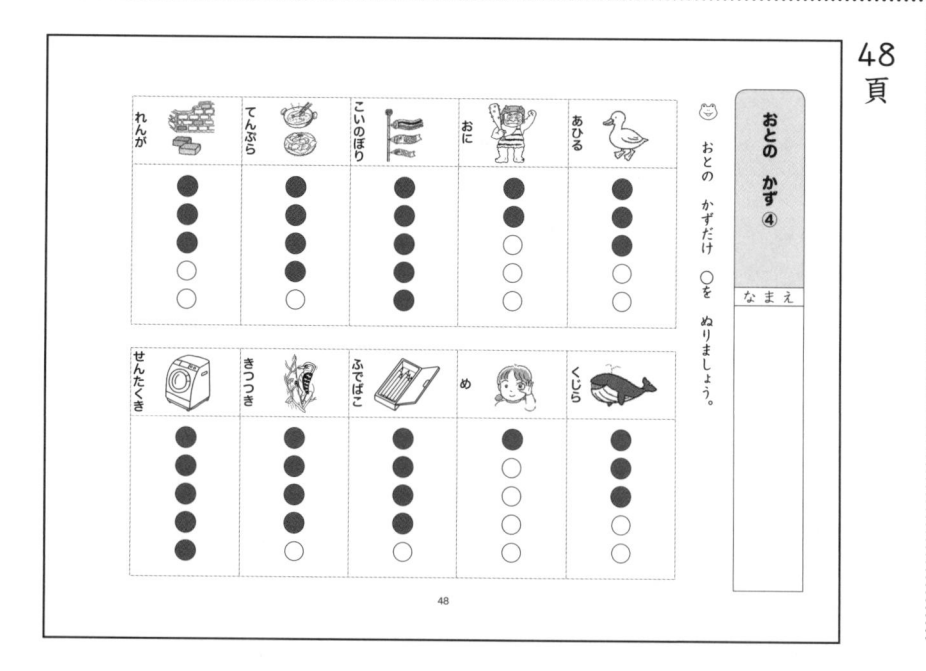

解答例

※ この解答は１つの例です。児童の多様な考えに寄り添って○つけをして下さい。

49頁

おとの　かず ⑤

おとの　かずだけ　○を　ぬりましょう。

なまえ

とまと	けんだま	うどん	ねこ	えんとつ
●●●○○	●●●●○	●●●○○	●●○○○	●●●●○

くるま	すず	アルバム	むしめがね	こくばん
●●●○○	●●○○○	●●●●○	●●●●●	●●●●○

49

50頁

おとの　かず ⑥

おとの　かずだけ　○を　ぬりましょう。

なまえ

りんご	しか	めがね	でんわ	えんぴつ
●●●○○	●●○○○	●●●○○	●●●○○	●●●●○

にんにく	ゆきだるま	き	ふとん	たんぽぽ
●●●●○	●●●●●	●○○○○	●●●○○	●●●●○

50

51頁

おとの　かず ⑦

おとの　かずだけ　○を　ぬりましょう。

なまえ

いとでんわ	バドミントン	トンネル	かたつむり	しんかんせん
●●●●○○	●●●●●●	●●●●○○	●●●●●○	●●●●●●

みかん	リモコン	こま	れもん	バイオリン
●●●○○	●●●●○	●●○○○	●●●○○	●●●●○

51

52頁

おとの　かず ⑧

おとの　かずだけ　○を　ぬりましょう。

なまえ

クリスマス	ペンキ	いろえんぴつ	シンデレラ	ほんばこ
●●●●●○	●●●○○○	●●●●●●	●●●●●○	●●●●○○

ぱんだ	プレゼント	モンブラン	しまうま	マイク
●●●○○○	●●●●●○	●●●●●○	●●●●●○	●●●○○○

52

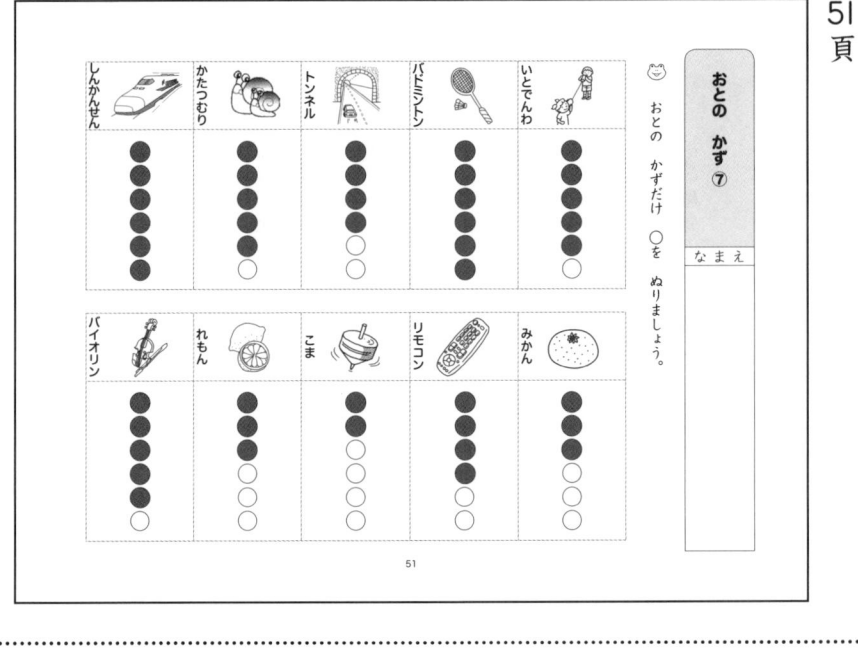

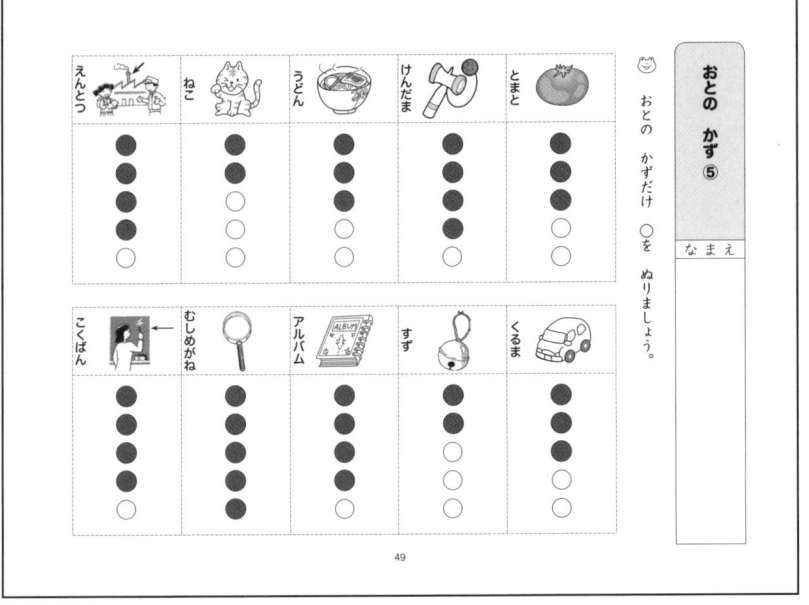

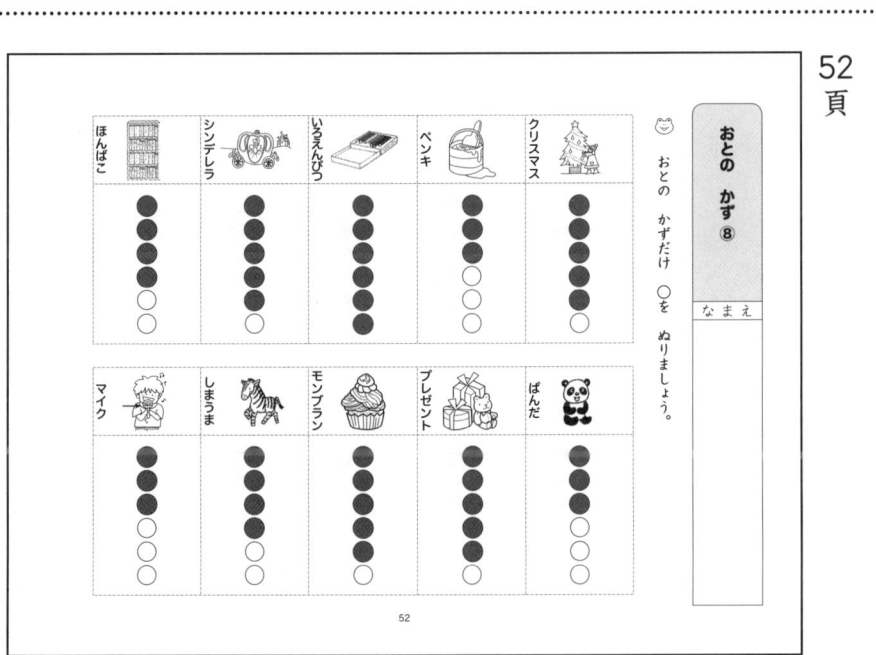

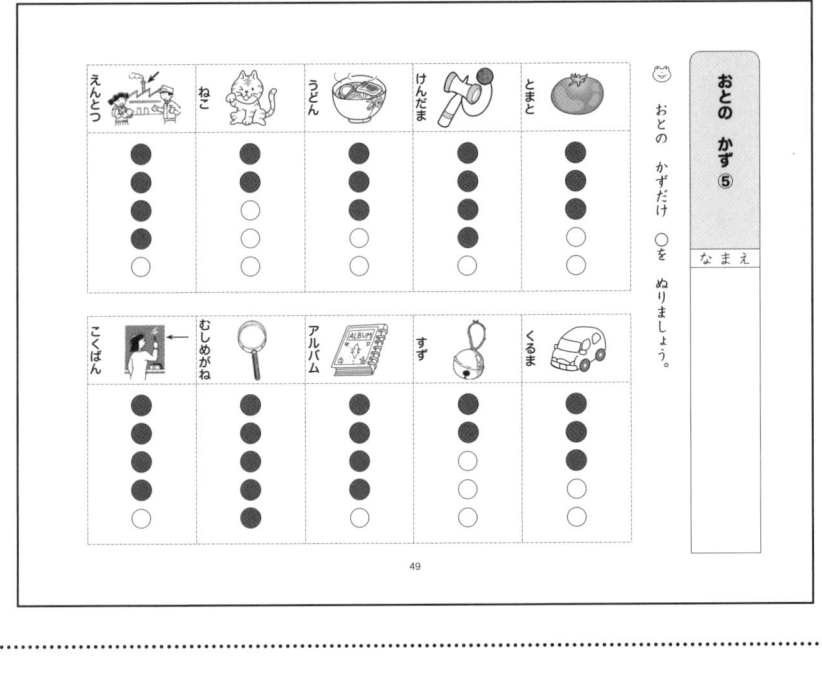

※ この解答は１つの例です。児童の多様な考えに寄り添って○つけをして下さい。

解答例

53頁

おとの　かず ⑨

おとの　かずだけ　○を　ぬりましょう。

なまえ

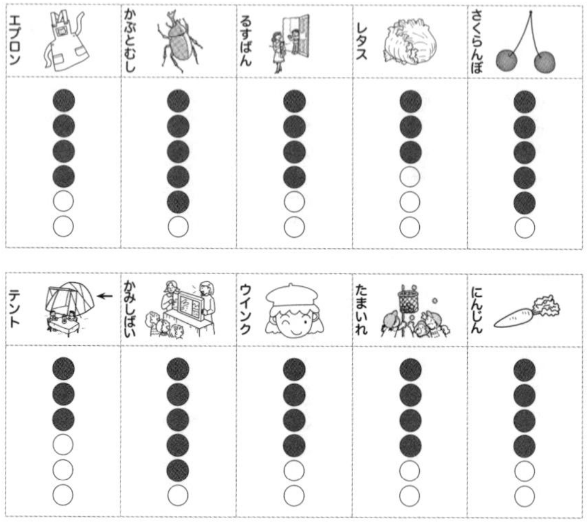

53

54頁

おとの　かず ⑩

おとの　かずだけ　○を　ぬりましょう。

なまえ

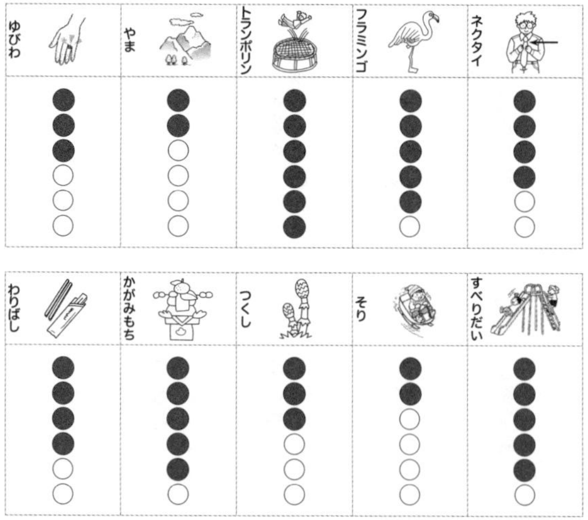

54

119頁

ことばあそび　しりとり ④
ことばを　かこう

なまえ

えに　あう　ことばを　かいて　しりとりを　しましょう。

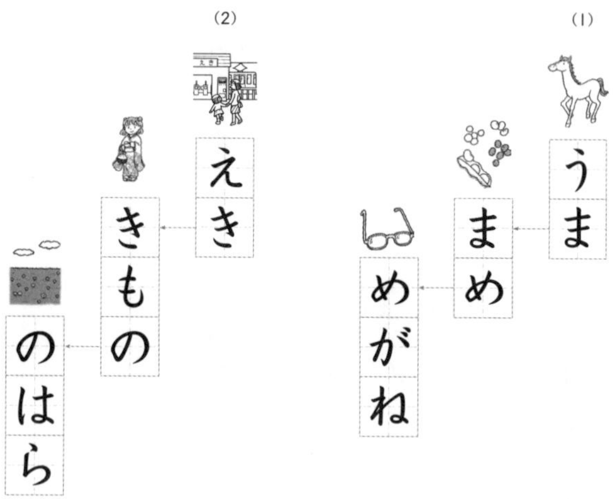

119

120頁

ことばあそび　しりとり ⑤
ことばを　かこう

なまえ

えに　あう　ことばを　かいて　しりとりを　しましょう。

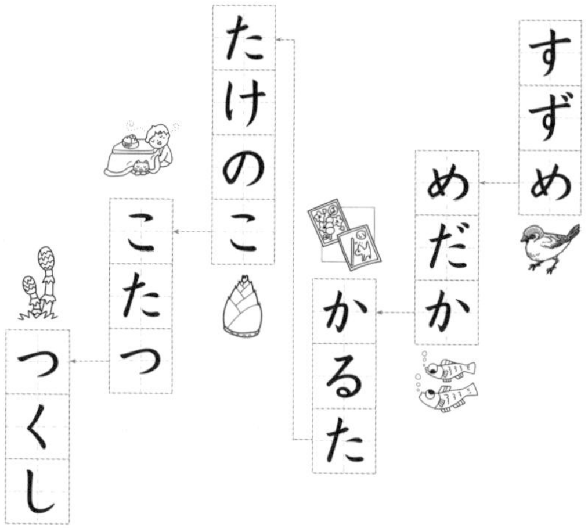

120

解答例

※この解答は１つの例です。児童の多様な考えに寄り添って○つけをして下さい。

121頁

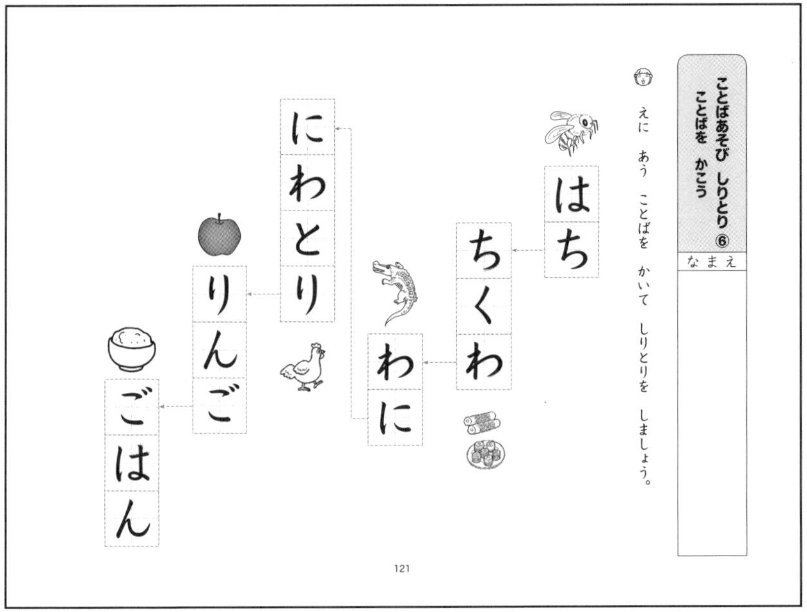
ことばあそび　しりとり⑥
ことばを　かこう
なまえ

えに　あう　ことばを　かいて　しりとりを　しましょう。

はち → ちくわ → わに
にわとり → りんご → ごはん

121

122頁

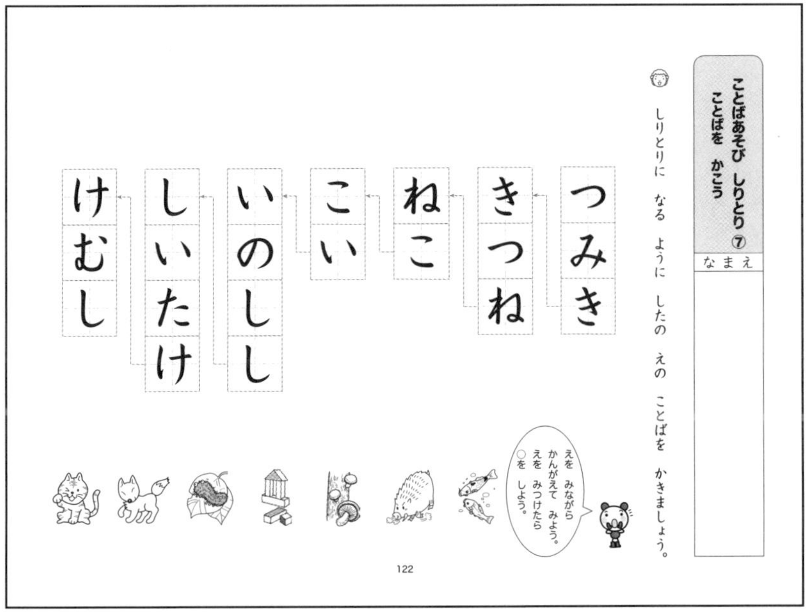
ことばあそび　しりとり⑦
ことばを　かこう
なまえ

しりとりに　なる　ように　したの　えの　ことばを　かきましょう。

つみき → きつね → ねこ → こい → いのしし → しいたけ → けむし

えを　みながら　かんがえて　みよう。えを　みつけたら　○を　しよう。

122

123頁

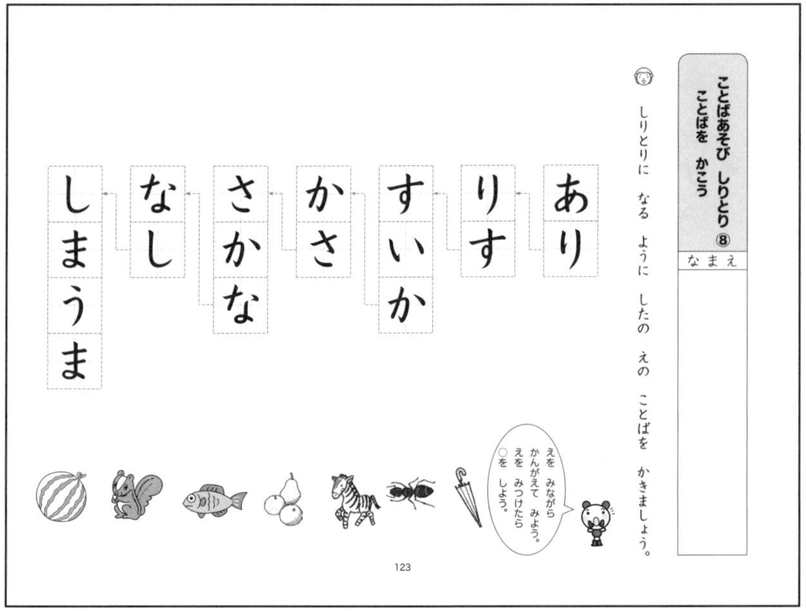
ことばあそび　しりとり⑧
ことばを　かこう
なまえ

しりとりに　なる　ように　したの　えの　ことばを　かきましょう。

あり → りす → すいか → かさ → さかな → なし → しまうま

えを　みながら　かんがえて　みよう。えを　みつけたら　○を　しよう。

123

124頁

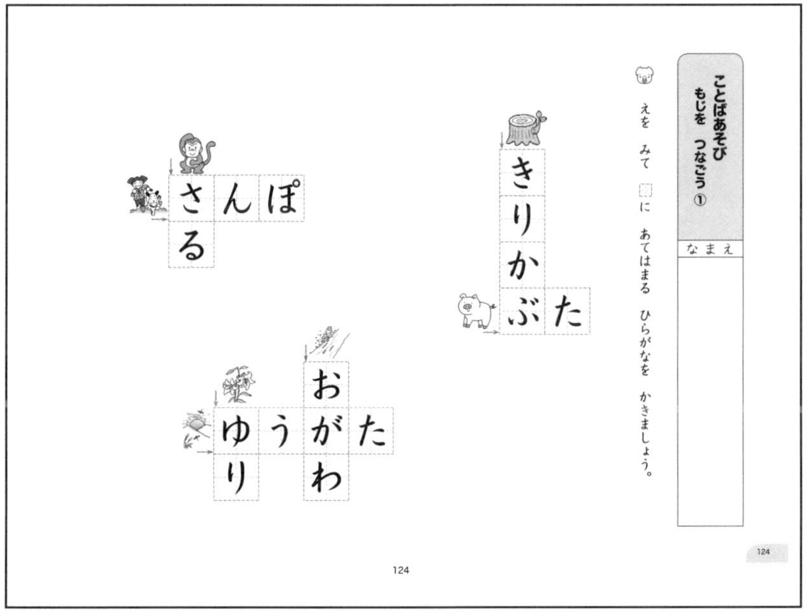
ことばあそび
もじを　つなごう①
なまえ

えを　みて　□に　あてはまる　ひらがなを　かきましょう。

きりかぶ　ぶた
さんぽ　さる
おがわ　ゆうがた　ゆり

124

解答例

※ この解答は１つの例です。児童の多様な考えに寄り添って○つけをして下さい。

125頁

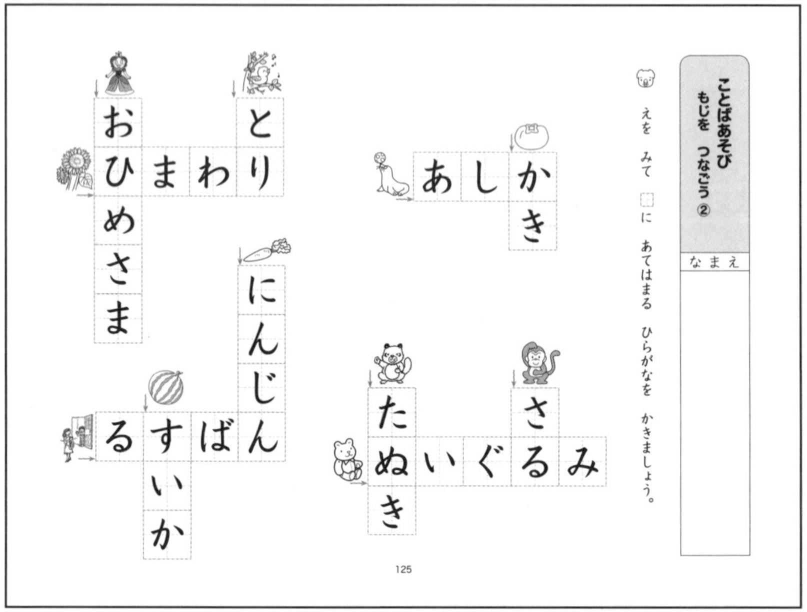

126頁

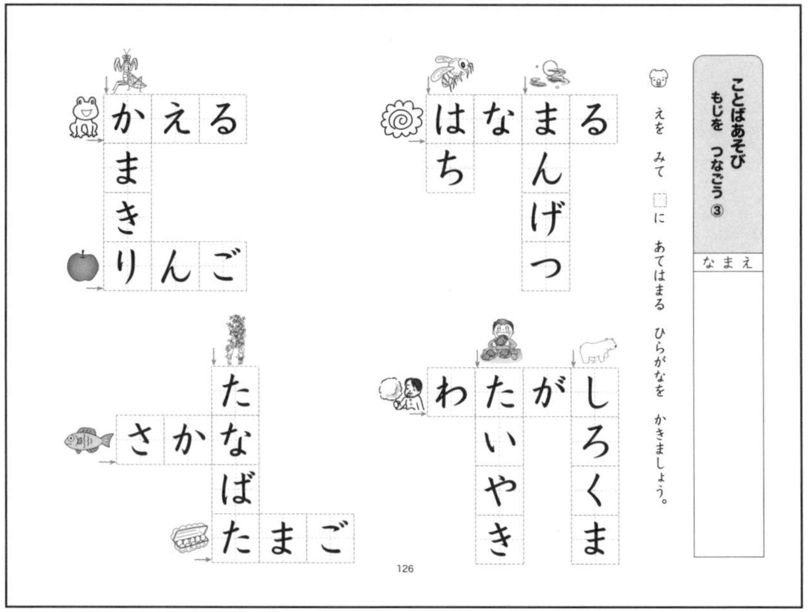

127頁

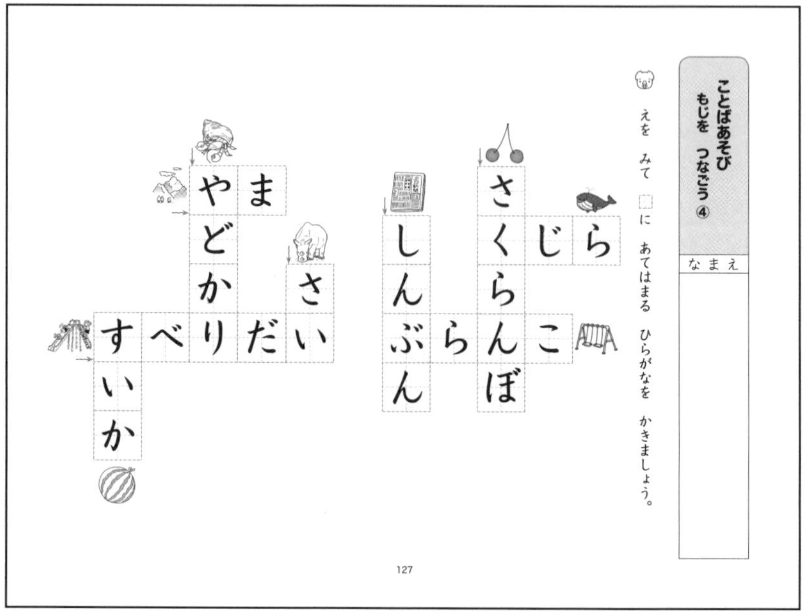

136頁

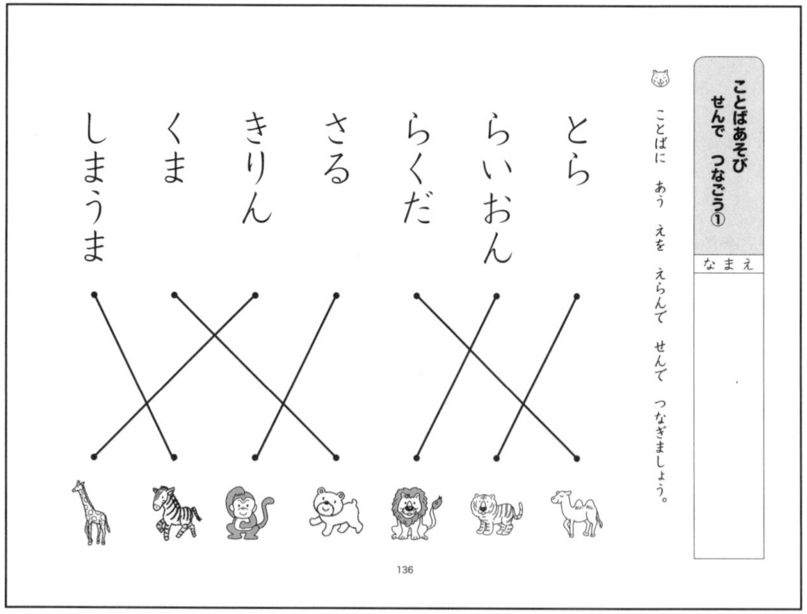

解答例

※ この解答は１つの例です。児童の多様な考えに寄り添って○つけをして下さい。

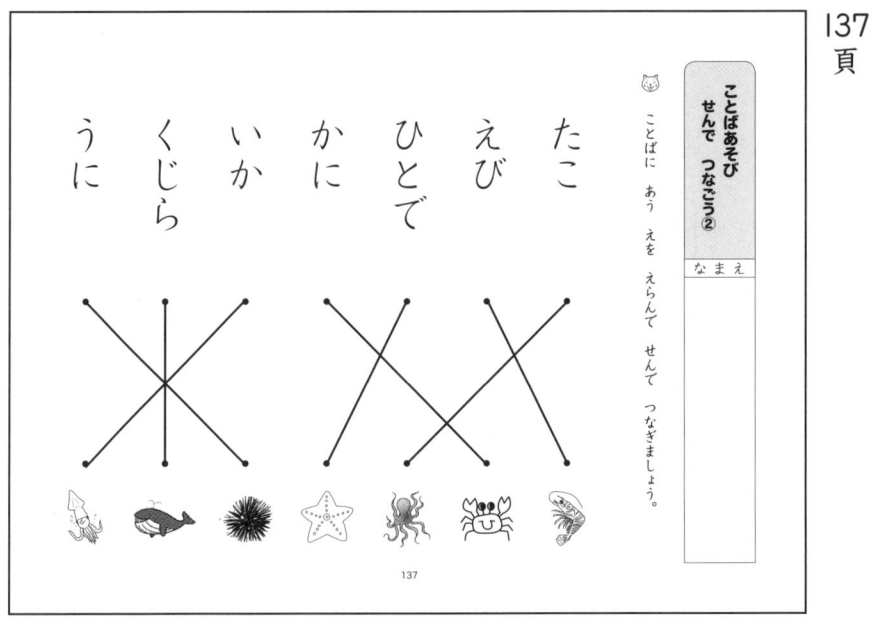

137頁

ことばあそび せんで つなごう②

なまえ

ことばに あう えを えらんで せんで つなぎましょう。

たこ　えび　ひとで　かに　いか　くじら　うに

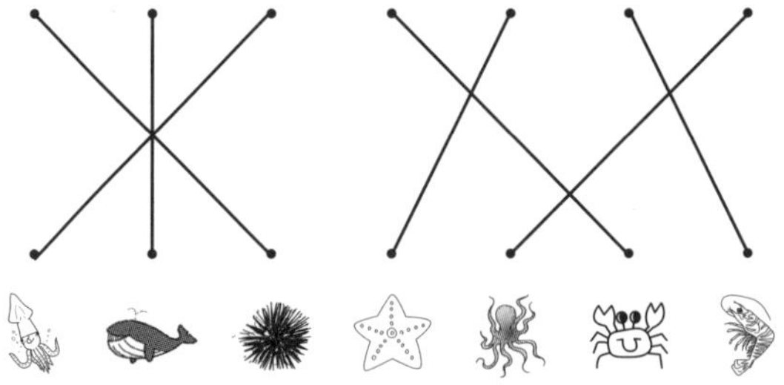

137

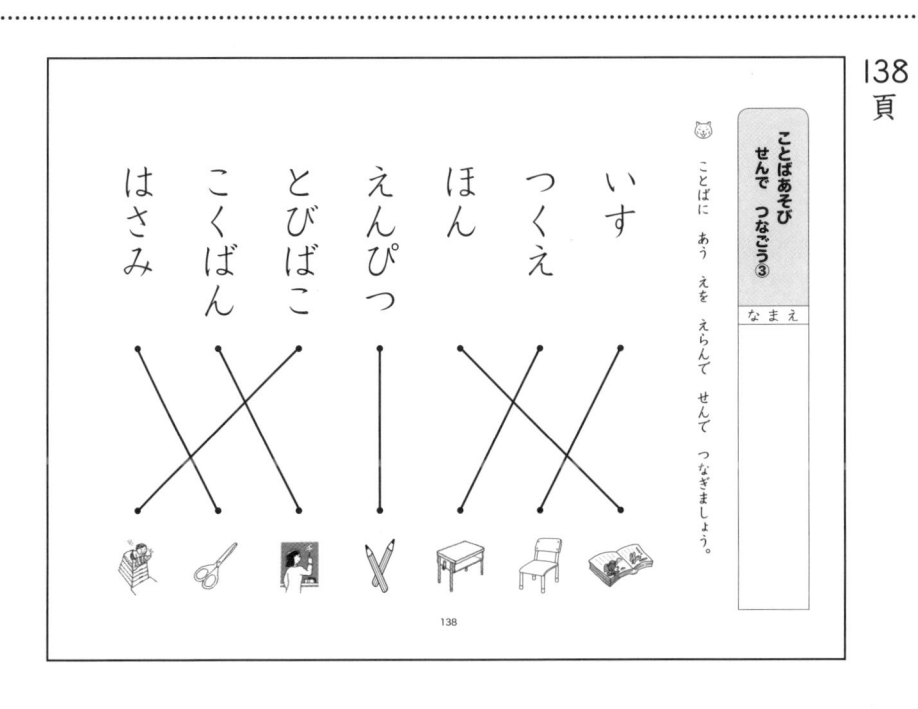

138頁

ことばあそび せんで つなごう③

なまえ

ことばに あう えを えらんで せんで つなぎましょう。

いす　つくえ　ほん　えんぴつ　とびばこ　こくばん　はさみ

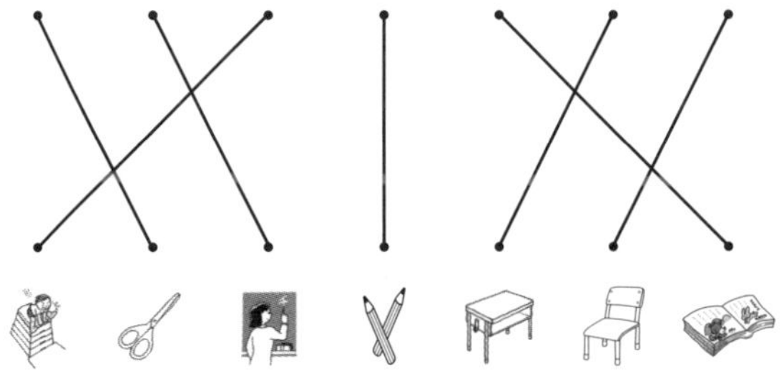

138

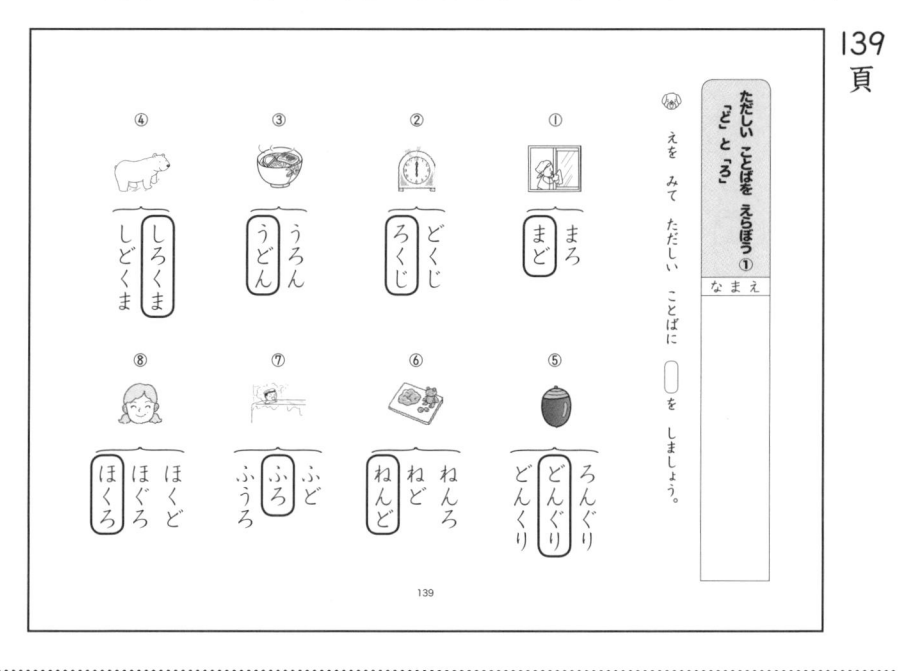

139頁

ただしい ことばを えらぼう①「ど」と「ろ」

なまえ

えを みて ただしい ことばに ◯ を しましょう。

① まろ　**まど**

② どくじ　**ろくじ**

③ うろん　**うどん**

④ **しろくま**　しどくま

⑤ ろんぐり　**どんぐり**　どんくり

⑥ ねんろ　ねど　**ねんど**

⑦ ふど　**ふろ**　ふうろ

⑧ ほくど　ほぐろ　**ほくろ**

139

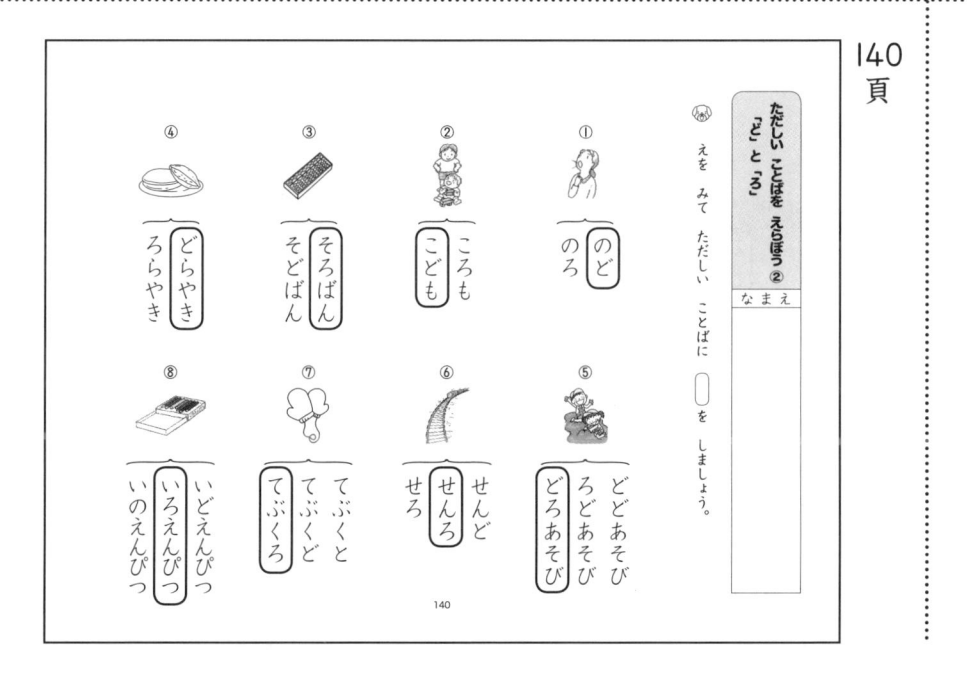

140頁

ただしい ことばを えらぼう②「ど」と「ろ」

なまえ

えを みて ただしい ことばに ◯ を しましょう。

① **のど**　のろ

② ころも　**こども**

③ **そろばん**　そどばん

④ **どらやき**　ろらやき

⑤ どどあそび　ろどあそび　**どろあそび**

⑥ せんど　**せんろ**　せろ

⑦ てぶくと　てぶくど　**てぶくろ**

⑧ いどえんぴつ　**いろえんぴつ**　いのえんぴつ

140

※ この解答は１つの例です。児童の多様な考えに寄り添って◯つけをして下さい。

解答例

141頁

ただしい ことばを えらぼう ③ 「で」と「れ」

なまえ

えを みて ただしい ことばに ◯ を しましょう。

①  れんわ / **でんわ**

②  おれん / **おでん**

③  はで / **はれ**

④  それ / **そで**

⑤  でんこん / **れんこん** / れこん

⑥  れんき / てんき / **でんき**

⑦  てんち / **でんち** / れんち

⑧  **れんげ** / でんげ / れげ

141

142頁

ただしい ことばを えらぼう ④ 「で」と「れ」

なまえ

えを みて ただしい ことばに ◯ を しましょう。

①  ふれ / **ふで**

②  **れもん** / でもん

③  **うで** / うれ

④  むかれ / **むかで**

⑤  でんが / **れんが** / てんが

⑥  かくでんぼ / かくれぼ / **かくれんぼ**

⑦  れんれんむし / **でんでんむし** / でんれんむし

⑧  れんしんばしら / でんしんばしだ / **でんしんばしら**

142

143頁

ただしい ことばを えらぼう ⑤ 「ぎ」と「じ」

なまえ

えを みて ただしい ことばに ◯ を しましょう。

①  ぎかんわり / **じかんわり**

②  ぎしん / **じしん**

③  **たまねぎ** / たまねじ

④  **くぎ** / くじ

⑤  のこじり / のこきり / **のこぎり**

⑥  くぎびき / **くじびき** / くじひき

⑦  **やぎ** / やき / やじ

⑧ 

かし / **かじ** / かぎ

143

144頁

ただしい ことばを えらぼう ⑥ 「ぎ」と「じ」

なまえ

えを みて ただしい ことばに ◯ を しましょう。

①  みじて / **みぎて**

②  **かぎ** / かじ

③  **よもぎ** / よもじ

④  てぎな / **てじな**

⑤  くぎら / **くじら** / くちら

⑥  ひつし / ひつぎ / **ひつじ**

⑦  みじき / みずじ / **みずぎ**

⑧  ひいじ / **ひじ** / ひぎ

144

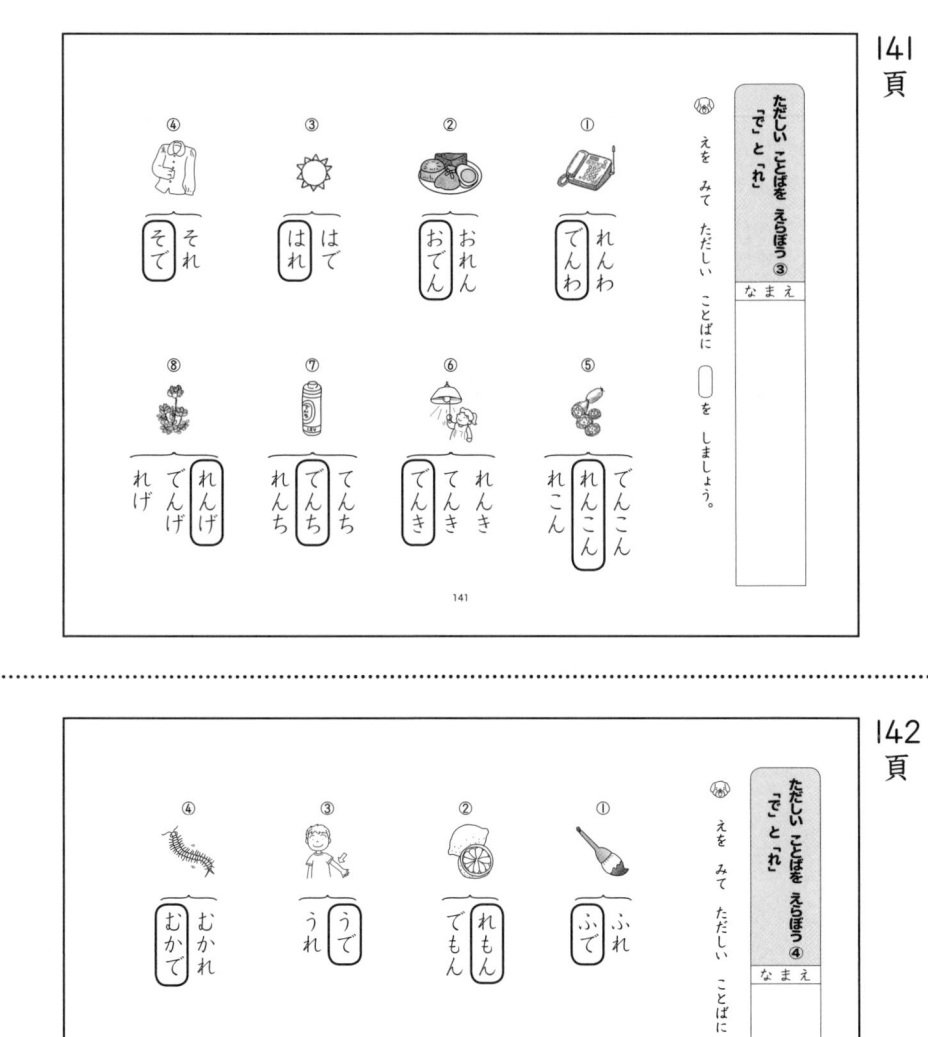

解答例

※ この解答は１つの例です。児童の多様な考えに寄り添って○つけをして下さい。

145頁

ただしい ことばを えらぼう ⑦ 「だ」と「ら」

なまえ

えを みて ただしい ことばに ○を しましょう。

① さくだ / **さくら**
② **だるま** / らるま
③ もくだ / **もぐら**
④ からん / **かだん**
⑤ らくら / だくら / **らくだ**
⑥ **けんだま** / けだま / けんらま
⑦ だくがき / らくかき / **らくがき**
⑧ えらまめ / **えだまめ** / えたまめ

145

146頁

ただしい ことばを えらぼう ⑧ 「だ」と「ら」

なまえ

えを みて ただしい ことばに ○を しましょう。

① らんご / **だんご**
② らいこん / **だいこん**
③ **からす** / かだす
④ くだげ / **くらげ**
⑤ こあだ / **こあら** / こらあ
⑥ **そら** / そだ / ぞだ
⑦ ほんらな / ほんたな / **ほんだな**
⑧ なふら / **なふだ** / なふた

146

147頁

かけるかな ① 「ど」と「ろ」

なまえ

えを みて ひらがなで ことばを かきましょう。
あいて いる □には ど か ろ を いれましょう。

ねんど
ふろ
こども
ろくじ
うどん
いろえんぴつ

147

148頁

かけるかな ② 「ど」と「ろ」

なまえ

えを みて ひらがなで ことばを かきましょう。
あいて いる □には ど か ろ を いれましょう。

まど
てぶくろ
どんぐり
のど
せんろ
ほくろ

148

解答例

※ この解答は１つの例です。児童の多様な考えに寄り添って○つけをして下さい。

149頁

かけるかな「で」と「れ」③

えを　みて　ひらがなで　ことばを　かきましょう。
あいて　いる　□には　で か れ を　いれましょう。

なまえ

ふで
むかで
れもん
うで
でんでんむし
かくれんぼ

149

150頁

かけるかな「で」と「れ」④

えを　みて　ひらがなで　ことばを　かきましょう。
あいて　いる　□には　で か れ を　いれましょう。

なまえ

でんわ
れんこん
でんき
おでん
そで
はれ

150

151頁

かけるかな「ぎ」と「じ」⑤

えを　みて　ひらがなで　ことばを　かきましょう。
あいて　いる　□には　ぎ か じ を　いれましょう。

なまえ

くぎ
じしん
ひじ
てじな
たまねぎ
くじら

151

152頁

かけるかな「ぎ」と「じ」⑥

えを　みて　ひらがなで　ことばを　かきましょう。
あいて　いる　□には　ぎ か じ を　いれましょう。

なまえ

のこぎり
ひつじ
みぎて
かぎ
くじびき
じかんわり

152

解答例

※ この解答は１つの例です。児童の多様な考えに寄り添って○つけをして下さい。

153頁

かけるかな「だ」と「ら」⑦

えを　みて　ひらがなで　ことばを　かきましょう。
あいて　いる　□には　だ　か　ら　を　いれましょう。

なまえ

だるま

もぐら

えだまめ

ほんだな

らくがき

けんだま

153

154頁

かけるかな「だ」と「ら」⑧

えを　みて　ひらがなで　ことばを　かきましょう。
あいて　いる　□には　だ　か　ら　を　いれましょう。

なまえ

さくら

くらげ

なふだ

だいこん

からす

らくだ

154

155頁

あわせことば①

つぎの　ふたつの　ことばを　あわせると　どんな　ことばに　なりますか。

なまえ

① ほん ＋ はこ → ほんばこ

② くつ ＋ はこ → くつばこ

③ ごみ ＋ はこ → ごみばこ

④ ふで ＋ はこ → ふでばこ

⑤ くすり ＋ はこ → くすりばこ

⑥ べんとう ＋ はこ → べんとうばこ

155

156頁

あわせことば②

つぎの　ふたつの　ことばを　あわせると　どんな　ことばに　なりますか。

なまえ

(1)

① め ＋ くすり → めぐすり

② かぜ ＋ くすり → かぜぐすり

③ こな ＋ くすり → こなぐすり

(2)

① あおい ＋ そら → あおぞら

② くもり ＋ そら → くもりぞら

156

解答例

※ この解答は１つの例です。児童の多様な考えに寄り添って○つけをして下さい。

157頁

あわせことば ③

なまえ

(1) つぎの ふたつの ことばを あわせると どんな ことばに なりますか。

① うで ＋ とけい → うでどけい

② はしら ＋ とけい → はしらどけい

③ すな ＋ とけい → すなどけい

(2)

① うんどう ＋ くつ → うんどうぐつ

② ながい ＋ くつ → ながぐつ

③ あめ ＋ くつ → あまぐつ

157

158頁

にて いる ひらがな ① 「あ」「お」・「あ」「め」

なまえ

(1) じの かたちに きを つけて かきましょう。

① あ と お

あ　お

② あ と め

あ　め

(2) ただしい ほうに ○を つけましょう。

- （　）おめ　（○）あめ
- （　）あに　（○）おに
- （○）おりがみ　（　）ありがみ
- （　）めたま　（○）あたま
- （○）めがね　（　）あがね
- （　）おあん　（○）おめん

158

159頁

にて いる ひらがな ② 「い」「こ」・「い」「り」

なまえ

(1) じの かたちに きを つけて かきましょう。

① い と こ

い　こ

② い と り

い　り

(2) ただしい ほうに ○を つけましょう。

- （　）こし　（○）いし
- （○）いぬ　（　）こぬ
- （　）いこのぼり　（○）こいのぼり
- （○）いちご　（　）りちご
- （　）りえ　（○）いえ
- （　）といかご　（○）とりかご

159

160頁

にて いる ひらがな ③ 「く」「へ」・「き」「さ」

なまえ

(1) じの かたちに きを つけて かきましょう。

① く と へ

く　へ

② き と さ

き　さ

(2) ただしい ほうに ○を つけましょう。

- （○）くま　（　）へま
- （　）まへら　（○）まくら
- （　）くんじ　（○）へんじ
- （　）さのこ　（○）きのこ
- （○）つみき　（　）つみさ
- （○）さくらんぼ　（　）きくらんぼ

160

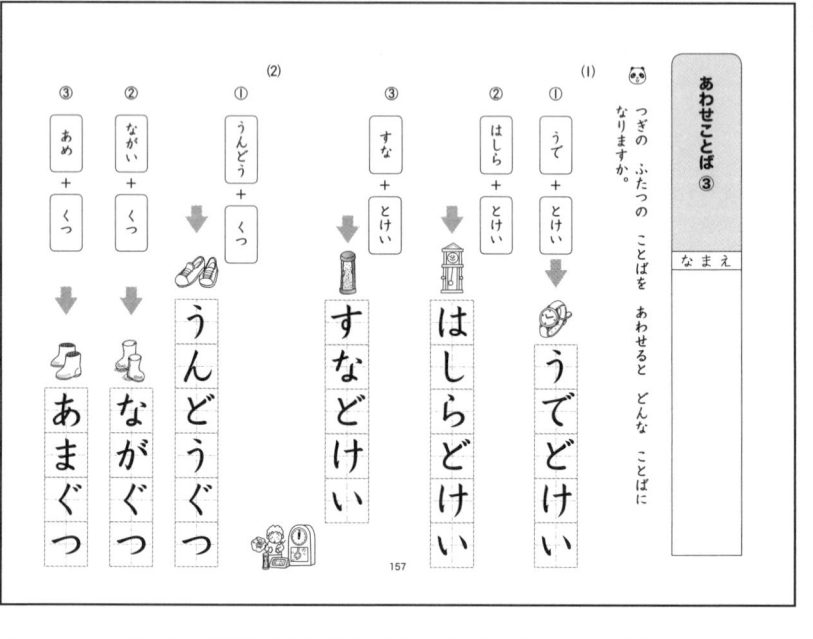

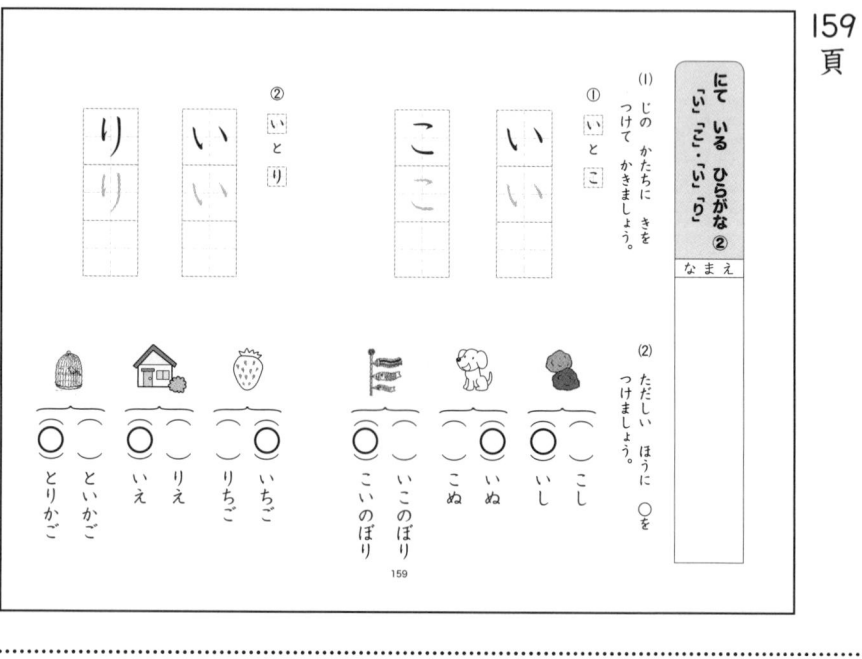

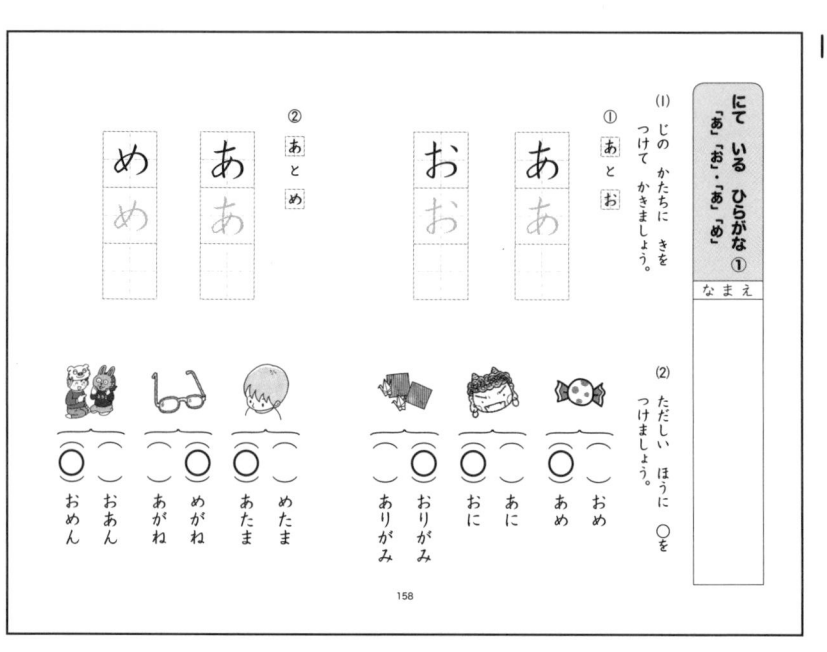

解答例

※ この解答は１つの例です。児童の多様な考えに寄り添って○つけをして下さい。

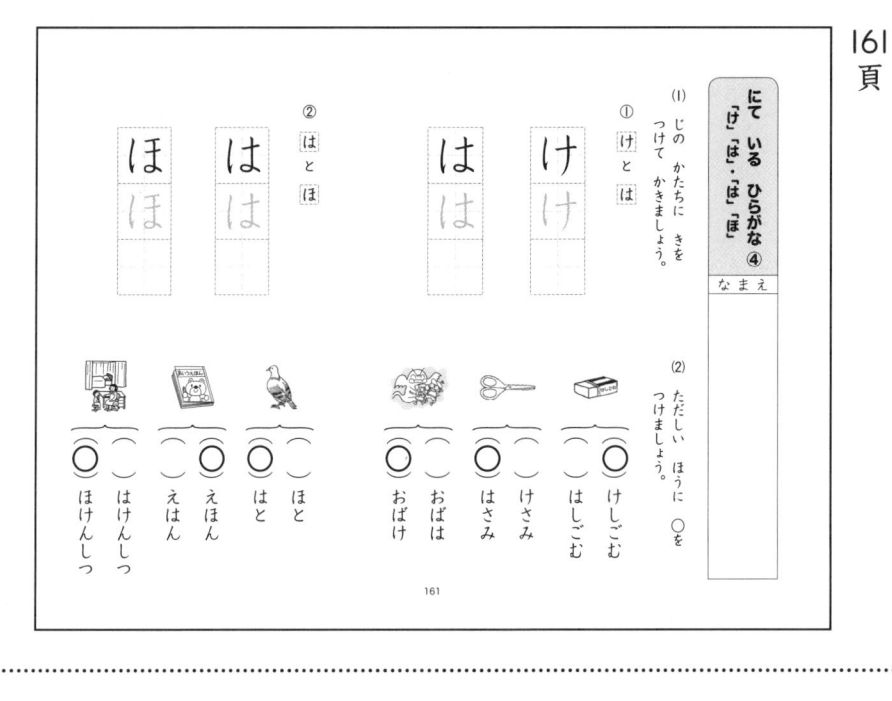

161頁

にて いる ひらがな ④「け」「は」・「は」「ほ」

なまえ

(1) じの かたちに きを つけて かきましょう。

① け と は

け　は

② は と ほ

は　ほ

(2) ただしい ほうに ○を つけましょう。

- （○）けしごむ　（　）はしごむ
- （　）けさみ　（○）はさみ
- （　）おばは　（○）おばけ
- （　）ほと　（○）はと
- （○）えほん　（　）えはん
- （　）はけんしつ　（○）ほけんしつ

161

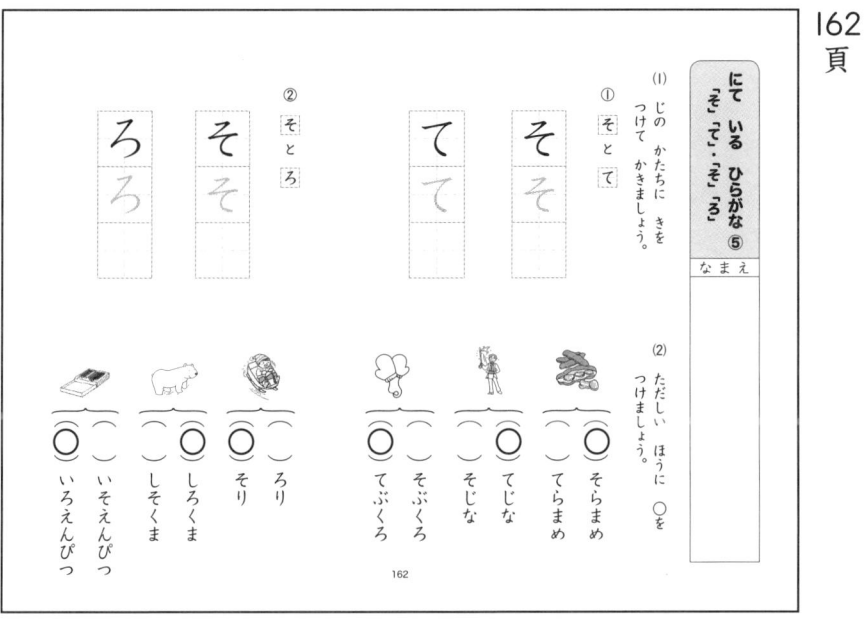

162頁

にて いる ひらがな ⑤「そ」「て」・「そ」「ろ」

なまえ

(1) じの かたちに きを つけて かきましょう。

① そ と て

そ　て

② そ と ろ

そ　ろ

(2) ただしい ほうに ○を つけましょう。

- （○）そらまめ　（　）てらまめ
- （○）てじな　（　）そじな
- （　）そぶくろ　（○）てぶくろ
- （　）ろり　（○）そり
- （○）しろくま　（　）しそくま
- （　）いそえんぴつ　（○）いろえんぴつ

162

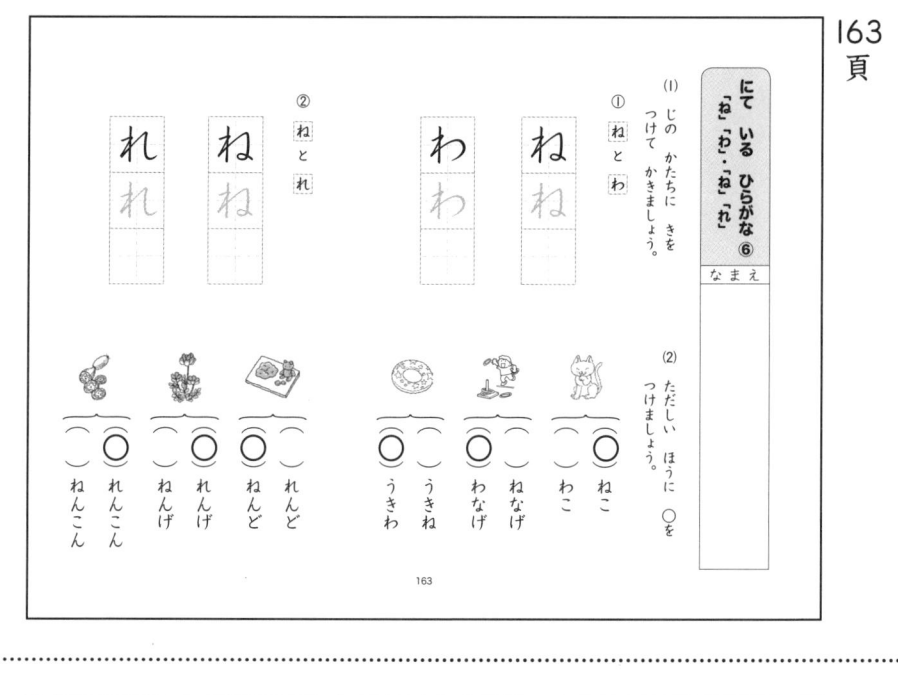

163頁

にて いる ひらがな ⑥「ね」「わ」・「ね」「れ」

なまえ

(1) じの かたちに きを つけて かきましょう。

① ね と わ

ね　わ

② ね と れ

ね　れ

(2) ただしい ほうに ○を つけましょう。

- （○）ねこ　（　）わこ
- （　）ねなげ　（○）わなげ
- （　）うきね　（○）うきわ
- （　）れんど　（○）ねんど
- （○）れんげ　（　）ねんげ
- （○）れんこん　（　）ねんこん

163

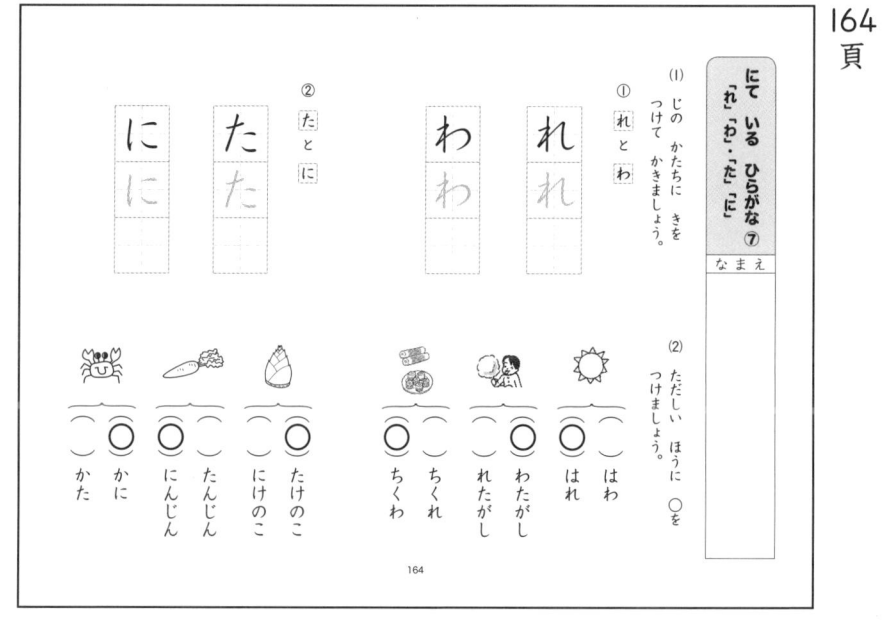

164頁

にて いる ひらがな ⑦「れ」「わ」・「た」「に」

なまえ

(1) じの かたちに きを つけて かきましょう。

① れ と わ

れ　わ

② た と に

た　に

(2) ただしい ほうに ○を つけましょう。

- （　）はわ　（○）はれ
- （○）わたがし　（　）れたがし
- （　）ちくれ　（○）ちくわ
- （○）たけのこ　（　）にけのこ
- （　）たんじん　（○）にんじん
- （○）かに　（　）かた

164

解答例

※ この解答は１つの例です。児童の多様な考えに寄り添って○つけをして下さい。

165頁

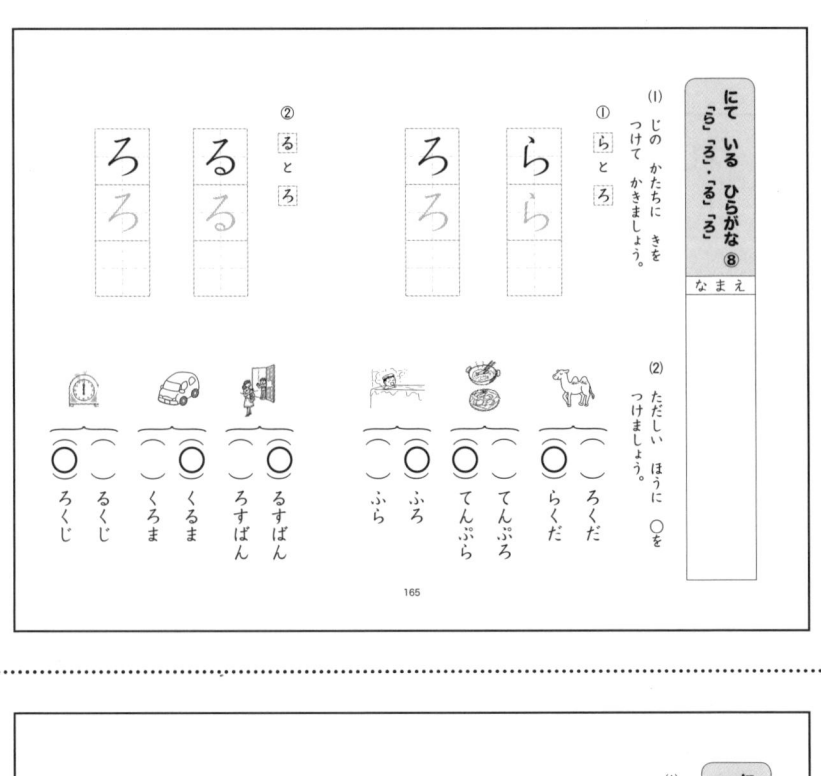

にて いる ひらがな ⑧ 「ら」「ろ」・「る」「ろ」

なまえ

(1) じの かたちに きを つけて かきましょう。

① ら と ろ

ら ろ

② る と ろ

る ろ

(2) ただしい ほうに ○を つけましょう。

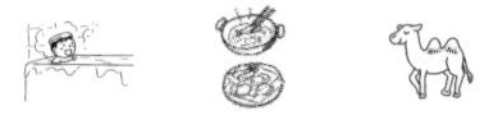

( ) ろくだ　(○) らくだ

( ) てんぷろ　(○) てんぷら

(○) ふろ　( ) ふら

(○) るすばん　( ) ろすばん

(○) くるま　( ) くろま

( ) るくじ　(○) ろくじ

165

166頁

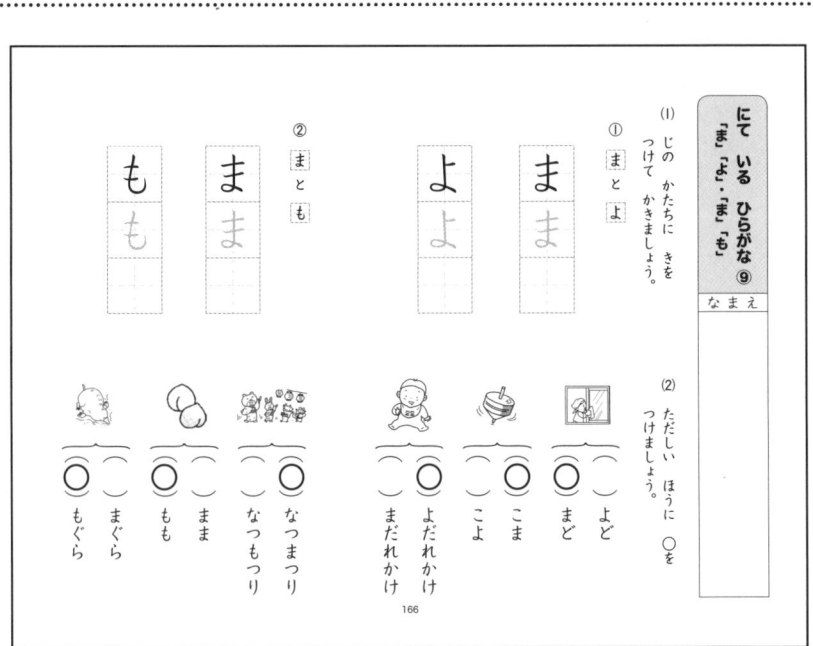

にて いる ひらがな ⑨ 「ま」「よ」・「ま」「も」

なまえ

(1) じの かたちに きを つけて かきましょう。

① ま と よ

ま よ

② ま と も

ま も

(2) ただしい ほうに ○を つけましょう。

( ) よど　(○) まど

(○) こま　( ) こよ

(○) よだれかけ　( ) まだれかけ

(○) なつまつり　( ) なつもつり

( ) まま　(○) もも

( ) まぐら　(○) もぐら

166

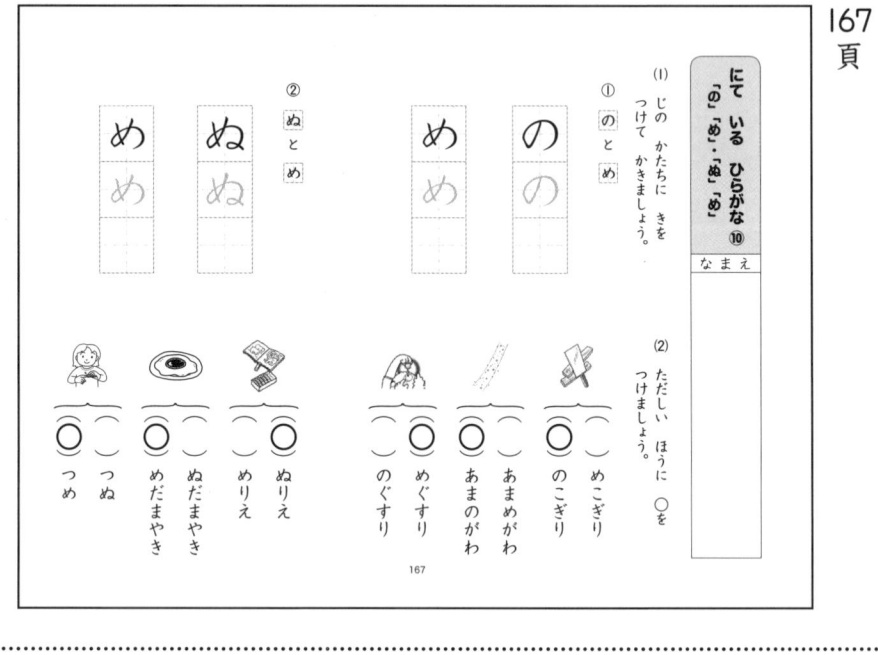

167頁

にて いる ひらがな ⑩ 「の」「め」・「ぬ」「め」

なまえ

(1) じの かたちに きを つけて かきましょう。

① の と め

の め

② ぬ と め

ぬ め

(2) ただしい ほうに ○を つけましょう。

( ) めこぎり　(○) のこぎり

( ) あまめがわ　(○) あまのがわ

(○) めぐすり　( ) のぐすり

(○) ぬりえ　( ) めりえ

( ) ぬだまやき　(○) めだまやき

( ) つぬ　(○) つめ

167

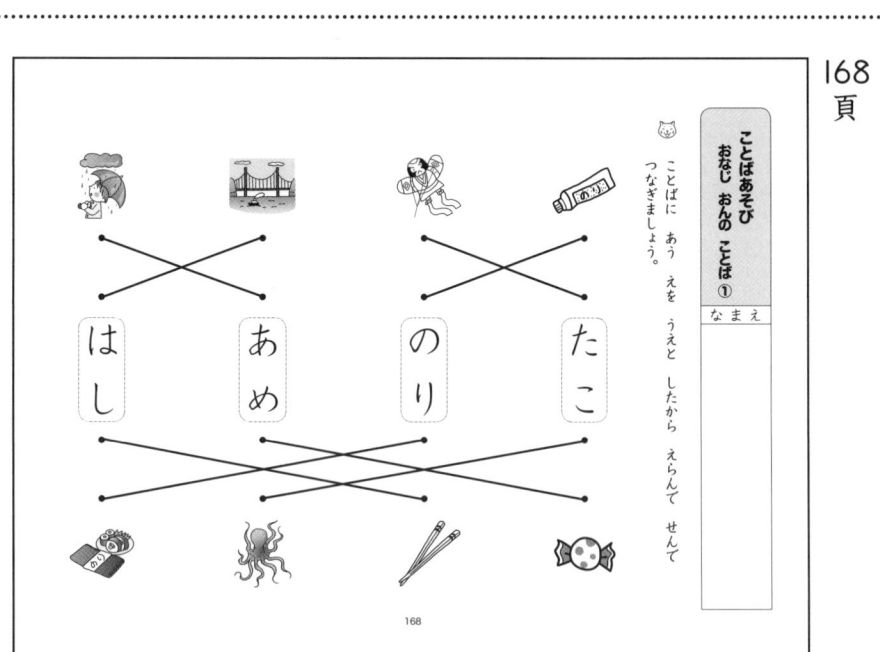

168頁

ことばあそび おなじ おんの ことば ①

なまえ

ことばに あう えを うえと したから えらんで せんで つなぎましょう。

たこ　のり　あめ　はし

168

※ この解答は１つの例です。児童の多様な考えに寄り添って○つけをして下さい。

169
頁

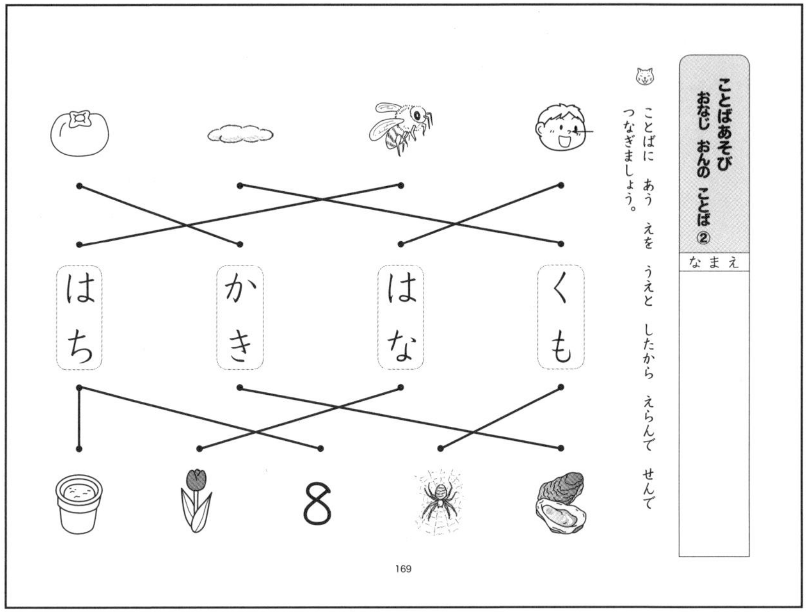

【本書の発行のためにご協力頂いた先生方】（敬称略）

阿野　美佐子（あの　みさこ）　京都府八幡市立中央小学校教諭　通級指導教室担当

市川　巳栄（いちかわ　みえ）　京都府宇治市立北小倉小学校講師　※ 2017 年 1 月現在

【企画・編著】

原田　善造（はらだ　ぜんぞう）　学校図書教科書編集協力者
わかる喜び学ぶ楽しさを創造する教育研究所・著作研究責任者
元大阪府公立小学校教諭
（高槻市立芥川小学校特別支援学級教諭）

喜楽研の支援教育シリーズ

ゆっくりていねいに学びたい子のための

ひらがなワーク　清音・濁音・半濁音の読み　ことばの音韻認識　ひらがなの書字と書き順　形や音の似ているひらがな　複合語　同じ音のことば　音の数　ことばあそび

2017 年 1 月 10 日　第 1 刷発行
2023 年 11 月 10 日　第 5 刷発行

イラスト：山口 亜耶・白川 えみ・後藤 あゆみ
装　　丁：竹内 由美子・山口 亜耶
企画・編著：原田 善造
発 行 者：岸本 なおこ
発 行 所：喜楽研（わかる喜び学ぶ楽しさを創造する教育研究所）
〒604-0854　京都府京都市中京区二条通東洞院西入仁王門町 26-1
TEL　075-213-7701　FAX　075-213-7706
HP　https://www.kirakuken.co.jp
印　　刷：株式会社イチダ写真製版

ISBN 978-4-86277-202-2　Printed in Japan